전쟁이란 무엇인가

ᶌ V 카이로스총서 50

전쟁이란 무엇인가 What Is War?

지은이   카알 폰 클라우제비츠
옮김·해설   김만수
펴낸이   조정환
책임운영   신은주
편집   김정연
표지디자인   조문영
홍보   김하은

펴낸곳 도서출판 갈무리 등록일 1994. 3. 3. 등록번호 제17-0161호
초판인쇄 2018년 5월 21일 초판발행 2018년 5월 25일
종이 화인페이퍼 인쇄 예원프린팅 라미네이팅 금성산업 제본 은정제책

주소 서울 마포구 동교로18길 9-13 [서교동 464-56]
전화 02-325-1485 팩스 02-325-1407
website http://galmuri.co.kr e-mail galmuri94@gmail.com

ISBN 978-89-6195-181-4 93340
도서분류 1. 정치학 2. 경제학 3. 군사학 4. 외교학

값 20,000원

이 도서의 국립중앙도서관 출판예정도서목록(CIP)은 서지정보유통지원시스템 홈페이지(http://seoji.nl.go.kr)와 국가자료공동목록시스템(http://www.nl.go.kr/kolisnet)에서 이용하실 수 있습니다.(CIP제어번호 : CIP2018014656)

WHAT IS WAR?

전쟁이란 무엇인가

카알 폰 클라우제비츠 지음 | 김만수 옮김·해설

갈무리

독자에게 드리는 글

이 책은 카알 폰 클라우제비츠의 『전쟁론』 독일어 초판 제3권의 뒷부분에 있는 '부록' 전체를 국내 최초로 완역한 것입니다. 부록을 번역하는 일은 『전쟁론』을 번역할 때부터 늘 마음의 짐으로 남아 있던 일인데, 이제 부록을 번역하여 마음의 짐을 덜게 되었습니다. 또한 부록의 번역으로 저는 『전쟁론』 전 3권뿐만 아니라 클라우제비츠의 『저작집』 제1권~제3권의 독일어 원전 초판을 우리 나라에서 최초로 완역하게 되었습니다.

부록에 관해 제일 먼저 해야 할 말이 있습니다. 부록은 『전쟁론』의 요약이 아니라는 것입니다. (많은 이들이 그렇게 오해했습니다.) 부록은 『전쟁론』과 다른 독립적인 내용을 담고 있습니다. 물론 부록은 내용상으로 『전쟁론』과 밀접하게 관련되어 있습니다. 클라우제비츠 부인의 말처럼 『전쟁론』의 맹아를 담고 있습니다. 그래서 독자들께서는 부록과 『전쟁론』을 통해 30세의 클라우제비츠와 50세의 클라우제비츠, '그 둘'의 전쟁 이론에 보이는 일관성, 발전 과정, 공통점과 차이점 등을 읽을 수 있을 것입니다.

클라우제비츠의 친구이자 탁월한 군사 저술가인 블레송은 다음과 같이 말했습니다. '클라우제비츠는 순간을 생각해서 쓰는 저술가가 아니다. 그는 끊임없이 완전을 추구했고 미래를 생각하면서 글을 썼다. 일시적이고 일회적인 것은 피하고 모든 것을 전쟁술의 핵심으로 환원하여 설명했다. 이는 이 글이 왕세자에게 한 강의이기 때문에 더 그러했다. 이 독특한 상황이 부록에 영원한 고전이라는 도장을 찍게 했다.'

탁월한 클라우제비츠 연구자인 로트펠스도 부록을 '클라우제비츠의 직관, 추상적인 사상가로서 갖고 있는 열정, 군사·정치적인 에네르기를 과학의 형태로 완성한 첫 번째 종합'이라고 평가했습니다. 이 두 사람의 평가로 부록의 의미와 위상을 대략 짐작할 수 있을 것입니다.

이 점에서, 즉 부록이 전쟁술의 핵심, 전쟁의 원칙, 전투 이론의 본질을 다루고 있다는 점에서 부록의 제목을 '전쟁이란 무엇인가'로 정했습니다. 30세의 클라우제비츠가 왕세자에게 강의할 때 전쟁이란 무엇인가, 전쟁의 핵심과 본질은 무엇인가라는 점을 염두에 두면서 강의했을 것이라고 생각하기 때문입니다.

이 책은『전쟁론』독일어 초판 제3권(1834년)의 부록 203~386쪽을 텍스트로 삼고, 하알벡 교수가 편집한『전쟁론』제19판 제2쇄(1991년)의 부록 부분 1041~1180쪽을 참고하여 번역했습니다. 이 외에도 아래의 책을 참고했습니다.

Gunter Dill(Hg.), *Clausewitz in Perspektive. Materialien zu Carl von Clausewitz : Vom Kriege*, Frankfurt/M. : Ullstein 1980, 5~125쪽

Hans W. Gatzke, *Principles of War*, Harrisburg, Pennsylvania : The Military Service Publishing Company 1942 (http://www.clausewitz. com/mobile/principlesofwar.htm 참조)

송항섭 역,『클라우제비츠의 전쟁 원칙』, 육군대학 1984

정토웅 역,『클라우제비츠의 전쟁 원칙과 리더십론』, 육군사관학교 화랑대연구소 1999, 1~66쪽

가츠케의 영어 번역 그리고 송항섭과 정토웅의 우리말 번역은 부록 중에 일부, 즉 '전쟁 수행의 제일 중요한 원칙' 부분만 옮긴 초역입니다. 그래서 번역의 제목이 '전쟁 원칙'으로 모두 같습니다. 그런데 송항섭은 일어 번역을 중역한 것으로 보이고, 정토웅은 (스스로 밝힌 것처럼) 가츠케의 영어 번역을 중역했습니다.

부록을 번역하면서 세운 원칙은 『전쟁론』 번역의 전면 개정판과 같습니다. 즉 인명과 지명의 표기, 용어의 표기, 문어체의 사용, 문장의 길이와 호흡, 각주, 찾아보기, 그림의 배치, 괄호의 사용, 띄어쓰기 등에서 『전쟁론』 번역의 전면 개정판과 같습니다. 각주에서는 『전쟁론』에 있는 각주의 설명과 일부 중복되어도 그 중복을 감수했습니다. 이 책이 독립적인 책이기 때문입니다. 또한 이 책에는 클라우제비츠가 왕세자께 한 강의가 들어있기 때문에 그 강의에서는 왕세자께 한 존댓말의 느낌을 살려서 번역했습니다. 그래서 공손한 말투와 30세의 강한 문체를 동시에 느낄 수 있도록, 그러면서 『전쟁론』과 공통점은 물론 차이점도 느낄 수 있도록 했습니다.

부록의 번역 다음에 제2부를 만들고 부록에 대한 '해설'을 실었습니다. 부록에 있는 5개의 글 중에 '3. 전술 계획 또는 전투 이론 계획의 초안'을 제외한 4개의 글에 대한 해설을 실은 것입니다. 해설을 실은 것은 부록의 분량이 짧아서 부록의 해설을 따로 출간하지 않을 것이기 때문입니다. 그보다 더 중요한 이유는 클라우제비츠의 서술 방식이 해설을 요구했기 때문입니다. 내용을 하나하나 차근차근 전개하여 체계를 확립하는 클라우제비츠의 서술 방식(클라우제비츠가 자기의 '천성'이라고 말한 것), 얼마 안 되는 내용이 그 자체로 긴밀한 논리적인 연결을 이루고 있는 점, 이것을 눈으로

쓱 읽으면 내용을 놓치기 쉽다는 점 등이 해설을 요구했습니다. 특히 '전쟁 수행의 제일 중요한 원칙'과 '전술 연구 또는 전투 이론 연구의 길잡이'의 두 글이 그러했습니다. 해설은 『전쟁론 강의』를 기준으로 삼아 『전쟁론 강의』와 같은 방식으로 서술했습니다. '전술 연구 또는 전투 이론 연구의 길잡이'의 해설 마지막에는 글 전체를 한눈에 조망할 수 있는 그림을 실어 글의 핵심 내용을 시각적으로 보고 이해할 수 있게 했습니다.

그리고 제3부를 만들고 논문 두 편을 실었습니다. 두 논문은 『전쟁론』의 핵심 내용과 관련되는 글입니다. 그래서 이 논문으로 『전쟁론』에 대한 이해의 폭을 넓힐 수 있을 것입니다. 첫 번째 논문은 저의 논문이고, 두 번째 논문은 에티엔 발리바르의 논문입니다. 첫 번째 논문은 클라우제비츠의 삼중성 이론에 대한 해석에서 오늘날의 1~4세대 전쟁 개념을 추론한 글이고, 두 번째 논문은 마르크스주의 관점에서 본 전쟁에 관한 글입니다.

본래 부록의 번역으로 구상했던 책에 해설과 논문을 실으니 책이 번역서, 해설서, 저서의 성격을 모두 갖게 되었습니다. 또는 번역서와 저서의 경계를 허무는 책이 되었습니다. 책의 형식과 상관없이 이 책이 클라우제비츠의 전쟁 이론과 그 발전 과정을 이해하려는 독자들에게 많은 도움이 되기를 바랍니다.

지난 15년 동안 『전쟁론』, 『전쟁론 강의』, 『전쟁이란 무엇인가』를 번역하고 저술하고 출간하면서 조용상 선생님과 도서출판 갈무리의 조정환 대표님과 김정연 편집장님으로부터 헤아릴 수 없이 많은 도움을 받았습니다. 세 분에게 깊은 감사의 마음을 전합니다.

끝으로 개인적인 얘기 한 마디. 2016년 가을에 『전쟁론』 번역의 전면 개정판과 『전쟁론 강의』를 출간했을 때 한걸음에 달려와 어린아이처럼 기뻐한 한은조 선생이 그립습니다. 두 책의 두께를 보고 기겁을 하며 내게 '무식'하다고 한 말이 기억납니다. '우공이산'이라고 말하며 내게 '우공'이란 호를 지어 주었습니다. 근 40년 지기인 한은조 선생이 병상에서 하루 빨리 일어나기를 간절히 기원하면서 이 책을 한은조 선생에게 바칩니다.

2018년 5월 5일   우공 김만수

[그림 1] 『전쟁론』부록의 차례 페이지

Anhang.

출처 http://gallica.bnf.fr/ark:/12148/bpt6k86500f/f8.image.r=hinterlassene%20werke

차례

그림의 차례

제1부

전쟁이란 무엇인가

『전쟁론』 부록

[그림 2] 『전쟁론』 부록의 제목 페이지

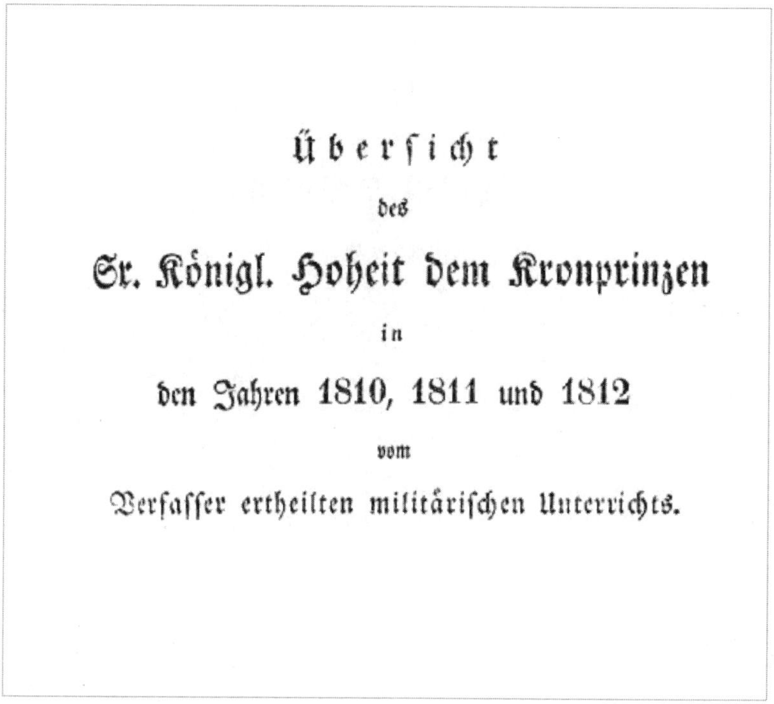
Übersicht

des

Sr. Königl. Hoheit dem Kronprinzen

in

den Jahren 1810, 1811 und 1812

vom

Verfasser ertheilten militärischen Unterrichts.

출처 http://gallica.bnf.fr/ark:/12148/bpt6k86500f/f211.image.r=hinterlassene%20werke

오늘날의 글자체로는 다음과 같다. Übersicht des Sr. Königl. Hoheit dem Kronprinzen in den Jahren 1810, 1811 und 1812 vom Verfasser ertheilten militärischen Unterrichts.

저자가 1810년, 1811년, 1812년에
왕세자 전하께 한 군사 강의 개요

가우디 장군에게[1] 제출한 초안

제가 전쟁술에 대해 왕세자 전하께[2] 드리는 것은 일시적인 지식에 지나지 않는다는 것, 그리고 이를 통해 전하께서 최근의 전쟁사를 이해할 수 있어야 한다는 것을 생각할 때 제게는 특히 다음과 같은 것이 중요합니다. 즉 왕세자께 전쟁에 관해 분명한 개념을 드리는 것, 그것도 너무 장황하지 않고 왕세자의 능력을 너무 많이 요구하지 않는 방법으로 드리는 것입니다.

어느 과학을 근본적으로 학습하려고 할 때 이 과학의 연구가 자기의 능력과 시간을 당분간 주로 그 과학에 바칠 것을 요구하기 때문이고, 이것이 왕세자에게는 아직 너무 이른 것처럼[3] 보이기 때문입니다.

이 점을 고려하여 저는 다음과 같은 방법, 즉 소년의 나이 때 생각의

---

1. 가우디(Friedrich Wilhelm Leopold von Gaudi, 1765~1823), 프로이센의 장군. 1809년 4월 7일에 왕(프리드리히 빌헬름 3세, 1770~1840)에 의해 왕세자의 교육 담당 가정교사 직을 맡게 되었다. 장군은 투철한 군인으로서 왕세자를 되도록 군사적으로 교육하려고 했다.
2. 왕세자는 프리드리히 빌헬름 4세(Friedrich Wilhelm IV., 1795~1861)로 프리드리히 빌헬름 3세의 장남이다. 1840~1861년에 프로이센의 왕으로 재임했다. 『전쟁론 강의』 18~19쪽 참조.
3. 왕세자는 1795년생으로 1810년에 15세였다.

자연스러운 순서에 제일 가까이 있는 것처럼 보인 방법을 선택했습니다.

이때 저의 최고의 노력은 다음과 같을 것입니다. 첫째, 왕세자께서 늘 알기 쉽도록 하는 것입니다. 그렇지 않으면 매우 주의 깊은 학생에게 그 주제에 대해 곧바로 지루함, 산만함, 싫증이 일어나기 때문입니다. 둘째, 그 어떤 문제에서도 왕세자께 잘못된 개념을 드리지 않는 것입니다. 그런 개념은 자세히 강의할 때나 왕세자 스스로 연구할 때 어려움을 줄 것입니다.

첫 번째 목적을 위해 저는 늘 주제를 되도록 상식에 가까이 연결하려고 노력할 것이고, 때로 그 주제에 관한 과학 정신과 수업 형식에서 벗어날 것입니다.

이제 저는 대략적으로 작성한 계획을 귀하에게[4] 제출하고, 귀하의 견해와 일치하지 않는 저의 견해를 부디 잘 고쳐주실 것을 귀하에게 청합니다.

전쟁사를 이해하려면 무기 종류와 부대 종류에 관한 일시적인 지식 외에 특히 이른바 응용 전술 또는 고급 전술과 전략에 관해 어느 정도 알고 있어야 합니다. 전술 또는 전투 이론이 본래의 핵심인데, 부분적으로는 전투가 승패를 결정하기 때문이고 부분적으로는 전투에 가르칠 것이 제일 많기 때문입니다. 전략 또는 원정의 목적을 위한 하나하나의 전투의 결합에 관한 이론은 오히려 천부적이고 성숙한 판단력의 문제입니다. 그럼에도 전략에 있는 주제들은 적어도 분명해져야 하고, 그 주제들의 관계를 보여 주어야 합니다.

방어 이론에서 야전 축성술의 자리는 이처럼 개괄적인 강좌에서는 전술에 있는 것이, 영구 축성술의 자리는 전략 안에 또는 전략 다음에 있는

---

4. 가우디 장군.

것이 목적에 제일 잘 맞습니다.

전술 자체에는 두 가지 종류의 대상이 있습니다. 하나는 전체와 맺는 전략적인 관련을 알지 못하는 것으로 이해할 수 있습니다. 중대와 기병 중대부터 (모든 병과로 구성되고 모든 종류의 지형에서 활동하는) 여단까지 모든 소규모 부대의 진지와 전투 방식이 여기에 속합니다. 다른 하나는 전략의 개념과 관련되는 것입니다. 모든 군단과 군대가 전투, 전초, 소규모 전쟁 등에서 하는 행동이 여기에 속합니다. 그런 것에서 위치, 대규모 전투, 행군 등의 개념이 생기기 때문인데, 이 개념은 전체 원정과 관련을 맺는다는 생각 없이는 이해할 수 없는 것입니다.

그래서 저는 이 두 가지 종류의 대상을 나눌 것이고, 전쟁에 대해 상당히 대략적인 서술로 시작할 것입니다. 그다음에 전술 또는 소규모 부대의 전투 행동을 오게 할 것이고, 모든 군단과 군대의 단순한 배치에 (전투 대형) 머물 것이고, 그래서 한 번 더 원정에 대한 개요로 돌아갈 것이고 문제의 관련을 좀 더 자세히 말할 것입니다. 그다음에 전술에 관한 나머지 장들을 오게 할 것입니다.

마지막으로 전략을 다시 원정의 과정에 대한 개념으로 시작할 것인데, 그러면 이 새로운 관점에서 그 대상을 살펴보게 됩니다.

이로부터 아래와 같은 순서가 나옵니다.

무기
화약, 화승총, 소총, 대포(와 그 부속품)

포병
발포 장전과 투척 장전의 개념
대포의 조작

포병 중대의 구성

대포와 탄약의 비용

대포의 효과 - 포격 거리 - 명중 확률

다른 종류의 부대

기병, 경기병과 중기병

보병, 경보병과 중보병

편성 - 규정 - 특징

응용 전술 또는 고급 전술

전쟁의 일반적인 개념 - 전투

소규모 부대의 진지와 전투 방식

모든 종류의 지형에서 포병이 있는 (또는 없는) 보병 중대

모든 종류의 지형에서 포병이 있는 (또는 없는) 기병 중대

이 둘의 협력

늘 여러 가지 종류의 지형에서

몇 개의 여단으로 된 군단의 전투 대형

몇 개의 군단으로 된 군대의 전투 대형

이 두 항목은 지형과 관련이 없는데, 그렇지 않으면 위치의 개념이 나타나
　　기 때문이다

원정에 관한 좀 더 자세한 서술

원정을 개시할 때 군대의 구성

군대는 행군하고 진지를 차지하는 동안에 안전 시설, 전초, 순찰대, 정찰대
　　가 필요하다. - 파견대 - 소규모 전쟁

군대가 진지를 선택하면 진지는 일정한 배치가 필요하고, 군대는 그 배치

안에서 방어할 수 있다. - 전술적인 방어 - 보루

그런 진지에 대한 적의 공격 - 전투 행동 자체 - 전투 - 후퇴 - 추격

행군 - 하천 방어 - 도하 - 배치 - 주둔

전략

전략적인 관점에서 원정과 전체 전쟁의 개요 -

무엇이 전쟁의 성공을 결정하는지 -

작전 계획 -

작전선 - 식량 조달 시설 -

공격 전쟁 -

방어 전쟁 -

위치 - 배치 - 전투 - 행군 - 하천 방어와 도하 -

주둔 -

겨울 사영 -

산악 전쟁 -

전쟁 체계 등등 -

영구 축성술과 포위 전쟁은 전략에 선행했거나 전쟁 전체를 끝냈다

[그림 3] 1810년의 프리드리히 빌헬름

왕세자 프리드리히 빌헬름(4세)의 작은 초상화(6 x 4.5 센티미터)
그리자유 기법
화가 Heinrich Anton Dähling, 1810년
왕실에서 왕세자 교사였던 델브뤽(Delbrück)에게 준 선물로서 개인 소장
출처 *Für die Freiheit – gegen Napoleon. Ferdinand von Schill, Preußen und die deutsche Nation*, ed. by Veit Veltzke (Cologne, 2009), p. 123. 이 책에 있는 그림을 사진으로 찍어 파일로 생성
파일 생성과 날짜 James Steakley, 2009. 10. 7

전쟁 수행의 제일 중요한 원칙

왕세자 전하께 한 강의의 보완

차례

이 원칙은 오랜 심사숙고와 전쟁사에 관한 끊임없는 연구의 결과이지만, 그럼에도 상당히 대략적으로 작성한데 지나지 않고 그 형식을 고려할 때 엄격한 비판을 결코 견뎌내지 못할 것입니다. 게다가 많은 주제 중에 제일 중요한 주제만 두드러지게 했는데, 이는 어느 정도의 간결성이 훨씬 중요했기 때문입니다. 그래서 이 원칙은 왕세자 전하께 완전한 가르침을 줄 수 있다기보다 오히려 스스로 심사숙고하게 하는 자극이 될 수 있을 것이고, 심사숙고할 때 입문서로 쓰일 수 있어야 합니다.

I. 전쟁의 원칙 일반

1. 전쟁 이론은 결정적인 지점에서 어떻게 물리적인 힘과 유리함의 우세를 얻을 수 있는지 하는 것을 주로 다룹니다. 하지만 이것이 불가능하면 이론은 정신적인 요소, 즉 적이 저지를 법한 실수, 대담한 행동이 만드는 인상, 심지어 아군 자신의 절망감 등을 계산하는 것도 가르칩니다. 이 모든 것은 결코 전쟁술과 전쟁술 이론의 영역 밖에 있지 않은데, 이론은 전쟁에서 일어날 수 있는 모든 상황에 대한 이성적인 고찰에 지나지 않기 때문입니다. 이런 상황 중에 제일 위험한 상황을 제일 자주 생각해야 하고, 그에 관해 의견이 일치하는 것이 제일 좋습니다. 그러면 이성에 근거한 영웅적인 결단에 이르게 되고, 그 어떤 냉혹한 궤변가도 그 이성을 흔들 수 없습니다.

왕세자 전하께 이 문제를 다르게 말하는 현학자가 있다면, 그는 그 견해로 전하에게 해로울 수밖에 없는 사람입니다. 전하께서는 삶의 중요한 순간에, 전투의 혼란 속에서, 도움이 제일 많이 필요할 때, 무미건조한 숫자 전문가들이 우리를 버리고 떠날 때, 우리의 견해만이 도움이 될 수 있다는 것을 언젠가 분명히 느끼게 될 것입니다.

2. 물리적인 유리함에 의지하든 정신적인 유리함에 의지하든 상관없이

전쟁에서는 당연히 늘 자기 쪽에 성공의 개연성을 두려고 노력합니다. 하지만 이것이 늘 가능한 것은 아닙니다. 즉 더 나은 것을 할 수 없을 때는 때로 개연성에 반하는 행동을 해야 합니다. 이때 절망하려고 하면 우리의 이성적인 고찰은 그 고찰이 제일 많이 필요할 때, 모든 것이 우리에게 맞서기로 공모한 것처럼 보일 때 바로 끝날 것입니다.

그래서 성공의 개연성이 자기 쪽으로 기울지 않을 때도 그 때문에 행동하는 것을 불가능하거나 비이성적인 것으로 간주해서는 안 됩니다. 우리가 더 나은 것을 할 줄 모른다면, 우리가 갖고 있는 수단이 얼마 안 된다면, 모든 것을 되도록 잘 준비하는 것은 언제나 이성적인 행동이기 때문입니다.

그런 경우에도 평정심과 단호함이 없지 않겠지만 그것은 전쟁에서 늘 제일 먼저 위험에 빠지고, 그런 상황에서 그것을 유지하는 것은 매우 어렵습니다. 하지만 그것이 없으면 정신의 제일 빛나는 특성을 갖고도 아무것도 이루지 못합니다. 그래서 명예로운 패배에 대한 생각에 익숙해져야 하고, 끊임없이 그 생각을 품고 있어야 하고, 그 생각에 완전히 익숙해져야 합니다. 전하, 이런 단호한 결단이 없으면 제일 유리한 전쟁에서도 훌륭한 성과를 이룰 수 없다는 것, 하물며 제일 불리한 전쟁에서는 말할 것도 없다는 것을 굳게 믿으십시오.

프리드리히 2세는[1] 확실히 제1차 슐레지엔 전쟁 동안에[2] 자주 이런 생각에 빠져 있었습니다. 그는 그런 생각에 익숙했기 때문에 그 기억할 만한 12월 5일에 로이텐 근처에서[3] 오스트리아 군대에게 공격을 감행한 것입니

---

1. 프리드리히 2세(Friedrich II., Friedrich der Große, Frederick the Great, 1712~1786), 프로이센의 왕(재위 1740~1786년). 아래에서 프리드리히 대왕으로 표기한 왕도 프리드리히 2세이다. 천재성을 갖춘 명장이었고 병사들의 사기를 북돋우는데 탁월했다. 통치 기간의 전반기에 오스트리아와 2차에 걸친 슐레지엔 전쟁과 7년 전쟁을 치렀다. 이 전쟁의 주요 원인은 슐레지엔의 영유권 다툼이었다. 이 전쟁의 승리로 대왕은 18세기 유럽을 4대 강국 체제(러시아, 오스트리아, 프랑스, 영국)에서 프로이센을 포함한 5대 강국 체제로 바꾸어 놓았다.
2. 제1차 슐레지엔 전쟁(1740~1742년).

다. 그가 사선형 전투 대형으로[4] 오스트리아 군대에게 십중팔구 이길 것이라는 점을 계산해 냈기 때문이 아닙니다.

3. 전하께서 어느 특정한 경우에 선택할 수 있는 모든 작전에서, 전하께서 취할 수 있는 모든 조치에서, 전하께서는 늘 제일 대담한 것과 제일 신중한 것 사이에 선택할 수 있습니다. 몇몇 사람들은 이론이 늘 제일 신중한 것을 선택하도록 조언해야 한다고 말하는데, 이것은 잘못입니다. 이론이 어떤 조언을 한다면 이론은 전쟁의 본질상 제일 결단력 있는 것, 그래서 제일 대담한 것을 선택하도록 조언할 것입니다. 하지만 이론은 이때 최고 지휘관 자신의 용기, 모험 정신, 자신감의 기준에 따라 선택하도록 그에게 맡깁니다. 그래서 전하께서도 이 내면의 힘의 정도에 따라 선택하십시오. 하지만 어느 최고 지휘관도 대담성 없이는 위대한 인물이 되지 못했다는 것을 잊지 마십시오.

II. 전술 또는 전투 이론

전쟁은 하나하나의 많은 전투의 결합으로 이루어져 있습니다. 이 결합은 현명하거나 비이성적일 수 있고, 성공은 이 결합에 크게 달려 있지만, 그럼에도 우선 전투 자체가 더 중요합니다. 유리한 전투의 결합만이 좋은 성과를 내기 때문입니다. 그래서 전쟁에서 제일 중요한 것은 늘 전투에서 적

---

3. 로이텐(Leuthen), 슐레지엔의 마을로 브레슬라우에서 서쪽으로 약 20킬로미터에 있다. 현재 폴란드의 Lutynia(Miękinia). 로이텐 전투(1757년 12월 5일)는 7년 전쟁 중에 프리드리히 대왕이 제일 빛나는 승리를 거둔 전투이다.

4. 사선형 전투 대형(schiefe Schlachtordnung, ordre oblique)에서 공격 군대는 적의 정면에 비스듬한 대형으로 전진하고 적과 처음 접촉하는 강한 측면이 적의 군대를 압도하여 측면이나 배후에서 적을 공격한다. 공격 군대의 다른 약한 측면은 공격을 받지 않은 적의 병력이 전투에 투입되는 것을 방해한다. 『전쟁론』(번역의 전면 개정판, 이하 동일) 188쪽과 『전쟁론 강의』 78~79쪽 참조.

에게 승리하는 기술입니다. 이 점에 대해 왕세자 전하께서는 아무리 많은 주의와 관심을 기울여도 충분하지 않을 것입니다. 저는 아래와 같은 원칙이 제일 중요하다고 생각합니다.

1. 일반 원칙

A. 방어

1. 방어할 때는 자기 부대를 되도록 오랫동안 은폐한 상태로 유지해야 합니다. 스스로 공격하는 순간만 제외하면 언제든지 공격을 받을 수 있기 때문에, 그래서 방어 상태에 있기 때문에 부대를 늘 되도록 은폐해서 배치해야 합니다.

2. 자기의 모든 부대를 바로 전투에 보내지 말아야 합니다. 그러면 전투를 수행할 때 일체의 지혜를 발휘할 수 없습니다. 자유롭게 쓸 수 있는 부대만 전투의 흐름을 바꿀 수 있기 때문입니다.

3. 정면의 크기에 대해서는 별로 또는 전혀 걱정하지 말아야 합니다. 그것 자체가 중요하지 않은 것이기 때문이고, 배치의 길이는 (즉 앞뒤로 늘어서 배치한 부대의5 수) 정면을 넓힘으로써 제한되기 때문입니다. 배후에 있는 부대는 자유롭게 쓸 수 있습니다. 그 부대는 동일한 지점에서 전투를 재개할 때도, 그래서 그 옆에 있는 다른 지점에 나타나려고 할 때도 사용할 수 있습니다. 이 점은 앞의 2번에서 나오는 결과입니다.

4. 적은 정면의 어느 한 부분을 공격하는 동안에 대개 이와 동시에 아

---

5. 부대는 본문에 Korps(corps, 군단)이다. 클라우제비츠는 부록에서 Korps를 많이 썼는데, 이는 오늘날 부대 단위의 명칭(군단)일 때도 있고, 군대의 일부로서 부대의 의미일 때도 있다. 전자는 드물고 후자의 경우가 더 많이 나타난다.

군을 추월하고[6] 포위하기 때문에 배후에 배치된 아군의 부대는 적을 막는데, 그래서 지형의 장애물에 대한 의존의 부족을 메우는데 적당합니다. 그 부대는 함께 선을 이루면서 정면에 넓게 배치되는 것보다 더 적당한데, 적은 이런 경우에도 그 정면을 쉽게 우회할 것이기 때문입니다. 이 점도 2번에 관한 좀 더 자세한 규정입니다.

5. 배후에 배치한 부대가 많으면 그 일부만 정면의 바로 배후에 두어야 하고 다른 일부는 측면의 배후에 배치합니다.

이 후자의 배치로부터 아군을 우회하는 적의 종대를 또 한 번 측면에서 공격할 수 있습니다.

6. 제일 중요한 원칙은 결코 완전히 수동적으로 행동하지 말 것, 적이 아군을 공격하는 동안에도 정면과 측면에서 적에게 반격을 하는 것입니다. 그래서 적이 어느 일정한 선을 공격하려고 병력을 전개하도록 아군이 적을 유도하려고 할 때만 그 선에서 방어하고, 그런 다음에 배후에 있는 다른 부대를 통해 공격으로 넘어갑니다. 왕세자 전하께서 일찍이 매우 훌륭하게 말씀하신 것처럼, 축성술은 방어자가 (성벽의 배후에 있을 때처럼) 더 안전하게 저항하는데 쓰여서는 안 되고 적을 더 성공적으로 공격하는데 쓰여야 합니다. 바로 이것을 모든 수동적인 방어에 대해 말해야 합니다. 방어는 늘 내가 골라낸 지역에서, 내가 아군을 위해 준비한 부대를 미리 배치한 지역에서 유리하게 적을 공격하는 수단일 뿐이기 때문입니다.

7. 방어에서 하는 이 공격은 적이 아군을 실제로 공격하는 순간에, 또는 적이 아군을 향해 행군하는 중에 수행할 수 있습니다. 적이 마침 공격을 하려고 하면 아군은 부대를 후퇴하면서, 이를 통해 적을 낯선 지형에 끌

---

6. 여기에서 '추월'은 Überflügelung의 번역이다. 단어 그대로는 날아서 넘어간다는 뜻. 즉 공격자가 방어자의 날개 부분을 넘어 정면으로 전진하여 정면을 포위하는 것을 말한다. 아래 동일.

어들이면서, 그다음에 모든 방향에서 적에게 달려들면서 방어를 할 수도 있습니다. 이 모든 종류의 배치에서 긴 배치, 즉 자기 군대의 2/3나 절반만 또는 그보다 더 적은 병력만 정면에 두고 나머지 병력을 정면의 바로 배후와 측면의 배후에 되도록 은폐하는 배치는 매우 적절합니다. 그래서 이런 종류의 배치는 한없이 중요합니다.

8. 그래서 저에게 2개의 사단이 있다면 저는 그 사단을 옆으로 나란히 두기보다 오히려 앞뒤로 나란히 둘 것입니다. 3개의 사단이 있다면 적어도 1개의 사단을 배후에 둘 것입니다. 4개의 사단이 있다면 아마 2개의 사단을 배후에 둘 것이고, 5개의 사단이 있다면 적어도 2개의 사단을, 많은 경우에는 아마 3개의 사단을 배후에 둘 것입니다.

9. 계속 수동적으로 있어야 하는 지점에서는 축성술을 이용해야 합니다. 하지만 축성술은 오직 하나하나의 폐쇄된 (매우 튼튼한 종단면을 갖고 있는) 보루에서만 이용해야 합니다.

10. 전투를 하려고 구상하는 계획에서는 큰 목적, 즉 적의 대규모 종대에 대한 공격과 그 종대에 대한 완전한 승리와 같은 목적을 선택해야 합니다. 아군이 작은 목적을 선택하는 반면에 적이 큰 목적을 추구하면 아무래도 아군이 밀질 것 같습니다. 탈러로 페니히와 도박을 하게 됩니다.[7]

11. 방어 계획에서 큰 목적을 (적의 종대의 파괴 등) 세웠다면 이를 최고의 에네르기로 마지막 힘까지 소모해서 추구해야 합니다. 대부분의 경우에 공격자는 또 다른 지점에서 목적을 추구할 것입니다. 아군이 공격자의 오른쪽 날개를 공격하는 동안에 공격자는 자기의 왼쪽 날개로 결정적

---

7. 독일의 프로이센, 슐레지엔, 작센 등의 지역에 따라, 시대에 따라, 화폐(그로셴)의 종류에 따라 탈러(Taler)와 페니히(Pfennig)의 가치는 약간씩 다르다. 대충 말하면 1그로셴은 1/24탈러이고 10페니히이다. 그래서 1탈러는 약 24그로셴이고 240페니히이다. 240페니히 대 1페니히의 도박은 밑지는 도박이다.

인 이익을 획득하려고 노력할 것입니다. 이제 아군이 적보다 먼저 약해지면, 아군이 적보다 적은 에네르기로 목적을 추구하면, 적은 목적을 전부 달성할 것이고, 이익을 전부 획득할 것이고, 아군은 목적과 이익에서 절반만 얻을 것입니다. 그러면 적이 우세함을 얻고 승리할 것이고, 아군은 절반만 얻은 이익도 포기해야 합니다. 왕세자 전하께서 레겐스부르크 전투와[8] 바그람 전투의[9] 역사를 주의 깊게 읽으신다면 이 말이 진실이고 중요하다는 것을 알게 될 것입니다.

이 두 전투에서 나폴레옹 황제는[10] 오른쪽 날개로는 공격을 했고 왼쪽 날개로는 저항을 하려고 했습니다. 카알 대공도[11] 똑같이 행동했습니다. 하지만 전자는 굳은 결단력과 에네르기로 행동했고, 후자는 우유부단했고 늘 중도에 포기했습니다. 대공이 그의 군대 중에 승리한 부대로 획득한 것은 하찮은 이익이었고, 나폴레옹 황제가 똑같은 시간에 그 반대 지점에서 획득한 것은 결정적인 이익이었습니다.

12. 전하께서 앞의 두 원칙을 한 번 더 요약하도록 허락하신다면 두 원칙의 결합을 통해 오늘날의 전쟁술에서 승리의 모든 원인 중에 첫 번째 원

---

8. 레겐스부르크(Regensburg), 현재 바이에른 주 동쪽에 있는 도시. 도나우 강변에 있고 뮌헨에서 북동쪽으로 약 110킬로미터 떨어져 있다. 나폴레옹은 오스트리아 군대의 후위를 레겐스부르크 방면으로 추격하여 전투(1809년 4월 19~23일)를 벌였고 레겐스부르크를 점령했다.

9. 바그람(Wagram), 오스트리아 동부에 있는 마을. 비인에서 북동쪽으로 17킬로미터에 있다. 바그람 전투(1809년 7월 5~6일)에서 나폴레옹은 카알 대공이 지휘하는 오스트리아 군대에게 승리했다.

10. 나폴레옹 보나파르트(Napolén I. Bonaparte, 1769~1821), 나폴레옹 1세. 프랑스의 군인, 정치가, 황제. 『전쟁론』은 거의 전부 보나파르트(부르는 이름)로 표기했는데, 이 부록은 '나폴레옹 황제'로 표기하고 있다. 이때는 클라우제비츠가 아직 젊었고(30세), 이 강의가 왕세자에게 한 강의이기 때문에 클라우제비츠가 왕실에 (자기 나라이든 적의 나라이든) 대한 예의를 지킨 것으로 보인다.

11. 카알 대공(Carl Ludwig Johann Joseph Laurentius von Österreich-Teschen, 1771~1847), 오스트리아의 원수이자 군사 평론가.

인으로 간주해야 하는 결과를 낳습니다. 즉 "에네르기와 인내심을 갖고 크고 결정적인 목적을 추구하십시오."

13. 이 원칙을 추구하다가 성공하지 못하면 위험은 늘어나고, 이것은 사실입니다. 하지만 목적을 희생하면서 더 신중해지는 것은 기술이 아니고, 그것은 제가 이미 일반 원칙에서 말한 것처럼 잘못된 신중함이고 전쟁의 본질에 어긋납니다. 전쟁의 본질은 전쟁에서 큰 목적을 이루려면 큰 모험을 해야 한다는 것입니다. 올바른 신중함은 전쟁에서 중요한 모험을 할 때 아군의 목적 달성을 약하게 하지 않는 수단을 찾아내고 사용하는 일을 나태, 둔함, 경솔함으로 중지하지 않는데 있습니다. 나폴레옹 황제의 신중함이 그러하고, 황제는 결코 신중함 때문에 무서워하면서 절반의 발걸음으로 큰 목적을 추구한 적이 없습니다.

전하께서 역사에서 승리한 방어 전투를 몇 개 생각해 보신다면, 그중에 제일 훌륭한 방어 전투는 여기에서 말한 원칙의 정신으로 수행되었다는 것을 알게 될 것입니다. 바로 그 전쟁사의 연구가 이 원칙을 만드는데 도움을 주었기 때문입니다.

민덴에서[12] 페르디난트 공작은[13] 적이 예상하지 못한 전쟁터에 갑자기 나타나서 공격으로 넘어갔습니다. 그 반면에 탄하우젠에서는[14] 보루 뒤에

---

12. 민덴(Minden), 독일의 북서부 베저 강 왼쪽에 있는 도시. 하노버에서 서쪽으로 약 60킬로미터에 있다. 7년 전쟁 때 민덴 전투(1759년 8월 1일)에서 프로이센 군대는 프랑스 군대를 무찔렀다. 페르디난트 공작은 프랑스 군대의 공격 준비에 관한 첩보를 입수하고 기동력을 발휘하여 프랑스 군대를 먼저 기습적으로 공격하였다.

13. 페르디난트(Ferdinand von Braunschweig-Wolfenbüttel, 1721~1792), 프로이센의 원수.

14. 탄하우젠(Tannhausen), 니더슐레지엔에 있다. 현재 폴란드의 Jedlina-Zdrój에 있는 마을 Jedinka를 가리킨다. 브로츠와프에서 남쪽으로 약 70킬로미터에 있다. 탄하우젠에서 페르디난트 군대의 약 1/3 정도 되는 병력으로 독립 군단을 편성한 방엔하임(Wangenheim) 장군은 프로이센 주력 부대의 좌측에 있었다. 프랑스 군대는 새벽에 이 부대에 포격을 했지만 이는 기습 공격으로 이어지지 못했고, 방엔하임의 군단은 프랑스 군대에게 저항할 수 있

서 소극적으로 저항하는데 그쳤습니다.

로스바흐에서[15] 프리드리히 2세는 적이 예상하지 못한 지점과 순간에 적을 공격했습니다.

리그니츠에서[16] 오스트리아 군대는 밤에 프리드리히 대왕과 마주쳤는데, 그곳은 하루 전에 본 곳과는 완전히 다른 진지였습니다. 대왕은 모든 병력으로 적의 종대를 습격했고, 적의 다른 군대가 전투를 개시하기도 전에 그 종대를 무찔렀습니다.

호엔린덴에서[17] 모로는[18] 5개 사단을 정면에 두고 4개 사단을 배후와 측면의 배후에 두었습니다. 그는 적을 우회했고, 적의 오른쪽 날개의 종대가 공격을 수행하기 전에 그 종대를 공격했습니다.

레겐스부르크에서 다부 원수가[19] 소극적으로 방어하는 동안에 나폴

었다.

15. 로스바흐(Roßbach, Rossbach), 그 당시 작센 선제후국의 마을. 라이프치히에서 서쪽으로 36킬로미터에 있다. 로스바흐 전투(1757년 11월 5일)에서 프리드리히 2세는 오스트리아와 프랑스 등으로 구성된 동맹 군대를 무찔렀다. 프랑스 군대는 프로이센 군대가 후퇴하고 있다고 생각했는데, 프로이센의 정예 기병이 프랑스 군대의 우익을 공격하여 프랑스 군대는 전투 대형을 갖출 시간도 없이 흩어져서 패배했다. 이 승리로 프리드리히 대왕은 콜린 전투의 패배를 설욕하고 명성도 되찾았다.

16. 리그니츠(Liegnitz, Legnica), 슐레지엔의 도시였고 현재 폴란드의 레그니차. 브레슬라우에서 서쪽으로 약 60킬로미터 떨어져 있다. 리그니츠 전투(1760년 8월 15일)에서 오스트리아 군대는 프리드리히 대왕에게 패배했다. 대왕은 자기 의도를 최대한 감추고 기동성을 발휘하여 적을 집중 공격함으로써 수적으로 우세한 적을 무찔렀다. 리그니츠에서 오스트리아 군대에게 포위된 것을 눈치 챈 대왕은 조심스럽게 철수하기로 결정했다. 8월 14일 밤과 15일 새벽에 후퇴하면서 대왕은 적을 속이려고 야영의 불길을 그대로 두도록 했다. 그리고 새벽에 오스트리아 군대의 한쪽 측면을 기습 공격하여 크게 승리했다.

17. 호엔린덴(Hohenlinden), 뮌헨에서 동쪽으로 약 34킬로미터에 있는 마을. 호엔린덴 전투(1800년 12월 3일)에서 모로가 이끄는 프랑스 군대는 오스트리아와 바이에른의 군대에게 승리했다. 모로는 병력을 숲속에 배치했고, 오스트리아 군대는 이들을 찾아 숲속으로 들어갔다. 모로는 숲속에 숨어서 병력 일부를 이동하게 하여 오스트리아 군대의 측면을 포위 공격했다.

18. 모로(Jean Victor Marie Moreau, 1763~1813), 프랑스 혁명 시대의 장군.

19. 다부(Louis Nicolas Davout, 1770~1823), 프랑스의 원수.

레옹은 오른쪽 날개로 제5군단과 제6군단을 공격하여 완전히 무찔렀습니다.

바그람에서 오스트리아 군대는 본래 방어자였지만, 두 번째 날에는 대부분의 병력으로 황제를[20] 공격했기 때문에 황제를 방어자로 간주할 수도 있습니다. 그는 오른쪽 날개로 오스트리아 군대의 왼쪽 날개를 공격하고 우회하고 무찔렀는데, 그 반면에 도나우 강의[21] 매우 약한 왼쪽 날개에 (이 날개는 단 하나의 사단으로 구성되어 있었는데) 대해서는 걱정하지 않았습니다. 하지만 그는 루스바흐 강에서[22] 거둔 승리에 오스트리아 군대의 오른쪽 날개의 승리가 영향을 미치는 것을 강력한 예비대로 (긴 배치) 막았습니다. 그는 이 예비대로 아더클라를[23] 다시 점령했습니다.

앞에서 말한 모든 원칙이 여기에 든 하나하나의 전투에 분명하게 들어 있지는 않지만, 그럼에도 이 모든 전투는 적극적인 방어입니다.[24]

프리드리히 2세 아래의 프로이센 군대의 기동성은 그에게 승리의 수단이었지만, 이제 그것은 더 이상 기대할 수 없습니다. 다른 군대도 적어도 아군과 똑같은 기동성을 갖게 되었기 때문입니다. 다른 한편으로는 그 당시에 우회는 별로 일반적이지 않았고, 그래서 매우 긴 배치도 별로 필요하지 않았습니다.

---

20. 이 부록에서 이름 없이 '황제'라고만 쓴 것은 전부 나폴레옹이다.
21. 도나우 강(Donau, Danube), 독일 남부에서 발원하여 루마니아 동쪽 해안을 통해 흑해로 흘러가는 강. 길이는 약 2680킬로미터.
22. 루스바흐 강(Rußbach, Russbach), 도나우 강의 작은 지류로 길이는 약 71킬로미터. 바그람을 흐른다.
23. 아더클라(Aderklaa), 오스트리아의 동쪽 끝에 있는 작은 마을.
24. 여기 'A. 방어'에서 극명하게 보여 주는 것처럼, 먼저 일반적인 원칙이나 원리를 서술하고 그 다음에 구체적인 사례를 서술하는 순서가 연구 방법과 서술 방법의 변증법적인 관계이다. 『전쟁론』의 모든 장도 대부분 이와 같이 서술되어 있다. 이 점에 대한 자세한 논의는 『전쟁론 강의』 449~451쪽 참조.

B. 공격

1. 공격할 때는 적이 배치된 한 지점, 즉 적의 부대의 한 부분을 (1개 사단, 1개 군단) 월등한 우세함으로 공격하려고 하는 반면에 적의 나머지 부대는 불확실한 상태로 둡니다(불확실하게 다룹니다). 이렇게 해야만 적과 같거나 적보다 적은 병력을 갖고 있을 때 우세하게, 그래서 성공의 개연성을 갖고 전투를 할 수 있습니다. 병력이 매우 적을 때는 다른 지점에서 적을 다루는데 아주 약간의 병력만 사용해야 하고, 그래서 결정적인 지점에는 병력이 되도록 많아야 합니다. 확실히 프리드리히 2세가 로이텐 전투에서 승리한 것은 오직 얼마 안 되는 병력을 한 지점에 그리고 적에 비해 매우 많이 집결했기 때문입니다.[25]

2. 주된 공격은 적의 날개로 향해야 합니다. 이때 적의 날개를 정면과 측면에서 공격하거나 완전히 우회하여 배후에서 공격하기도 합니다. 전투에서 승리하면서 적을 후퇴로에서 물리칠 때만 크게 성공합니다.

3. 아군의 병력이 많다고 해도 하나의 지점을 선택해서 그곳에서 주된 공격을 해야 하고, 그러면 그 지점에서 그만큼 강해집니다. 적의 군대를 정식으로 포위하는 것은 극히 드문 경우에만 가능하든지 또는 물리적으로나 정신적으로 월등한 우세함을 전제로 할 것이기 때문입니다. 하지만 적을 후퇴로에서 물리치는 것은 적의 측면의 한 지점에서도 할 수 있고, 이것은 이미 큰 성공입니다.

---

25. 프리드리히 2세는 사선형 전투 대형으로 병력을 한 지점에 집결할 수 있었다. 이 대형은 고대 이래 가끔 쓰였고 결코 새로운 것이 아니지만, 이 대형을 거의 모든 전투에서 일관되게 쓴 사람은 프리드리히 2세였다. 그는 1748년에 다음과 같이 말했다. '우리는 적에게 한쪽 날개의 전투는 거부하고, 공격하려고 하는 날개는 강화한다. 그러면 적 10만 명도 아군 3만 명으로 공격하고 무찌를 수 있다.' 이 사선형 전투 대형의 극적인 사례는 앞에서 말한 로이텐 전투이다.

4. 일반적으로 승리의 확실성(높은 개연성), 즉 전쟁터에서 적을 몰아내는 확실성이 중요합니다. 이것에 전투 계획의 방향을 맞추어야 합니다. 결정되지는 않았지만 유지하고 있는 승리를 추격의 에네르기를 통해 결정적인 것으로 만드는 것이 쉽기 때문입니다.

5. 아군은 충분히 많은 병력으로 적의 날개를 집중적으로 공격하려고 하고, 그래서 적의 부대는 모든 방향에서 공격을 당하는 것으로 보입니다. 이때에는 적의 병력이 모든 방향에 정면을 두는데 충분하다고 전제해도 적의 부대는 그런 상황에서 용기를 더 쉽게 잃고 더 많은 고통을 겪고 혼란에 빠지는 등의 일이 일어납니다. 요컨대 아군은 적이 일찍 후퇴할 것이라는 희망을 갖게 됩니다.

6. 적에 대한 이런 포위는 공격자에게 방어자보다 많은 병력을 정면에 전개하도록 강요합니다. a, b, c 군단이 적의 군대의 e 부분을 집중적으로 공격해야 한다면, 그 군단은 당연히 나란히 있어야 합니다. 하지만 많은 예비대를 두지 않은 채 아군 병력을 정면에 이렇게 많이 전개해서는 결코 안 됩니다. 이는 제일 심각한 잘못이 될 것이고, 적이 우회에 대해 얼마쯤 준비했다면 패배로 이어질 것입니다.

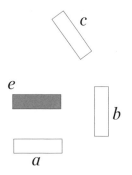

a, b, c 군단이 e 부분을 공격한다면 f, g 군단을 예비대로 배후에 남겨두어야 합니다. 이런 긴 배치를 통해 아군은 적이 공격당한 지점에 끊임없

이 새로운 공격을 쏟아 부을 수 있습니다. 아군의 부대가 나란히 있는 한쪽 끝에서 적의 공격을 받는다고 해도 이 전투를 바로 포기할 필요는 없습니다. 적에게 맞설 수 있는 어떤 것을[26] 갖고 있기 때문입니다. 바그람 전투에서 프랑스 군대가 그러했습니다. 도나우 강에서 오스트리아 군대의 오른쪽 날개에 맞선 프랑스 군대의 왼쪽 날개는 병력이 극히 적었고 또한 완전히 패배했습니다. 아더클라에 있던 중앙 병력도 그다지 많지 않았고, 첫날 전투에서 오스트리아 군대에게 굴복했습니다. 하지만 이 모든 것은 아무 상관이 없습니다. 황제가 자기의 오른쪽 날개로 오스트리아 군대의 왼쪽 날개를 정면과 측면에서 공격했고, 오른쪽 날개를 매우 길게 배치하여 기병과 기마 포병대의 엄청난 종대로 오스트리아 군대를 향해 아더클라로 나아갔고, 여기에서 오스트리아 군대를 물리칠 수 없었다고 해도 막을 수 있었기 때문입니다.

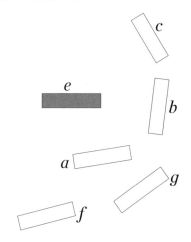

7. 방어할 때와 마찬가지로 공격할 때도 적의 군대 중에 어느 부분이 패배하면 아군에게 결정적인 이익이 되는 부분을 공격 대상으로 삼아야

---

26. '어떤 것'은 f, g와 같은 예비대를 말한다.

합니다.

8. 방어할 때와 마찬가지로 이때에도 목적을 이룰 때까지 또는 더 이상의 수단이 전혀 남아 있지 않을 때까지 손을 놓아서는 안 됩니다. 방어자도 적극적이고 다른 지점에서 아군을 공격한다면, 아군은 에네르기와 대담성에서 방어자를 앞서는 것 외에 달리 승리를 얻을 수 없습니다. 방어자가 소극적이라면 아군은 어차피 큰 위험을 무릅쓸 필요가 없을 것입니다.

9. 부대의 선을 길게 연결하는 것은 모두 피해야 합니다. 그것은 평행 공격을 할 때만 쓸 텐데, 그 공격은 오늘날 더 이상 목적에 맞지 않습니다.

하나하나의 사단은 상급 부대의 결정에 따르고 그 부대와 조화를 이루지만 개별적으로 공격을 하게 됩니다. 그런데 현재 1개 사단은 (8000명에서 10,000명) 결코 하나의 소규모 전투가 아니라 2개나 3개, 심지어 4개의 소규모 전투를 하도록 편성되어 있습니다. 이미 여기에서 길게 연결된 선은 더 이상 존재할 수 없다는 결론이 나옵니다.

10. 여러 사단과 군단이 공격할 때 그들의 조화는 그들을 한 지점에서 지휘하려고 하는 것으로 유지할 필요가 없습니다. 물론 그렇게 하면 (상호 간에 멀리 있고 적 때문에 아마 상호 간에 분리되어 있다고 해도) 그들은 늘 연결을 유지하고 정확히 차례대로 전투를 하게 됩니다. 하지만 이것은 협력을 만들어 내는 방식 중에 잘못되고 나쁜 방식이고 수많은 우연에 달려 있습니다. 이런 방식으로는 결코 훌륭한 성과를 이룰 수 없고, 그래서 강력한 적에 의해 반드시 지독한 패배를 당하게 됩니다.

바람직한 방식은 하나하나의 모든 군단장이나 사단장에게 행군의 주요 방향만 지시하는 것이고, 적을 목표로 삼고 적에 대한 승리를 목적으로 삼게 하는 것입니다.

그래서 각 종대의 모든 지휘관은 적을 발견하는 곳에서 적을 공격하도록, 그것도 온 힘을 다해 공격하도록 종대를 지휘하게 됩니다. 그는 성공 여부에 대한 책임을 져서는 안 되는데, 그것이 그를 우유부단하게 만들기 때문입니다. 그는 자기 부대가 온 힘을 다해 헌신적으로 전투에 참여하게 하는데 책임을 집니다.

11. 잘 조직된 하나의 독립된 군단은 월등하게 우세한 공격에 대해서도 얼마 동안 (몇 시간) 저항할 수 있고, 그래서 한순간에 파괴될 수 없습니다. 그 군단이 실제로 적과 너무 일찍 전투에 돌입했다고 해도, 그리고 그 군단이 패배했다고 전제해도 전체가 그 전투에서 패배한 것은 아닙니다. 적이 하나의 군단을 향해 병력을 전개하고 나눌 것이고, 아군의 나머지 병력에게 유리한 공격 기회를 줄 것이기 때문입니다.

이런 목적으로 하나의 군단을 어떻게 조직해야 하는지에 관해서는 아래에서 다룹니다. 그래서 부대의 협력을 확신하려면 모든 군단이 일정한 독립성을 갖고 적을 찾아내서 헌신적으로 공격해야 합니다.

12. 공격 전쟁의 제일 중요한 원칙 중의 하나는 적에 대한 기습입니다. 더 많은 공격이 기습적으로 일어날수록 공격은 그만큼 더 많이 성공할 것입니다. 방어자는 자기의 조치를 숨기고 부대의 배치를 은폐해서 기습을 할 수 있고, 공격자는 예상치 못한 접근으로만 기습을 할 수 있습니다.

하지만 이런 현상은 최근의 전쟁에서 매우 드뭅니다. 그 이유는 부분적으로 오늘날에 안전을 확보하는 시설이 더 좋아졌기 때문이고, 부분적으로는 전쟁 수행이 더 빨라졌기 때문입니다. 그래서 작전의 오랜 중지가 일어나는 일이 드문데, 이런 중지가 한쪽은 잠들게 하고 다른 쪽에게는 잠든 쪽을 갑자기 공격할 기회를 주는 것입니다.

이런 상황에서는 **언제든지** 할 수 있는 본래의 야간 기습을 (호크키르히와[27] 같은 경우) 제외하면 다음과 같은 경우에만 적에게 기습을 할 수 있습니다. 즉 행군을 측면이나 배후로 한 다음에 갑자기 다시 적에게 접근하면서, 게다가 적이 멀리 있는 경우에는 매우 특별한 노력과 활동으로 적이 예상한 것보다 더 빨리 도착하면서 기습을 할 수 있습니다.

13. 매우 적은 군대로 어떤 행동을 감행하는 데는 본래의 기습이 (호크키르히와 같은 야간 기습) 최고의 기습입니다. 하지만 그것은 방어자보다 그 지역을 잘 알지 못하는 공격자에게는 약간의 우연에 달려 있습니다. 적의 지역과 배치를 정확히 알지 못할수록 우연은 그만큼 더 심해집니다. 그래서 그런 공격은 많은 상황에서 절망적인 상태의 최후 수단으로만 생각해야 합니다.

14. 이런 공격에서 군대는 모든 것을 낮보다 훨씬 단순하게 준비해야 하고 더 많이 집결해야 합니다.

2. 부대의 사용 원칙

1. 화기가 없을 수 없다면 (그것이 없어도 된다면 왜 그것을 갖고 가는가?) 그것으로 전투를 개시해야 합니다. 그리고 적이 아군의 보병과 포병으로 이미 큰 피해를 입었다면 그때 비로소 기병을 사용해야 합니다. 이로부터 다음과 같은 결론이 나옵니다.

a) 기병은 보병 뒤에 배치해야 한다는 것.

b) 기병으로 전투를 시작할 때 기병을 너무 경솔하게 이동해서는 안 된다는 것. 적의 혼란과 갑작스러운 후퇴가 성공의 희망을 주는 경우에만 기병으로 대담하게 적에게 돌진해야 합니다.

2. 화력에서 포병은 보병보다 훨씬 효과적입니다. 6파운드짜리[28] 대포

---

27. 호크키르히(Hochkirch), 작센의 오버라우지츠 지방에 있는 마을. 드레스덴에서 동쪽으로 약 65킬로미터에 있다. 7년 전쟁에서 오스트리아 군대는 호크키르히 전투(1758년 10월 14일)에서 방심하고 있던 프로이센 군대에 대한 새벽 기습에 성공하여 프로이센 군대에게 큰 손실을 입혔다.

28. 이 당시에는 포탄의 무게에 따라 화포의 대소를 구분했다. 1파운드의 무게는 나라와 시대

8문의 1개 포병 중대는 1개 대대 정면의 1/3도 차지하지 못하고 1개 대대 병력의 1/8도 안 되지만, 화력의 효과에서는 확실히 1개 대대의 2~3배의 일을 합니다. 그 반대로 포병은 보병처럼 이동하지 못한다는 점에서 불리합니다. 일반적으로 이는 제일 가벼운 기마 포병대에도 해당되는데, 기마 포병대는 보병처럼 모든 지형에서 사용할 수 없기 때문입니다. 그래서 포병은 처음부터 제일 중요한 지점에 집결해야 하는데, 포병은 보병처럼 전투가 진행되면서 그 지점을 향해 집결할 수 없기 때문입니다. 20~30문의 대포를 갖고 있는 대규모의 1개 포병 중대는 대부분 그 포병 중대가 있는 지점의 전투를 결정합니다.

3. 앞에서 말한 특성과 다른 분명한 특성으로부터 하나하나의 병과를 사용하는데 다음과 같은 규칙이 생깁니다.

a) 전투는 포병으로 시작하고, 그것도 처음부터 대부분의 포병으로 시작합니다. 부대의 병력이 많을 때만 기마 포병대와 중포병대를[29] 예비대로 사용합니다. 포병은 하나의 지점에서 대규모의 집단으로 사용합니다. 20~30문의 대포는 대규모의 1개 포병 중대로 주요 지점을 방어하거나 아군이 공격하려고 하는 적의 배치의 일부를 포격합니다.

b) 그다음에 경보병으로 – 사격수이든 저격병이든 소총수이든[30] 상관없이 – 시작합니다. 이는 특히 바로 처음부터 너무 많은 병력을 사용하지 않으려고 하기 때문입니다. 사람들은 먼저 자기 앞에 무엇이 있는지 알려고 하고(그것을 제대로 조망할 수 있는 일이 드물기 때문에), 전투의 방향이 어디로 바뀌는지 등을 보려고 합니다.

마다 약간씩 다른데, 프로이센의 1파운드는 약 468그램이었다.

29. 중포병대(重砲兵隊), 원문은 Fußartillerie. '걷는 포병대' 또는 '보병의 포병대'라는 뜻. 이 독어는 불어 Artillerie à pied의 번역어.

30. 소총수의 원문은 Füsilier이고 이는 불어 fusilier에서 온 말이다. 이 단어는 사격수, 저격병, 경보병(輕步兵) 등으로도 번역된다.

이 사격선으로 적과 균형을 유지할 수 있다면, 그리고 급하지 않다면, 나머지 병력을 성급하게 사용하는 것은 옳지 않습니다. 이 전투로는 적을 되도록 많이 지치게 해야 합니다.

c) 적이 전투에 많은 병력을 보내서 아군의 사격선이 물러나야 한다면 또는 아군이 오래 망설여서는 안 된다면 아군은 온전한 보병선으로 물러납니다. 그 보병선은 적으로부터 100~200보 되는 곳에서 전개하고 사격하든지 또는 할 수 있는 만큼 적에게 밀고 들어갑니다.

d) 이것이 보병의 주요 임무입니다. 하지만 병력을 길게 배치해서 종대의 보병선을 예비대로 두고 있다면 이 지점에서 거의 전투의 지배자가 됩니다. 이 두 번째 보병선은 되도록 종대로만 결전에 사용해야 합니다.

e) 기병은 전투 중에 전투하는 부대의 뒤에 가까이 둡니다. 물론 큰 손실을 입지 않는 곳에, 즉 산탄의 포격과 화승총의 사격 밖에 둡니다. 하지만 전투에서 나타나는 모든 성과를 재빨리 이용할 수 있을 만큼 가까이 두어야 합니다.

4. 이 규칙을 어느 정도 정확히 지키면서 우리는 다음과 같은 원칙을 명심해야 하는데, 이 원칙은 아무리 중요하게 표현해도 충분하지 않습니다. 즉 "자기의 모든 병력을 한 번의 행운에 맡기지 마십시오." 그렇게 하면 전투를 이끄는 모든 수단을 잃게 됩니다. 그래서 얼마 안 되는 병력으로 적을 되도록 피로하게 만들고, 결정적인 병력은 마지막의 결정적인 순간을 위해 보존해야 합니다. 이 결정적인 병력을 한 번 투입한다면 그 병력은 최고의 대담성으로 이끌어야 합니다.

5. 전투 대형, 즉 전투 전과 전투 중의 부대 배치 방식은 원정 전체나 전쟁 전체를 생각해서 채택해야 합니다. 이 전투 대형은 계획할 시간이 없는 모든 경우에 계획의 자리를 대신합니다. 그래서 이것은 주로 방어를 생각해서 만들어집니다. 이 전투 대형은 군대의 전투 방식에 일정한 양식을 부

여하고, 이 양식은 반드시 필요하고 유익합니다. 이것이 불가피한 것은 작은 부대를 지휘하는 대부분의 하급 장군들과 다른 장교들에게 전술에 대한 특별한 지식이 없을 것이기 때문이고, 아마 전쟁에 대한 탁월한 소질도 없을 것이기 때문입니다.

그래서 이로부터 일종의 방법론이 생겨나고, 이것은 기술이 없는 곳에서 기술을 대신합니다. 저의 확신에 따르면, 이것은 프랑스 군대에서 최고도로 쓰였습니다.

6. 제가 병과의 사용에 대해 말한 것에 따르면 1개 여단의 전투 대형은 대략 다음과 같을 것입니다.

a, b는 경보병의 선이고, 경보병은 전투를 개시하고 끊어진 지형에서 이를테면 전위로 쓰입니다. 그다음에 c, d의 포병이 유리한 지점에 배치됩니다. 포병이 여기에 배치되지 않으면 첫 번째 보병선 뒤에 머뭅니다. e, f는 첫 번째 보병선으로서 행군하고 사격하도록 정해져 있습니다. 여기에서는 4개 대대입니다. g, h는 한 쌍의 기병 연대입니다. i, k는 두 번째 보병선이고, 이 보병선은 예비대로서 전투에 승패의 결정을 내리도록 정해져 있습니다. l, m은 그 보병선의 기병입니다.

바로 이 원칙에 따라 병력이 많은 1개 군단도 이와 비슷한 배치를 하게 됩니다. 그런데 앞에 말한 원칙만 따른다면, 전투 대형이 바로 이런 모습을 띠는지 또는 약간 다른 모습을 띠는지는 전혀 본질적인 것이 아닙니다. 그래서 예를 들어 g, h의 기병은 보통의 배치에서 l, m의 선과 같이 있을 수 있습니다. 그리고 이 선이 이 배치에서 배후에 너무 멀리 있는 몇몇 경우에만 그 선을 앞으로 당깁니다.[31]

---

31. 다음 그림 아래에 있는 reit. Art.는 reitende Artillerie(Horse Artillery)의 약자로서 기마 포병대(騎馬 砲兵隊 또는 기포병)를 뜻한다.

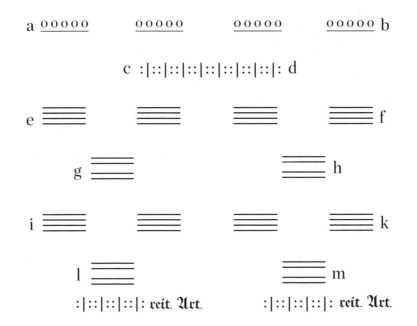

7. 군대는 그런 독립적인 군단 몇 개로 이루어져 있고, 군단에는 군단 장과 참모 본부가 있습니다. 군단은 전투의 일반 원칙에서 말한 것처럼 옆으로 그리고 앞뒤로 나란히 배치됩니다. 여기에서 한 가지를 더 말해야 합니다. 즉 기병이 아주 적지 않다면 특별한 기병 예비대를 두게 되는데, 이는 당연히 배후에 두고 아래와 같은 임무를 맡고 있습니다.[32]

a) 적이 전쟁터에서 후퇴하는 중이라면 적에게 밀고 들어가는 것 그리고 적이 후퇴를 엄호하는데 사용하는 기병을 공격하는 것. 이 순간에 적의 기병을 물리친다면 반드시 크게 성공할 텐데, 적의 보병이 용감함으로 기적을 행하지 않는다면 그러할 것입니다. 이때 소규모의 기병으로는 목적을

---

32. 코켄하우젠(Friedrich von Cochenhausen, 1879~1946) 장군은 다음과 같이 강조했다. '기병 예비대의 사용에 관한 대부분의 규칙은 현대 전쟁에서 더 이상 타당하지 않지만, 기병 예비대를 거의 글자 그대로 기계화 부대로 바꾸면 현대 전쟁에 적용할 수 있다.'

이루지 못할 것입니다.

b) 적이 패배하지 않은 채 후퇴 행군을 하는 중이라고 해도 또는 전투에서 패배한 후에 그다음 날 계속 후퇴한다고 해도 적을 더 빨리 추격하는 것. 기병은 보병보다 빠르게 행군하고, 후퇴하는 부대에 더 두드러진 인상을 심어 줍니다. 추격은 전쟁에서 승리 다음으로 제일 중요한 것입니다.

c) 적을 크게 (전략적으로) 우회하려고 한다면 그리고 우회 때문에 좀 더 빠르게 행군하는 병과를 이용해야 한다면, 그렇게 하는데 이 기병 예비대를 이용하는 것.

그래서 이 군단이 얼마쯤 더 많은 독립성을 갖게 하려면 이 군단에 상당히 많은 기마 포병대를 붙여야 합니다. 여러 병과를 결합하면 더 강해질 수밖에 없기 때문입니다.

8. 부대의 전투 대형은 전투와 관련되었고, 그래서 전투는 부대의 행군이었습니다.

행군 대형은 그 본질상 아래와 같습니다.

a) 모든 독립된 부대는 (여단이든 사단이든 상관없이) 그 자체의 전위와 후위를 두고 있고 그 자체의 종대를 편성하고 있습니다. 하지만 이것은 몇 개의 부대가 하나의 도로에서 앞뒤로 나란히 행군하는 것, 그래서 전체적으로 이를테면 하나의 종대를 이루는 것을 막지는 못합니다.

b) 부대는 일반적인 전투 대형에 따라 행군합니다. 부대는 이 전투 대형에 따라 옆으로 그리고 앞뒤로 나란히 있게 되는데, 그러면 행군도 그렇게 합니다.

c) 부대의 대형 자체는 늘 변함없이 다음과 같습니다. 즉 경보병이 전위와 후위를 이루고 1개 기병 연대를 이 경보병에 덧붙입니다. 그다음에 보병이 오고 그다음에 포병이 오고 마지막에 나머지 기병이 따릅니다.

이 대형이 그 자체로 자연스러운 대형일 때는 이 대형을 유지한 채 적에게 이동할 수 있습니다. 또는 본래 배치할 때는 앞뒤로 있어야 했던 것이 행군할 때는 옆으로 있어야 한다면 적에게 평행으로 이동할 수 있습니다. 행군을 하면 반드시 많은 시간이 필요하게 될 수 있고, 그래서 기병과 제2 선을 오른쪽이나 왼쪽으로 끌어낼 수 없을 것입니다.

3. 지형의 이용 원칙

1. 지형은 (땅, 지역) 전쟁 수행에서 두 가지 유리함을 줍니다.

첫째는 그것이 접근의 장애물이 된다는 것인데, 이 장애물은 적이 어느 지점으로 밀고 들어오는 것을 불가능하게 하든지 아니면 적에게 더 천천히 행군하고 종대로 머물도록 강요합니다.

둘째는 그 장애물이 아군의 부대를 은폐해서 배치하도록 허락한다는 것입니다.

이 두 가지의 유리함은 매우 중요한데, 저에게는 두 번째 유리함이 첫 번째 유리함보다 더 중요해 보입니다. 적어도 두 번째 유리함을 더 자주 누리는 것이 분명한데, 제일 단순한 지형도 대부분의 경우에 부대를 어느 정도 은폐해서 배치하도록 허락하기 때문입니다. 전에는 사람들이 두 가지 유리함 중에 첫 번째 것만 알았고 두 번째 것은 별로 이용하지 않았습니다. 이제는 모든 군대가 기동성을 갖게 되어 전자를 별로 많이 이용할 수 없게 되었고, 바로 그 때문에 두 번째 유리함을 그만큼 더 자주 이용하게 되었습니다. 이 두 가지 유리함 중에 첫 번째 것은 방어에서만 효과를 내고, 두 번째 것은 공격과 방어 모두에서 효과를 냅니다.

2. 지형을 접근의 장애물로 보면 지형은 주로 다음과 같은 점에, 즉 a) 측면의 보호로서 그리고 b) 정면의 강화로서 존재합니다.

3. 측면을 보호하려면 지형이 큰 강, 호수, 통과할 수 없는 습지처럼 전

혀 통과할 수 없어야 합니다. 그런데 이 모든 대상을 발견하는 일은 드물고, 그래서 측면을 완전히 안전하게 보호하는 것은 드문 일이고, 그것도 전보다 요즘에 훨씬 더 그러합니다. 이는 군대가 더 많이 이동하고, 어느 진지에 오래 머물지 않고, 그 결과로 전쟁터에서 더 많은 진지를 이용해야 하기 때문입니다.

접근의 장애물이 전혀 통과할 수 없는 것이 아니라면 그것은 본래 측면의 근거 지점이 아니라 순전히 강화 지점에 지나지 않습니다. 그러면 부대는 그 배후에 배치해야 하고, 그것은 다시 이 부대에 대한 접근의 장애물이 됩니다.

측면을 이런 식으로 안전하게 하는 것은 여전히 유리한데, 그러면 이 지점에서 약간의 병력만 사용하면 되기 때문입니다. 하지만 두 가지 점을 조심해야 합니다. 첫째로 배후에 많은 예비대를 두지 않으려고 그처럼 견고한 측면에 완전히 의지하는 것입니다. 둘째로 그런 장애물이 있는 양쪽 날개를 우회하는 것입니다. 장애물은 완전히 안전하지 않기 때문에 측면의 전투를 불가능하게 만들지 못할 것이기 때문입니다. 그러면 장애물은 극히 불리한 방어를 하게 만듭니다. 장애물이 한쪽 날개에서 쉽게 적극적인 방어로 나아가는 것을 아군에게 허락하지 않기 때문입니다. 그리고 모든 형태 중에 제일 불리한 형태에서 배후에 있는 측면 a, d와 c, b로 방어해야 할 것이기 때문입니다.

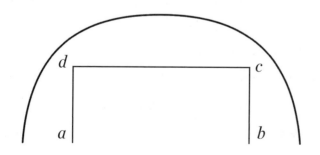

4. 방금 한 고찰은 우리를 다시 긴 배치로 인도합니다. 측면을 안전하게 보호할 수 있는 일이 적을수록 배후에 그만큼 많은 부대를 두어야 하고, 이 부대는 우회하는 적의 일부를 우회할 수 있습니다.

5. 정면에서 통과할 수 없는 모든 종류의 지형, 예를 들어 모든 마을, 많은 울타리와 도랑으로 둘러싸인 모든 토지, 모든 습지와 초지, 마지막으로 많은 노력을 들여 올라가야 하는 모든 산은 이런 종류의 지형 장애물에 속합니다. 즉 통과할 수는 있지만 노력을 들여야만 천천히 통과할 수 있고, 그래서 그 배후에 배치된 부대를 전투에서 훨씬 더 강력하게 하는 지형 장애물에 속합니다. 숲은 울창하게 자라고 습지대일 때만 이 경우에 넣을 수 있습니다. 보통의 잘 자란 숲은 평지와 마찬가지로 쉽게 통과할 수 있습니다. 하지만 숲을 고려할 때는 숲이 결국 적을 숨긴다는 점을 간과해서는 안 됩니다. 아군이 숲 안으로 들어가면 이 불리함은 양쪽 모두에게 일어납니다. 그런데 숲을 정면이나 측면에 두는 것은 매우 위험하고, 그래서 심각한 잘못입니다. 이런 일은 이 지형을 통과하는 것이 오직 몇 개의 길에 제한되어 있는 경우에만 일어나야 합니다. 이런 필요 때문에 설치하는 철조망은 크게 도움이 되지 않고 쉽게 제거됩니다.

6. 이 모든 것으로부터 한쪽 측면에서는 이 지형 장애물을 이용하려고 할 것이고(얼마 안 되는 병력으로 비교적 강력한 저항을 수행하려고), 그동안에 다른 쪽 측면에서는 계획한 공격을 수행한다는 결론이 나옵니다. 이 장애물과 보루의 사용을 결합하는 것은 목적에 잘 맞습니다. 적이 장애물을 통과하고 나면, 보루는 매우 우세한 적의 공격과 너무 갑작스러운 아군의 후퇴에 대해 보루의 포격을 통해 아군의 열세한 병력을 안전하게 하기 때문입니다.

7. 모든 장애물은 방어하려는 곳에서 정면에 대한 접근의 장애물로서 큰 가치를 갖습니다.

아군이 배치되어 있는 모든 산은 오직 이 점을 고려해서 점령한 것입니다. 무기의 효과에서는 높은 곳에 있는 것이 때로 전혀 또는 대부분 중요한 영향을 미치지 못하기 때문입니다. 아군이 산의 정상에 있고 적이 아군에게 접근하면서 힘들게 산을 올라와야 한다면, 적은 천천히 올라올 수밖에 없고 뿔뿔이 흩어지고 지칠 대로 지쳐서 정상에 도달합니다. 이는 용감함과 병력의 수가 같을 때 결정적인 것이 될 유리함입니다. 특히 전속력으로 달리는 신속한 공격이 정신적으로 매우 효과적이라는 것을 간과해서는 안 됩니다. 돌진하는 병사는 이를 통해 위험에 무디어지고, 정지하고 있는 병사는 침착성을 잃습니다. 그래서 제일 앞에 있는 보병과 포병을 산에 배치하는 것은 늘 매우 유리합니다. 산의 경사가 급하거나 산비탈이 물결 모양이고 고르지 않아서 산에 효과적으로 사격을 할 수 없게 되면 (이런 경우는 너무 자주 있는데) 제1선을 산의 가장자리에 배치하지 않습니다. 고작해야 산을 사격수로 점령하고 사격수를 모든 선에 배치해서 적이 정상으로 올라와서 다시 집결하는 순간에 제일 효과적인 사격을 합니다.

다른 모든 접근 장애물, 즉 작은 강, 개천, 협곡 등은 적의 정면을 부수는데 유용합니다. 적은 그 장애물을 건넌 다음에 병력을 다시 편성해야 하고, 그러면 적은 지체됩니다. 그래서 그런 곳은 아군의 제일 효과적인 화력으로 점령해야 합니다. 제일 효과적인 화력은 이 지점에 포병이 많을 때는 산탄 포격이고(400~600보), 포병이 얼마 없을 때는 산탄총[33] 사격입니다 (150~200보).

8. 그래서 아군의 정면을 강화하게 되어 있는 모든 접근 장애물은 아군의 제일 효과적인 화력으로 점령하는 것이 법칙입니다. 그런데 한 가지는 중요하다고 말해야 합니다. 즉 모든 저항을 오직 이 화력에 의존하게 해

---

33. 산탄총(Flinte)은 17세기 중반 프랑스에서 발명된 총. 유럽 군대에서 19세기 중반까지 사용되었다. 전쟁술에서는 산탄총의 사격 거리를 보통 300보로 계산한다.

서는 결코 안 되고, 늘 자기 부대의 많은 부분은 (1/3에서 1/2) 총검 공격을 할 수 있도록 종대로 준비해야 합니다. 그래서 병력이 너무 적으면 사격선을 (사격수와 대포) 매우 가깝게 두고, 그것이 장애물에 사격을 하게 됩니다. 하지만 나머지 부대는 되도록 은폐해서 종대로 600~800보 더 배후에 머물러야 합니다.

9. 정면의 접근 장애물을 이용하는 또 다른 방식은 장애물을 정면으로부터 약간 멀리 있게 해서 그 장애물을 대포의 효과적인 포격 아래에 두는 것입니다(1000~2000보). 그리고 적이 종대로 장애물을 넘어올 때 그 종대를 모든 방향에서 공격하는 것입니다.

(민덴 전투에서 페르디난트 공작이 이와 비슷하게 행동했습니다.)

그러면 지형 장애물은 적극적으로 방어하려는 의도로 쓰이고, 이런 적극적인 방어는 전에 이미 말한 것처럼 정면에서 수행됩니다.

10. 지금까지 말한 것으로 보면 땅과 지역의 장애물은 주로 대규모의 진지들을 연결하는 선으로 간주됩니다. 그런데 하나하나의 지점에 대해서는 좀 더 말하는 것이 필요합니다.

하나하나의 고립된 지점은 일반적으로 보루나 강력한 지형 장애물로 방어할 수밖에 없습니다. 전자에 대해서는 여기에서 이야기하지 않습니다. 그러면 고립되어 유지되어야 하는 지형 장애물은 다음과 같은 것일 수밖에 없습니다.

a) 고립되어 있는 가파른 고지

여기에서도 역시 보루는 없어서는 안 되는데, 적이 어느 정도 넓은 정면에서 언제든지 방어자를 향해 밀려올 수 있기 때문입니다. 그래서 방어자는 결국 늘 배후에서 점령될 텐데, 이는 방어자의 병력이 모든 방향에 정면을 둘 만큼 많은 경우가 거의 없기 때문입니다.

b) 험한 길[34]

우리는 이 표현을 적이 한 지점에서만 접근할 수 있는 모든 좁은 길이라고 이해합니다. 다리, 둑, 수직의 암석 협곡이 여기에 속합니다.

이런 경우를 고려할 때는 다음과 같이 두 가지로 말해야 합니다. 첫째는 공격자가 이 길을 절대로 피할 수 없는 경우인데, 예를 들어 큰 강을 건너는 다리가 여기에 속합니다. 이 경우에 방어자는 과감하게 모든 병사들을 배치할 수 있고, 그래서 도하 지점을 되도록 효과적으로 사격하게 됩니다. 둘째는 공격자가 이 길을 우회할 것인지 절대로 확실하지 않은 경우입니다. 예를 들어 작은 강을 지나는 다리와 산에 있는 대부분의 협곡이 여기에 속합니다. 이 경우에는 집중적인 공격을 할 수 있도록 자기 부대의 많은 부분을 (1/3에서 1/2) 배후에 준비해 두는 것이 필요합니다.

c) 동네, 마을, 소도시 등

부대가 매우 용감하고 전쟁을 열정적으로 수행한다면, 집들은 적은 병력으로 많은 병력을 매우 훌륭하게 방어할 수 있게 합니다. 병사 하나하나에 대해 확신이 없다면 집이나 정원 등에는 사격수만 두는 것이 낫고, 마을 입구에는 대포와 대부분의 병력을 (1/2에서 3/4) 밀집된 종대로 그 지점에 또는 그 지점의 배후에도 은폐한 상태로 배치하는 것이 낫습니다. 그러면 적이 침입할 때 그 대포와 병력으로 적에게 습격할 수 있습니다.

11. 이 고립된 초병은 대규모 작전에서 부분적으로는 전초로 쓰이고 부분적으로는 중요한 지점에서 쓰입니다. 전자에서는 대부분 절대적인 방어가 아니라 적을 막는 것만 중요하고, 후자는 아군이 계획한 조합에서 중요해지는 지점을 말합니다. 때로는 멀리 떨어져 있는 지점을 계속 지키는

---

34. '험한 길'은 원문에 Defilee이다. 불어 défilé에서 온 말로 불어는 좁은 길, 분열 행진, 행렬, 퍼레이드 등의 뜻을 갖는다. Defilee는 이전에 Hohlweg의 의미로 쓰였는데, Hohlweg은 좁은 길, 좁은 골짜기, 협곡, 오목 패인 길, 다리, 좁은 도로 등의 의미를 갖는다. 기존의 우리말 번역들은 Defilee를 주로 애로(隘路)로 옮겼다.

것이 필요한데, 이는 아군이 계획한 적극적인 방어 조치를 펼치는데 필요한 시간을 벌려고 하기 때문입니다. 그 지점이 멀리 떨어져 있으면 그 지점은 그 때문에 저절로 고립됩니다.

12. 이제 고립된 지점에 대해서는 두 가지만 더 언급하면 됩니다. 첫째로 이 지점의 배후에 있는 부대로 후퇴하는 파견대를 받아들일 준비를 해야 한다는 것입니다. 둘째로 그런 방어를 일련의 조합으로 받아들이는 파견대는 지형의 장애물이 아무리 강력하다고 해도 결코 그것에 너무 많이 의지해서는 안 된다는 것, 그 반대로 그런 방어 임무를 맡은 파견대는 최악의 상황에서도 목적을 이루려고 노력해야 한다는 것입니다. 이때 결단력과 희생의 정신이 필요하고, 이 정신은 그 근원을 명예심과 열정에서만 발견합니다. 그래서 여기에는 그런 고귀한 정신력이 부족하지 않은 사람들을 배치해야 합니다.

13. 아군의 배치와 행군을 보호하는 수단으로 지형을 이용하는 것에 대해서는 장황한 설명이 필요하지 않습니다.

산을 방어하려면 (지금까지 자주 그러했던 것처럼) 산 정상에 있지 말고 그 배후에 있어야 합니다. 숲에서는 숲 앞에 있지 말고 숲속이나 숲의 배후에 있어야 합니다. 숲의 배후에 있는 것은 오직 숲이나 수풀을 조망하려고 하기 때문입니다. 부대를 종대로 유지해서 자기 부대를 더 쉽게 은폐한 상태로 배치할 수 있어야 합니다. 마을, 작은 숲, 활 모양의 모든 지형을 이용해서 자기 부대를 그 배후에 은폐해야 합니다. 적에게 진격할 때는 제일 심하게 끊어진 지역을 선택해야 합니다. 등등

경작된 지대에는 쉽게 빠뜨리고 지나갈 수 있는 지역이 거의 없고, 그래서 방어자의 부대 대부분은 장애물을 재치 있게 이용해도 발견되지 않은 상태로 있을 수 없을 것입니다. 공격자가 자기의 행군을 보호하는 것은 더 어려운데, 그는 길을 따라가야 하기 때문입니다.

저절로 이해할 수 있는 것처럼, 자기 부대를 은폐하려고 지형을 이용한다면 이를 자기가 설정한 목적이나 조합과 일치되도록 해야 합니다. 그래서 무엇보다 전투 대형을 완전히 무너뜨리지 않는 것이 (약간의 위반을 허락한다고 해도) 중요합니다.

14. 지금까지 지형에 대해 말한 것을 요약하면 방어자에게, 즉 진지를 선택하는데 다음과 같은 것이 제일 중요한 것으로 밝혀집니다.

a) 한쪽 또는 양쪽의 측면에 의지하는 것.

b) 정면과 측면을 자유롭게 조망하는 것.

c) 정면에 대한 접근을 방해하는 것.

d) 부대를 은폐하여 배치하는 것. 여기에 속하는 것으로는

e) 배후에 끊어진 지형을 두는 것. 이는 패배하는 경우에 적의 추격을 어렵게 하기 때문입니다. 하지만 배후에 너무 가깝게 험한 길을 두면 (프리트란트 전투처럼[35]) 안 되는데, 그러면 지체되고 혼란이 야기되기 때문입니다.

15. 전쟁에서 점령하는 모든 진지에서 이 유리함을 전부 얻을 수 있다고 생각하는 것은 잘못일 것입니다. 모든 진지가 똑같이 중요한 것은 아닙니다. 어느 진지에서 공격받을 개연성이 높을수록 그 진지는 그만큼 중요합니다. 제일 중요한 진지에서만 이 모든 유리함을 얻으려고 하고, 다른 진

---

35. 프리트란트(Friedland in Ostpreußen, Prawdinsk, Frydląd, Romuva), 그 당시 동프로이센의 도시. 현재 러시아의 영토로서 프라브딘스크. 칼리닌그라드에서 남동쪽으로 약 50킬로미터에 있다. 프리트란트 전투(1807년 6월 14일)에서 프로이센과 러시아의 동맹 군대는 나폴레옹에게 패배했다. 러시아 군대는 쾨니히스베르크로 이동하려고 알레(Alle, Łyna, Lawa) 강의 오른쪽 둑으로 후퇴하고 있었는데 프랑스 군대를 만났고 프랑스 군대를 공격했지만, 프랑스 군대는 나폴레옹이 주력 부대를 이끌고 도착할 때까지 잘 버텼다. 나폴레옹은 러시아 군대의 왼쪽 측면을 집중 공격했다. 이곳은 협곡에 의해 오른쪽 측면과 분리되어 있었고, 유일한 후퇴로는 협곡과 강 사이의 좁은 길밖에 없었다. 나폴레옹의 포병은 이곳에 포격을 집중했고, 러시아 군대는 알레 강 반대편 둑에 이르기 전에 심한 손실을 입었다.

지에서는 어느 정도만 얻으려고 해야 합니다.

16. 공격자가 지형에서 고려해야 하는 것은 주로 두 가지 중요한 점으로 합쳐집니다. 즉 너무 험한 지형을 공격 지점으로 선택하지 말 것, 다른 한편으로는 되도록 적이 아군을 최소한으로 조망할 수 있는 지역으로 전진할 것입니다.

17. 저는 지형의 이용에 관한 이 언급을 하나의 원칙으로 마치려고 하는데, 이 원칙은 방어에서 최고로 중요하고 모든 방어 이론의 아치를 완성하는 마지막 돌이라고 간주할 수 있습니다. 즉

"모든 것을 결코 지형의 강력함으로 얻으려고 하지 마십시오. 그래서 강력한 지형 때문에 결코 소극적인 방어에 빠져들지 마십시오."

지형이 정말로 강력해서 공격자가 아군을 몰아내는 것이 불가능해진다면 공격자는 그 지형을 우회할 것이기 때문입니다. 이것은 늘 가능하고, 그러면 제일 강력한 지형도 쓸모없게 됩니다. 그러면 아군은 완전히 다른 상황과 완전히 다른 지역에서 전투를 하지 않을 수 없게 되고, 아군이 그 지형을 아군의 조합에 전혀 받아들이지 않는 것이 좋았을 것 같은 상황이 됩니다. 그런데 지형이 그처럼 강력하지 않고 그 지형에 대한 공격이 여전히 가능하다면, 이 지형의 유리함은 소극적인 방어의 불리함을 결코 상쇄할 수 없습니다. 모든 지형 장애물은 부분적인 방어를 하는 데만 이용해야 합니다. 그래서 얼마 안 되는 병력으로 비교적 강력한 저항을 수행하고, 공격하는데 필요한 시간을 벌고, 이 공격으로 다른 지점에서 진정한 승리를 얻으려고 노력해야 합니다.

III. 전략

전략은 전쟁을 이루는 하나하나의 전투의 결합이고, 원정이나 전쟁의

목적을 달성하려고 합니다.

전투할 줄 알고 승리할 줄 안다면 더 남아 있는 것은 별로 없습니다. 유리한 성과를 결합하는 것은 쉽기 때문입니다. 이것은 오직 숙련된 판단력의 문제이고, 전투를 지휘하는 것처럼 특별한 지식에 더 이상 의존하지 않기 때문입니다.

여기에서 생기는 약간의 원칙은 주로 국가와 군대의 상태에 달려 있고, 그래서 그 본질적인 것을 매우 짧게 요약할 수 있을 것입니다.

1. 일반 원칙

1. 전쟁 수행에는 세 가지의 중요한 목적이 있습니다.

a) 적의 무장 병력을 무찌르고 섬멸하는 것.

b) 적의 군대의 죽은 전투력과 다른 자원을 점령하는 것.

c) 여론을 얻는 것.

2. 첫 번째 목적을 이루려면 중요한 작전을 늘 적의 주력 군대로 또는 적의 병력 중에 매우 중요한 부분으로 향해야 합니다. 그들을 무찌르는 것으로 시작할 때만 다른 두 가지 목적을 성공적으로 추구할 수 있기 때문입니다.

3. 적의 죽은 전투력을 점령하려면 이 전투력이 제일 많이 집결해 있는 지점으로, 즉 수도, 식량 창고, 대규모 요새로 작전의 방향을 잡아야 합니다. 그곳으로 가는 길에서 아군은 적의 주력 군대 또는 적의 군대의 중요한 부분을 만나게 될 것입니다.

4. 여론은 대규모의 승리와 수도의 점령으로 얻게 됩니다.

5. 앞의 목적을 이루는데 적절한 첫 번째의 제일 중요한 원칙은 최고의 노력으로 아군에게 주어진 모든 힘을 쏟아 붓는 것입니다. 이때 아군이 어

떤 식으로든 노력을 완화하면 목표에 이르지 못할 것입니다. 성공 자체의 개연성이 상당히 높다고 해도 최고의 노력을 들이지 않는 것은 성공에 대한 완전한 확신을 갖는데 극히 현명하지 못합니다. 그런 노력은 결코 불리한 결과를 낼 수 없기 때문입니다. 그 나라가 그런 노력 때문에 큰 고통을 당한다고 전제해도 불리함이 생기지는 않는데, 그 고통이 그만큼 빨리 끝나기 때문입니다.

이런 준비가 주는 정신적인 인상은 이루 말할 수 없이 큰 가치를 갖습니다. 모두 성공을 확신하게 되고, 이는 국민을 폭발적으로 북돋우는 최고의 수단입니다.

6. 두 번째 원칙은 중요한 공격이 일어나야 하는 곳에 늘 되도록 많은 병력을 집결하는 것이고 다른 지점의 불리함을 감수하는 것입니다. 그러면 중요한 지점의 성공을 그만큼 더 확실하게 할 수 있고, 이 성공은 다른 모든 불리함을 상쇄할 것입니다.

7. 세 번째 원칙은 시간을 허비하지 않는 것입니다. 지체하는 데서 아군에게 특별히 중요한 유리함이 생기지 않는다면, 되도록 신속하게 일에 착수하는 것이 중요합니다. 신속성을 통해 적의 많은 조치를 미리 막게 되고, 여론도 매우 신속하게 아군 편으로 돌아서게 됩니다.

기습은 전술보다 전략에서 훨씬 중요한 역할을 합니다. 그것은 승리를 얻는 제일 효과적인 원리입니다. 프랑스 황제, 프리드리히 2세, 구스타브 아돌프,[36] 카이사르,[37] 한니발,[38] 알렉산드로스 대왕이[39] 최고로 빛나는 명성

---

36. 구스타브 아돌프(Gustav II. Adolf, Gustavus Adolphus, 1594~1632), 스웨덴의 왕. 뛰어난 최고 지휘관. 30년 전쟁에서 전사했다.

37. 카이사르(Gaius Iulius Caesar, 기원전 100~44), 로마의 황제이자 최고 지휘관.

38. 한니발(Hannibal Barca, 기원전 247~183), 카르타고의 장군.

39. 알렉산드로스 대왕(Alexander der Große, Alexander III., 기원전 356~323), 알렉산드로스 3세. 마케도니아의 왕, 코린토스 동맹의 헤게몬, 페르시아의 샤한샤, 이집트의 파라오를

을 누리는 것은 그들의 신속성 덕분입니다.

8. 끝으로 네 번째 원칙은 아군이 획득한 성공을 최고의 에네르기로 이용하는 것입니다.

패배한 적을 추격하는 것만이 승리의 열매를 줍니다.

9. 이 원칙 중에 첫 번째 원칙은 다른 세 원칙의 토대입니다. 첫 번째 원칙을 지켰다면 모든 것을 위험에 빠뜨리지 않으면서 세 원칙에서 최고의 모험을 할 수 있습니다. 아군의 배후에는 늘 새로운 힘을 만드는 수단이 있고, 새로운 힘으로 모든 불리한 경우를 다시 보상받을 수 있습니다.

이것이 현명함이라고 말할 수 있는 신중함입니다. 겁먹은 발걸음으로 전진하는 것은 신중함이 아닙니다.

10. 오늘날 작은 국가들은 정복 전쟁을 수행할 수 없습니다. 하지만 방어 전쟁에서는 작은 국가들의 수단도 이루 말할 수 없이 많습니다. 그래서 저는 분명히 다음과 같이 확신하고 있습니다. 즉 늘 새로운 병력으로 등장하려고 자기의 모든 힘을 쏟아 붓는 자, 생각해 낼 수 있는 모든 준비 수단을 제대로 찾는 자, 자기 병력을 중요한 지점에 집결하는 자, 결단력과 에네르기로 무장하고 큰 목적을 추구하는 자, 그런 자는 대체로 전쟁을 전략적으로 지휘하는데 할 수 있는 모든 것을 한 것입니다. 그리고 이때 그가 전투에서 완전히 불리함에 빠지지 않는다면, 그는 적이 이런 노력과 에네르기에 미치지 못하는 정도만큼 반드시 승리하게 될 것입니다.

11. 결국 네 원칙에서 작전을 수행하는 형태는 별로 중요하지 않습니다. 그럼에도 그중에 제일 중요한 것은 몇 마디로 설명해 보려고 합니다.

전술에서는 늘 적을, 즉 중요한 공격 방향에 있는 부분을 포위하려고 노력합니다. 일부는 전투력의 집중 효과가 평행 배치의 효과보다 더 유리하

겸하고 자신을 '퀴리오스 티스 아시아스', 즉 아시아의 주(主)라고 칭했다. 우리 나라에서는 대부분 '알렉산더 대왕'으로 표기한다.

기 때문이고, 일부는 그렇게 해야만 적을 후퇴 지점에서 몰아낼 수 있기 때문입니다.

전술에서 적이나 진지와 관련되는 것을 전략에서 적의 전쟁터에 (그래서 적의 식량 조달 문제에도) 적용하면 적을 포위해야 하는 하나하나의 종대나 군대는 대부분의 경우에 매우 멀리 떨어져 있게 될 것이고, 그래서 그들은 하나의 동일한 전투에 참여할 수 없을 것입니다. 적은 한가운데 있게 될 것이고, 점차로 아군의 어느 하나의 부대로 방향을 잡을 수 있을 것이고, 그래서 이 부대를 하나의 동일한 군대로 하나하나 공격할 것입니다. 프리드리히 2세의 원정, 특히 1757년과 1758년의 원정이[40] 이에 관한 예를 보여 줍니다.

그런데 전투가 중요하고 결정적인 것이기 때문에 집중적으로 행동하는 쪽은 완전히 결정적으로 우세하지 않다면 전투를 하면서 포위가 그에게 보장했을 모든 유리함을 잃을 것입니다. 식량 조달에 미치는 영향은 매우 천천히 나타나고, 전투의 승리는 매우 빠르게 나타나기 때문입니다.

그래서 전략에서 적 사이에 있는 쪽은 이 점에서 자기의 적을 포위하는 쪽보다 낫습니다. 특히 적과 동일한 병력이나 심지어 적보다 적은 병력을 갖고 있을 때 그러합니다.

이 점에서 조미니 대령은[41] 완전히 옳습니다. 그리고 뷜로가[42] 상당히

---

40. 7년 전쟁 중에 프로이센은 사방으로 (동쪽에는 러시아, 서쪽에는 프랑스, 남쪽에는 작센과 오스트리아, 북쪽에는 스웨덴) 적에게 둘러싸여 있었다. 프리드리히 대왕은 이 상태를 내선 작전의 이점을 최대한 활용하여 극복했다. 이 작전은 기동력 있는 부대를 이끌고 전투를 수행할 때 장점을 발휘했다. 1757년에 보헤미아에 침략했을 때 대왕은 콜린 전투에서 패배하고 자기 나라로 후퇴했지만, 번개같이 중부 독일로 진격하여 로스바흐에서 프랑스 군대를 무찌르고, 슐레지엔으로 돌아와서 로이텐에서 오스트리아 군대를 무찔렀다. 1758년에는 조른도르프 근처에서 러시아 군대를 무찔렀다. 그는 전술적으로는 공격적이었지만, 적의 병력이 너무 우세해서 전략적으로는 방어적으로 행동하지 않을 수 없었다.

41. 조미니(Antoine-Henri de Jomini, 1779~1869), 스위스 태생으로 나폴레옹의 군대에서 활동하다가(1804년) 나중에 러시아 군대로 옮겼다(1813년). 유명한 전쟁 이론가로서 19세기의

진실처럼 보이는 예를 들면서 그 반대되는 것을 설명했다면, 그것은 단지 그가 식량 조달에 미치는 영향에 대해서는 너무 빠른 효과가 있다고 생각했고, 전투의 불가피한 승리에 대해서는 경솔하게 완전히 부정했기 때문입니다.

물론 적을 후퇴 지점에서 차단하려면 전략적인 우회와 포위가 매우 효과적입니다. 그런데 이 목적은 경우에 따라 전술적인 우회로도 이룰 수 있기 때문에 전략적인 우회는 (물리적으로나 정신적으로) 우세하여 중요한 지점에서 충분히 강력한 상태에 있고, 그래서 파견 부대 없이 지낼 수 있는 경우에만 유리할 것입니다. 프랑스 황제는 물리적으로나 정신적으로 매우 자주, 거의 언제나 우세했는데도 전략적인 우회를 결코 하지 않았습니다.[43]

프리드리히 2세는 1757년에 보헤미아를[44] 공격할 때 단 한 번 전략적인 우회를 했습니다.[45] 물론 그는 프라하에서[46] 비로소 오스트리아 군대와

전쟁술에 지대한 영향을 미쳤다. 대표 저서로 1838년에 브뤼셀에서 출간된 『전쟁술』(*Précis de l'art de la guerre*)이 있다. 전략에 관한 그의 기본 개념은 '전쟁터의 중요한 지점에 아군의 병력을 집결하고, 이 병력을 이용하여 적의 소규모 부대에 대해서만 공격하는 것'이다.

42. 빌로(Adam Heinrich Dietrich von Bülow, 1757~1807), 프로이센의 장교로 복무하다가 전쟁 이론가로 활동했다. 주요 저서로 1799년에 발표한 『오늘날의 전쟁 체계의 정신』(*Geist des neueren Kriegssystems*)이 있다. 그는 다방면의 활발한 활동으로 충분한 연구를 하지는 못했지만, 독특하고 명확한 개념으로 영향력 있는 저술가가 되었고 오늘날 쓰이는 많은 군사 용어를 정립했다. 빌로에 의하면 전쟁의 승패는 전쟁에서 얻은 승리로 결정되는 것이 아니라 적의 병참선에 대한 전략적인 기동으로 결정된다. 클라우제비츠는 전쟁에서 정신적인 요소의 역할을 완전히 무시한 빌로의 전략 이론을 기계적인 경직성이라고 비난하고 반대했다.

43. 이 말은 예나, 울름, 레겐스부르크, 마렝고, 바그람과 같은 전투에서는 부분적으로만 진실이다.

44. 보헤미아(Böhmen, Bohemia), 보헤미아 왕국의 역사적인 지역 중의 하나. 현재 체코의 서부 지역으로 엘베 강과 몰다우 강 유역에 있다. 보헤미아의 중심에 프라하가 있다.

45. 1757년 봄에 프리드리히 대왕은 3개 부대를 이끌고 보헤미아를 침공했다. 2개 부대는 작센에서 전진했고(1개 군대는 대왕이 직접 지휘했고), 1개 부대는 슈베린의 지휘 아래 슐레지엔에서 전진했다. 오스트리아 군대는 침략자 앞에서 후퇴하여 프라하에서 강력한 진지를 구축했다. 슈베린의 군대는 늦게 도착했고 오스트리아 군대를 물리쳤지만(5월 6일), 대부분의 오스트리아 병력이 후퇴한 후였다. 6월 18일에 대왕이 콜린 근처에서 오스트리아 군대를 다시 공격했지만, 다운의 군대가 수적으로 우세하고 용맹하고 탁월한 능력을 발휘하여 대왕

첫 번째 전투를 치를 수 있었던 것 때문에 자극을 받았습니다. 하지만 결정적인 승리 없이 프라하까지 이르렀다면 보헤미아의 점령이 그에게 무슨 도움이 되었겠습니까? 콜린 전투는[47] 그로 하여금 점령 지역을 다시 포기하도록 강요했는데, 이는 전투가 모든 것을 결정한다는 사실을 증명한 것입니다. 슈베린이[48] 도착하기 전에 그는 프라하에서 분명히 오스트리아의 전병력으로부터 공격당할 위험에 빠졌을 것입니다. 그가 모든 병력을 이끌고 작센을[49] 통해 이동했다면 그는 이런 위험에 노출되지 않았을 것입니다. 그러면 아마 에거 강의[50] 부딘 근처에서[51] 첫 번째 전투가 일어났을 것이고, 이 전투도 프라하 전투와 마찬가지로 결정적이었을 것입니다. 프로이센 군대가 겨울 동안 슐레지엔과[52] 작센에 분산하여 주둔한 것이 이런 집중적인 행군을 유발한 것은 의논의 여지가 없습니다. 그리고 이런 식으로 결정하는 이유는 대부분의 경우에 배치 형태의 유리함보다 더 절박하다는 것을 말하는 것이 중요합니다. 작전의 용이함이 신속성을 높이기 때문이고,

---

의 프로이센 군대는 크게 패배했다.

46. 프라하(Prag, Praha, Prague), 1230년에 보헤미아 왕국의 수도. 14세기에 신성 로마 제국의 수도. 현재 체코의 수도. 중부 유럽의 정치와 문화의 중심지.

47. 콜린(Kolin), 보헤미아의 작은 도시. 프라하에서 동쪽으로 약 60킬로미터 떨어진 곳에 있고 엘베 강과 접한다. 콜린 전투(1757년 6월 18일).

48. 슈베린(Kurt Christoph von Schwerin, 1684~1757), 프로이센의 원수. 프리드리히 2세 시대의 유명한 장군. 프라하 전투(1757년 5월 6일)에서 전사했다.

49. 작센(Sachsen, Saxony), 현재의 독일 동부 지역에 있던 나라. 프로이센과 오스트리아 사이에 있어서 두 나라의 전쟁에서 적지 않은 희생을 치렀다.

50. 에거 강(Eger, Ohře), 엘베 강의 왼쪽 지류로 길이는 약 316킬로미터. 현재 체코와 독일 바이에른의 북쪽 지역을 흐른다. 송항섭은 에거 강을 '에게 海'(56쪽)로 잘못 옮겼다. 에게 해는 지중해의 일부로 그리스와 터키 사이에 있는 내해(內海)이다. 프로이센, 오스트리아, 프라하가 있는 곳에 에게 해는 없다. 에거 강과 에게 해는 완전히 다른 곳에 있다.

51. 부딘(Budin, Budyně), 현재 체코 북쪽에 있는 마을. 프라하에서 북서쪽으로 약 50킬로미터 떨어져 있다. '에거 강의 부딘'은 Budin an der Eger(Budyně nad Ohří)로 같이 표기한다.

52. 슐레지엔(Schlesien, Silesia), 현재 폴란드 남서부와 체코 북동부에 걸친 지역의 (프로이센 시대의 독일 동부 일부 포함) 역사적인 명칭. 오더 강 중부와 북부 유역 및 수데텐 산맥을 따라 있었다.

무장 병력의 엄청난 기계가 겪는 마찰이 이미 심각해서 그것을 불필요하게 늘릴 필요가 없기 때문입니다.

12. 앞에 든 원칙, 즉 중요한 지점에 되도록 많은 병력을 집결한다는 원칙 때문에 우리는 어차피 전략적인 포위라는 생각에서 벗어나게 되고, 아군의 전투력 배치는 이미 여기에서 저절로 나오게 됩니다. 그래서 저는 이 배치 형태가 별로 가치가 없다고 말할 것입니다. 그럼에도 적의 측면에 대한 전략적인 효과가 전투와 비슷한 큰 성공을 거두는 경우도 한 가지 있습니다. 그것은 적이 빈곤한 지방에 많은 노력을 들여 보급품을 쌓고, 적의 작전이 전적으로 이 보급품을 유지하는데 달려 있는 경우입니다. 이 경우에는 심지어 주력 부대로 적의 주력 부대를 향해 가지 말고 적의 기지로 행군하도록 권할 수도 있습니다. 그러려면 두 가지 조건이 필요합니다.

a) 적이 자기 기지에서 매우 멀리 떨어져 있어서 이 때문에 적이 상당히 멀리 후퇴하도록 강요받는다는 것.

b) 아군이 얼마 안 되는 병력으로 자연과 기술의 장애물을 통해 적의 주력 부대가 가는 방향에서 적의 전진을 상당히 어렵게 할 수 있다는 것, 그래서 이때 적이 기지의 손실을 보충하는 점령을 할 수 없다는 것.

13. 부대의 식량 조달은 전쟁 수행에 필요한 조건이고, 그래서 작전에 큰 영향을 미칩니다. 특히 그것이 병력의 집결을 어느 정도까지만 허락한다는 점에서, 그리고 작전선의 선택에 따라 전쟁터를 결정하게 된다는 점에서 그러합니다.

14. 부대의 식량 조달은 어쨌든 그 지방이 허락하는 곳에서 그 지방의 부담으로 징발을 통해 이루어집니다. 오늘날의 전쟁 방식에서는 군대가 이전보다 현저하게 넓은 공간을 차지합니다.

특별한 독립적인 군단의 형성이 이를 가능하게 했고, 한 장소에 집결하는 (70,000명에서 100,000명) 이전의 방식을 따르는 적에 대해 불리함에 빠지지 않게 되었습니다. 오늘날에 조직된 것처럼 조직되어 있는 하나하나의 군단은 두 배 또는 세 배 우세한 적에 대해서도 얼마 동안 대응할 수 있기 때문입니다. 그러면 나머지 군단이 올 것이고, 앞의 군단이 실제로 패배한다고 해도 그 군단은 헛되이 전투를 한 것이 아니고, 이 점은 이미 다른 기회에 언급했습니다.

그래서 오늘날 하나하나의 사단과 군단은 따로따로 옆으로 또는 앞뒤로 나란히 전쟁터로 움직이고, 그들이 같은 군대에 속한다면 그들은 동일한 전투에 참여할 수 있는 만큼만 모여서 이동합니다. 이것이 그 순간의 식량 조달을 창고 없이 가능하게 합니다. 군단이 스스로 참모 본부와 식량 조달 기관을 준비하는 것은 식량 조달을 쉽게 합니다.

15. 더 중요한 이유들이 (예를 들면 적의 주력 군대의 진지) 결정하지 않는 곳에서는 작전을 할 때 제일 비옥한 지방을 선택합니다. 식량 조달의 용이함이 행동의 신속성을 높이기 때문입니다. 식량 조달보다 중요한 곳으로는 아군이 찾아가는 적의 주력 군대의 진지, 점령하려고 하는 수도와 무기 창고의 위치밖에 없습니다. 다른 모든 이유, 예를 들어 이미 앞에서 말한 전투력 배치의 유리한 형태는 대체로 훨씬 덜 중요합니다.

16. 이 새로운 식량 조달 방식에도 불구하고 일체의 창고 없이 지낼 수 있다는 것은 거의 불가능합니다. 그래서 현명한 최고 지휘관은 어느 지방의 자원이 완전히 충분하다고 해도 배후에 반드시 창고를 설치할 것이고, 그러면 예상치 못한 경우에 대비하게 되고 하나하나의 지점에 병력을 더 많이 집결할 수 있습니다. 물론 이런 신중함이 목적을 희생하면서 얻는 것은 아닙니다.

2. 방어

1. 정치적으로 방어 전쟁은 독립을 지키려고 수행하는 전쟁을 말합니다. 전략적으로는 아군이 적과 싸울 목적으로 준비한 전쟁터에서 아군의 행동을 적과 싸우는 것으로 제한하는 원정을 말합니다. 이 전쟁터에서 아군이 전투를 공격적으로 하는지 방어적으로 하는지는 상관없습니다.

2. 전략적인 방어는 주로 적이 우세할 때 선택합니다. 물론 요새와 보루 진지로 전쟁터를 잘 준비하는 것은 크게 유리하고, 이 유리함에는 그 지역을 알고 있고 좋은 지도를 갖고 있다는 것도 넣을 수 있습니다. 이런 유리함으로 작은 군대 또는 작은 국가와 적은 자원에 토대를 두고 있는 군대는 이 수단이 없을 때보다 적에게 더 잘 저항할 수 있을 것입니다.

그다음으로 방어 전쟁을 선택하도록 결정할 수 있는 아래와 같은 두 가지 이유도 있습니다.

첫째, 아군의 전쟁터를 둘러싸고 있는 지방이 식량 조달 문제 때문에 작전을 특히 어렵게 하는 경우. 이런 경우에 아군은 불리함을 피하고, 적은 그 불리함에 굴복해야 합니다. 예를 들면 지금 (1812년) 러시아 군대의 경우가 여기에 해당합니다.

둘째, 적이 전쟁 수행에서 아군보다 우세한 경우.

아군이 알고 있고 준비한 전쟁터에서는 모든 부수적인 상황이 아군에게 유리한데, 이런 전쟁터에서는 전쟁을 더 쉽게 수행할 수 있습니다. 여기에서는 많은 잘못을 저지르지 않기 때문입니다. 이런 경우에, 즉 아군의 부대와 장군들을 신뢰할 수 없다는 것이 아군에게 방어 전쟁을 하도록 야기하면, 그 군대는 전략적인 방어를 흔히 전술적인 방어와 결합하여 이 둘을 같이 합니다. 즉 아군이 준비한 진지에서 전투를 수행하는데, 그것도 위와 마찬가지로 이때 잘못을 덜 저지르기 때문입니다.

3. 방어 전쟁에서도 공격 전쟁과 마찬가지로 큰 목적을 추구해야 합니다. 이 목적은 적의 군대를 피로하게 만드는 것일 수밖에 없습니다. 전투를

통해서든, 적의 존립을 극도로 어렵게 해서 적을 해로운 상태에 빠지게 하고 적에게 후퇴를 강요하는 것이든 상관없습니다. 이런 상황에서 적은 큰 손실에 노출될 수밖에 없습니다. 웰링턴이[53] 1810년과 1811년에 한 원정이 이에 관한 예를 보여 줍니다.[54]

그래서 방어 전쟁은 사건을 한가하게 기다리는 것이 아닙니다. 기다리는 것은 그것으로 분명하고 결정적인 이익을 얻을 때만 해야 합니다. 대규모 공격에 앞서는 폭풍 전야의 고요함은 방어자에게 극히 위험한데, 그 공격을 하려고 공격자가 새로운 병력을 집결하기 때문입니다.

오스트리아 군대가 아스페른 전투 후에 프랑스 황제처럼 병력을 세 배로 늘렸다면(오스트리아 군대는 틀림없이 그렇게 할 수 있었는데), 바그람 전투 때까지 생기는 휴식의 시간은 그들에게 유익했을 것입니다. 하지만 그 조건에서만 유익했을 것입니다. 오스트리아 군대가 그렇게 하지 않았기 때문에 그들에게 그 시간은 사라졌습니다. 아스페른 전투의 성과를 수확하는 데는[55] 나폴레옹의 불리한 상황을 이용하는 것이 더 현명했을 것입니다.

---

53. 웰링턴(Arthur Wellesley of Wellington, 1769~1852), 영국의 장군이자 정치가. 1808~1814년에 피레네 산맥과 이탈리아 전선에서 영국 군대를 지휘했고 1815년에는 동맹 군대의 최고 지휘관이었다.

54. 1810~1811년 원정은 스페인과 포르투갈을 나폴레옹의 지배로부터 해방시키려는 이베리아 반도 전쟁(1807~1814년)의 일부이다. 러시아 원정(1812년)처럼, 반도의 주민들도 적의 식량 조달을 불가능하게 하려고 자발적으로 자신의 소유물과 보급품을 파괴하여 적을 패배하게 만들었다. 오늘날 '초토화' 작전이라고 불리는 이 작전은 이베리아 반도와 러시아에서 모두 성공적이었다.

55. 아스페른(Aspern), 비인의 동쪽에 있는 마을. 현재는 비인의 일부. 아스페른 전투(1809년 5월 21~22일)에서 나폴레옹은 큰 패배를 입었다. 나폴레옹은 레겐스부르크에서 오스트리아 군대에게 승리한 후에 비인에 입성했다. 오스트리아 군대는 도나우 강 북쪽으로 후퇴했고, 나폴레옹은 이들을 공격하려고 도나우 강을 건너야 했다. 하지만 도하하는 중에 프랑스 군대는 크게 공격을 당하고 손실을 입었다. 나폴레옹은 병력을 증강하여 7월에 재차 도하하였고 이번에는 성공했다. 7월 5~6일의 바그람 전투에서 승리하고 오스트리아의 설익은 해방 전쟁을 완전히 종식시켰다.

4. 요새는 적의 군대의 많은 병력을 요새의 포위 공격에 묶어두는 임무를 띠고 있습니다. 그래서 이 순간은 적의 나머지 병력을 공격하는데 이용해야 합니다. 그래서 그 전투는 요새의 앞이 아니라 그 배후에서 해야 합니다. 하지만 요새가 점령당하는 것을 한가하게 바라보기만 해서는 안 되는데, 단치히가[56] 포위되는 동안에 베니히센이[57] 그렇게 했습니다.

5. 큰 강, 즉 비인부터의 도나우 강이나[58] 라인 강[59] 하류처럼 많은 번거로움을 겪어야만 다리를 놓을 수 있는 강은 천연의 방어선을 이룹니다. 도하를 절대적으로 막으려고 강을 따라 병력을 똑같이 분배하는 것이 (이것은 위험한데) 아니라 강을 관찰하면서, 그리고 적이 도하하는 곳과 적이 아직 모든 병력을 끌어들이지 않고 강 근처의 좁은 지역에 묶여 있는 순간에 모든 방향에서 적을 습격하면서 천연의 방어선을 이룹니다. 아스페른 전투가 이에 관한 예를 보여 줍니다. 바그람 전투에서 오스트리아 군대는 프랑스 군대에게 완전히 불필요하게 너무 많은 지역을 넘겨주었고, 그 때문에 도하에 고유한 불리함이 상쇄되었습니다.

6. 산은 훌륭한 방어선을 이루는 두 번째 지형 장애물입니다. 산을 군대의 앞에 두고 약간의 병력만으로 점령하면서 (이는 산을 이를테면 적이

---

56. 단치히(Danzig, Gdańsk), 폴란드어로 그단스크. 폴란드 북쪽 오스트제(Ostsee, 동해)에 접해 있고, 바르샤바에서 북서쪽으로 약 350킬로미터 떨어져 있다. 나폴레옹의 프랑스 군대는 1807년 봄에 단치히를 포위했다. 3월에 시작된 포위는 5월까지 계속되었고 단치히는 1807년 5월 25일에 항복했다.

57. 베니히센(Levin August Theophil von Bennigsen, 1745~1826), 니더작센 출신의 귀족. 먼저 하노버 선제후국에서 복무하다가 나중에 러시아 군대의 장군으로 복무했다. 단치히 지역 일대를 방어하고 있던 베니히센은 단치히를 잃게 되면 중요한 기지를 프랑스 군대에 넘기게 되고, 프리트란트 전투에서 얻은 프랑스군 포로를 다시 돌려주게 된다는 것을 잘 알고 있으면서도 단 한 번의 공격적인 행동도 하지 않고 계속 소극적인 태도로 일관했다.

58. 비인(Wien, Vienne, Vienna), 오스트리아의 수도. 도나우 강변에 있다. 도나우 강은 비인까지는 힘들여 건너야 할 만큼 폭이 그렇게 넓지 않다는 말이다.

59. 라인 강(Rhein, Rhin, Rhine), 중부 유럽의 강으로 길이는 약 1238킬로미터. 스위스 중부의 알프스에서 발원하여 독일, 프랑스, 네덜란드를 지나 북해로 흐른다.

건너야 하는 강으로 간주하려고 하기 때문이고, 적이 고갯길에서 하나하나의 종대로 밀고 나아가자마자 그 종대 중의 하나를 모든 병력으로 습격하려고 하기 때문인데) 또는 스스로 산에 병력을 배치하면서 방어선을 이룹니다. 후자의 경우에 하나하나의 고갯길은 소규모의 부대만으로 방어해도 되고, 군대의 많은 병력은 (1/3에서 1/2) 예비대로 남아 있어야 합니다. 그러면 고갯길을 뚫고 지나간 종대를 우세한 병력으로 공격할 수 있습니다. 그래서 모든 종대의 통과를 절대적으로 막으려고 그 많은 예비대를 따로따로 두지 말고 처음부터 앞에 두어야 하는데, 그러면 제일 강력하다고 짐작되는 종대를 공격하게 됩니다. 이런 식으로 공격하는 군대의 많은 병력을 물리치면 고갯길을 통과한 종대는 저절로 다시 후퇴할 것입니다.

대부분의 산의 형태는 산의 중앙에 어느 정도 높은 평지가 (고원) 있는 성질을 띠고 있는 반면에 평지 끝에 있는 측면은 가파른 계곡으로 꺾이고 이 계곡은 입구를 이룹니다. 그래서 방어자는 산에서 신속하게 오른쪽이나 왼쪽으로 이동할 수 있는 지대를 찾는 반면에, 공격하는 종대들은 가파르고 접근하기 힘든 산등성이를 통해 각자 분리되어 있습니다. 산은 이런 성질을 갖고 있을 때만 좋은 방어를 허락합니다. 산의 안쪽이 전부 울퉁불퉁하고 접근할 수 없어서 방어자가 분산되고 연결되지 않은 상태로 있다면, 주력 부대로 산을 방어하는 것은 위험한 조치입니다. 이런 상황에서 모든 유리함은 하나하나의 지점을 큰 우세함으로 공격할 수 있는 공격자에게 있기 때문이고, 어느 고갯길이나 하나하나의 지점도 공격자가 우세한 병력으로 하루 안에 점령할 수 없을 만큼 강력하지 않기 때문입니다.

7. 산악 전쟁을 고려할 때 일반적으로 산악 전쟁에서는 모든 것이 대체로 부하와 장교들의 재능에, 더욱이 병사들의 정신에 더 많이 달려 있다는 것을 언급해야 합니다. 이때 대규모의 기동 능력은 필요하지 않지만 전쟁 정신과 그 일에 대한 마음은 필요합니다. 이때에는 모든 것이 어느 정도 병

사들 각자에게 맡겨져 있기 때문입니다. 그래서 특히 국민 무장 투쟁은 산악 전쟁을 할 때 고려하게 됩니다. 국민 무장 투쟁은 기동 능력은 없지만, 그 반면에 전쟁 정신과 마음은 최고로 많이 갖고 있기 때문입니다.

8. 마지막으로 전략적인 방어를 고려할 때 다음과 같은 것을 말해야 합니다. 즉 전략적인 방어는 그 자체로 공격보다 강력하기 때문에 첫 번째의 큰 성공을 쟁취하는 데만 쓰여야 한다는 것, 이 목적을 이루었는데 그 다음에 바로 평화 조약을 맺지 못한다면 그다음의 성공은 공격으로만 이룰 수 있다는 것입니다. 늘 방어 상태에 머물려고 하는 자는 늘 자기를 희생하면서 전쟁을 수행하는 큰 불리함에 노출되기 때문입니다. 모든 국가는 이를 어느 정도의 시간 동안만 견딜 수 있고, 그래서 한 번도 반격을 하지 않은 채 적의 공격에 노출되면 그 국가는 십중팔구 마침내 지치고 쓰러질 것입니다. 전쟁은 방어로 시작해야 하고, 그래서 그만큼 확실하게 공격으로 끝낼 수 있도록 해야 합니다.

3. 공격

1. 전략적인 공격은 전쟁의 목적을 직접적으로 따르고 직접적으로 적의 전투력의 파괴로 향하는 반면에, 전략적인 방어는 이 목적을 부분적으로 간접적으로만 이루려고 합니다. 그래서 공격의 원칙은 이미 전략의 일반 원칙에 포함되게 됩니다. 두 가지 문제만 좀 더 자세히 언급할 필요가 있습니다.

2. 첫째는 병력과 무기의 끊임없는 보충입니다. 자기의 자원에 가까이 있는 방어자에게는 이것이 비교적 쉬울 것입니다. 공격자는 대부분의 경우에 더 큰 국가를 지배하고 있는데도 병력을 어느 정도 먼 곳에서, 그래서 어렵게 끌어와야 합니다. 자기에게 병력이 결코 없지 않도록 하려면 준비를

해야 하는데, 이때 신병의 징집과 무기의 수송은 시기적으로 그것을 사용하는 필요보다 훨씬 앞섭니다. 작전선의 도로는 밀려오는 병사들과 운송되는 필수품들로 끊임없이 덮여야 합니다. 이 도로에 신속한 수송을 촉진하는 군대 정류장을 지어야 합니다.

3. 공격자는 최고의 정신적인 우세함과 물리적인 우세함을 갖고 있는 제일 유리한 경우에도 크게 불리한 경우를 당할 가능성을 예상해야 합니다. 그래서 그는 타격을 받은 군대를 데리고 올 수 있는 지점을 자기의 작전선에 만들어야 합니다. 그것은 보루 진지를 갖춘 요새이거나 보루 진지만이기도 합니다.

큰 강은 추격하는 적을 얼마 동안 막는 최고의 수단입니다. 그래서 아군은 큰 강의 도하를 (일련의 강력한 각면 보루로[60] 둘러싸인 교두보) 안전하게 해야 합니다.

이런 지점을 점령하고 제일 중요한 도시나 요새를 점령하려면 부대를 어느 정도 남겨 두어야 합니다. 그것이 어느 정도인지는 적의 침입이나 그 지방의 주민을 얼마나 두려워해야 하는지에 따라 다릅니다. 이 부대는 밀려오는 증원 병력과 더불어 새로운 부대를 형성하고 군대가 성공하면 따라가지만, 불리한 경우에는 후퇴를 안전하게 하려고 요새에 배치됩니다.

프랑스 황제는 자기 군대의 배후에 이런 배치를 할 때 늘 특별한 신중함을 보여 주었고, 그래서 제일 대담한 작전에서도 그 명성처럼 모험을 별로 하지 않았습니다.

IV. 전쟁에서 주어진 원칙의 준수

---

60. 각면 보루(各面 堡壘, Redoute, redoute). 4각형 또는 다각형의 보루. 대부분 폐쇄된 형태로서 모든 방향을 향해 동일한 흉벽으로 둘러싸여 있고 오로지 돌출된 각만 보여 준다.

전쟁술의 원칙은 그 자체로 극히 단순하고 상식에 매우 가까이 있습니다. 그리고 그 원칙이 전략보다 전술에서 특별한 지식에 약간 더 많이 의존한다고 해도 그 지식은 좁은 범위 안에 있고, 그래서 다양성과 깊은 인과 관계에서 다른 과학에 거의 비교할 수 없습니다. 여기에 박식함과 심오한 과학은 전혀 필요하지 않고, 지성의 고상한 특성조차 결코 필요하지 않습니다. 훈련된 판단력 외에 지성의 특별한 특성이 필요하다면, 이 모든 것에서 그것은 책략이나 교활함이라는 것이 분명해집니다. 오랫동안 바로 그 반대라는 주장이 있었지만, 이는 단지 이 문제에 대한 잘못된 경외감이나 이에 관해 서술한 저술가들의 허영심에서 비롯됩니다. 편견 없이 고찰하면 우리는 이 점을 확신하게 되는데, 경험이 우리에게 이 확신을 갖도록 더 강력하게 강요했기 때문입니다. 프랑스 혁명 전쟁 중에도 군사 교육을 받지 않은 많은 사람들이 숙련된 최고 지휘관답게, 때로 1급의 최고 지휘관답게 행동했습니다. 콩데,[61] 발렌슈타인,[62] 수보로프와[63] 다른 많은 장군들이 군사 교육을 받았는지는 적어도 매우 의심스럽습니다.

전쟁 수행 자체는 매우 어렵고, 그것은 의심할 여지가 없습니다. 하지만 그 어려움은 전쟁 수행의 진정한 원칙을 이해하는 특별한 박식함이나 위대한 천재성이 필요할 것이라는데 있지 않습니다. 편견 없고 그 문제를

---

61. 콩데(Louis II. de Bourbon-Condé 1621~1686), 프랑스 부르봉 왕조의 왕자. '대(大)콩데'로 불렸다. 1643년 23살의 나이에 스페인 군대에 맞서 최초의 승리를 거두었다. 그 후 30년 전쟁에서 그의 명성은 전 유럽에 퍼졌다. 17세기 최고의 전술가이자 루이 14세 시대의 뛰어난 최고 지휘관이다.

62. 발렌슈타인(Albrecht Wenzel Eusebius von Wallenstein(Waldstein), 1583~1634), 보헤미아의 최고 지휘관이자 정치가. 신성 로마 제국의 총사령관. 30년 전쟁 중에 가톨릭 세력을 대표한 지휘관이었다. 클라우제비츠의 기준으로 볼 때 그의 군사 교육은 짧고 깊이가 없었다.

63. 수보로프(Alexander Wassiljewitsch Suworow(Alexander Vasilyevich Suvorov), 1730~1800), 러시아의 유명한 총사령관. 오늘날까지 근대의 최고 전략가 중의 한 사람으로 인정받고 있다. 그는 역사상 단 한 번도 패배하지 않은 명장 중의 한 사람이다. 1799년에 이탈리아 군대의 최고 사령관으로서 프랑스 군대를 이탈리아에서 몰아내는데 성공했다.

전혀 모르지 않는 한, 정상적인 두뇌를 가진 사람이라면 누구나 그것을 이해할 수 있습니다. 이 원칙을 지도나 문서에 적용하는 것도 어렵지 않고, 훌륭한 작전 계획을 세우는 것도 위대한 걸작이 아닙니다. 모든 어려움은 자기가 만든 원칙을 충실히 수행하는데 있습니다.

이 어려움에 주의를 기울이게 하는 것이 이 맺음말의[64] 목적이고, 왕세자 전하께 이에 관해 분명하고 확실한 인상을 드리는 것이 제가 이 논문을 통해 도달하려고 한 모든 것 중에 제일 중요한 것이라고 생각합니다.

모든 전쟁 수행은 엄청난 마찰을 갖는 복합적인 기계의 작동과 비슷한데,[65] 그래서 문서에서 쉽게 계획하는 조합은 많은 노력을 들여야만 수행할 수 있습니다.

그래서 자유 의지, 즉 최고 지휘관의 정신은 그것이 활동하는 모든 순간에 방해를 받는 것이 분명합니다. 이런 저항을 극복하려면 한편으로 자신의 영혼과 지성의 힘이 필요하지만, 다른 한편으로는 이런 마찰 때문에 많은 좋은 생각이 사라집니다. 우리는 더 많이 결합하면 더 큰 효과를 낼 수 있는 것을 더 간단하고 더 단순하게 준비해야 합니다.

이 마찰의 원인을 남김없이 열거하는 것은 아마 불가능할 테지만, 제일 중요한 것들은 아래와 같습니다.

1. 사람들은 늘 적의 상황과 조치에 대해 계획을 세울 때 전제했을 때보다 훨씬 조금밖에 알지 못합니다. 우리가 품은 결심을 수행하려고 하는 순간에 수많은 의심이 우리에게 위험으로 닥치는데, 이 위험은 우리가 전

---

64. 바로 이 글, 즉 'IV. 전쟁에서 주어진 원칙의 준수' 부분을 말한다.
65. 1835년에 출간된 『저작집』 제7권 177쪽에 이와 거의 같은 문장이 있다. "전쟁 도구는 엄청난 마찰을 갖는 기계와 비슷하고, 이 마찰은 기계 역학처럼 몇 개의 지점에 집중하여 일어날 수 없고, 우연과 접촉하는 군대에는 어디에나 존재한다." 이 문장으로 우리는 1810~1812년과 1830년의 클라우제비츠의 생각에서 일관성을 엿볼 수 있다. 이에 대해서는 『전쟁론』 138쪽 참조.

제했던 것에서 크게 착각한 것과 관련될 수 있습니다. 중대한 일을 수행할 때 일반적으로 인간에게 엄습하는 불안감은 우리를 사로잡고, 그러면 눈에 띄지 않는 작은 발걸음이 우리를 불안에서 우유부단함으로, 우유부단함에서 절반의 조치로 넘어가게 합니다.

2. 적의 수에 대해 확실히 알지 못한다는 것뿐만 아니라 소문도 (전초, 스파이, 우연을 통해 얻는 모든 정보) 적의 수를 과장합니다. 많은 무리의 인간은 두려움의 대상이고, 그래서 늘 위험을 과장하는 일이 생깁니다. 최고 지휘관에게 미치는 모든 영향은 그의 앞에 있는 적의 수에 대해 그에게 잘못된 생각을 심어 주는 것으로 집중됩니다. 그리고 이것이 우유부단함의 새로운 원천입니다.

이 불확실함에 대해서는 아무리 많이 생각해도 충분하지 않고, 처음부터 이에 대해 준비하는 것이 중요합니다.

사전에 모든 것을 차분하게 깊이 생각했다면, 개연성이 제일 높은 경우를 편견 없이 찾고 발견했다면 이전의 견해를 곧바로 포기해서는 안 됩니다. 들어오는 정보를 어느 정도 비판적으로 바라보고, 몇 개의 정보들을 비교하고, 새로운 정보를 찾아내는 등의 일을 해야 합니다. 그러면 잘못된 정보는 매우 자주 그 자리에서 부정되고, 때로 처음의 정보만 진실로 증명되고, 그래서 이 두 경우에 확신을 얻을 수 있을 것이고, 이에 따라 결단을 내릴 수 있을 것입니다. 이런 확신이 없다면 우리는 우리 자신에게 다음과 같이 말해야 합니다. 즉 전쟁에서 모험을 하지 않고는 아무것도 수행할 수 없다는 것, 전쟁의 본질은 우리가 어디로 가고 있는지 늘 알아차리는 것을 전혀 허락하지 않는다는 것, 개연성은 바로 감각적으로는 분명하지 않더라도 늘 개연성으로 남아 있다는 것, 다른 것들을 이성적으로 준비했다면 한 가지 오류 때문에 바로 망하지 않는다는 것입니다.

3. 어느 문제의 모든 상황에서 불확실하다는 것은 적뿐만 아니라 아군

에게도 해당됩니다. 아군이 집결해 있을 수 있는 경우는 드물고, 그래서 모든 순간에 군대의 모든 병력을 분명하게 내다보지 못합니다. 이때 불안에 빠지면 새로운 의심이 생길 것입니다. 그래서 기다리려고 하고, 전체 활동의 지체는 필연적인 결과가 됩니다.

그래서 군대 자체의 일반적인 준비가 예상한 효과에 부합할 것이라는 신뢰를 가져야 합니다. 특히 하급 지휘관들에 대한 신뢰가 여기에 속합니다. 그래서 신뢰할 수 있는 사람들은 무슨 일이 있어도 선발해야 하고, 다른 모든 고려는 미루어야 합니다. 목적에 맞게 준비를 했다면, 이때 예상되는 불리한 경우를 고려했다면, 그래서 전쟁을 수행하는 동안에 불리한 경우가 일어난다고 해도 곧바로 무너지지 않도록 준비했다면 불확실성의 밤을 뚫고 용감하게 전진해야 합니다.

4. 병력이 엄청난 노력을 들여 전쟁을 수행하려고 하면 하급 지휘관들과 병사들은 (특히 그들이 전쟁에 익숙하지 않다면) 때로 그들이 극복할 수 없다고 표현하는 어려움(Schwierigkeiten)을 겪을 것입니다. 그들은 행군을 너무 멀리 했고, 고통은 너무 크고, 식량 조달은 불가능하다는 것을 발견하게 될 것입니다. 프리드리히 2세가 표현한 것처럼 이 모든 어려움(Diffikultäten)에[66] 귀를 기울이려고 하면 곧 완전히 굴복하게 되고, 힘과 에네르기로 행동하는 대신에 약해지고 하는 일 없이 지낼 것입니다.

이 모든 것을 극복하려면 자신의 통찰력과 확신에 대한 신뢰가 필요합니다. 이 신뢰는 그 순간에는 보통 고집의 모습을 띠고 있지만 지성과 성격의 힘이고, 우리는 이 힘을 단호함이라고 부릅니다.

5. 전쟁에서 기대하는 모든 효과는 전쟁을 스스로 주의 깊게 관찰하지

---

66. 이 '어려움'은 프리드리히 2세의 표현을 인용한 것으로 보인다. 그가 순수한 독일어 단어인 Schwierigkeit(단수)를 쓰지 않고 불어의 difficulté를 쓴 것이다. Diffikultät(단수)는 difficulté에서 온 말이고, 이 단어의 영어는 difficulty.

않았거나 전쟁에 익숙하지 않은 사람들이 상상하는 것처럼 결코 정확하지 않습니다.

때로 종대의 행군에서 몇 시간씩 착각하면서 무엇 때문에 지체되었는지도 알 수 없고, 때로 미리 생각할 수 없었던 장애물이 나타나고, 때로 군대로 어느 지점까지 간다고 생각했는데 몇 시간 정도 그 배후에 머물고 있고, 때로 아군이 배치한 작은 초병은 기대할 수 있었던 것보다 훨씬 덜 성취하고 적의 초병은 훨씬 많이 성취하고, 때로 어느 지방의 자원은 아군이 생각한 만큼 충분하지 않게 되는 등의 일이 일어납니다.

이 모든 지체는 매우 많은 노력을 들여 만회할 수밖에 없는데, 최고 지휘관은 이런 노력을 냉혹함에 가까운 엄격함으로만 얻을 것입니다. 이를 통해서만, 즉 가능한 것은 늘 성취된다는 확신을 통해서만, 그는 이 작은 어려움이 작전에 큰 영향을 미치지 않는다는 것, 달성할 수 있는 목표에서 너무 멀리 떨어져 있지 않다는 것을 확신할 수 있습니다.

6. 확실히 어느 군대가 작전을 따르는 자가 작전실에서 전제하고 있는 상태에 있다고는 결코 생각할 수 없습니다. 그 사람이 그 군대에 호의적이라면 그는 그 군대를 실제보다 1/3에서 절반까지 더 많고 더 좋다고 생각할 것입니다. 최고 지휘관이 작전의 첫 번째 계획에서 이와 똑같은 경우에 빠지는 것은 매우 자연스럽습니다. 그 후로 그는 상상하지 못한 만큼 자기 군대가 줄어들고 기병과 포병이 쓸모없게 되는 등의 일이 일어나는 것을 보게 됩니다. 그래서 관찰자와 최고 지휘관에게 원정을 시작할 때는 가능하고 쉽게 보이는 것이 원정을 수행할 때는 때로 어렵고 불가능하게 됩니다. 그럼에도 최고 지휘관이 대담성과 강력한 의지를 갖고 높은 명예심에 자극을 받아 목적을 추구하는 사람이라면 그는 그 목적을 이룰 것입니다. 그 반면에 보통의 인간은 군대의 상태에서 원정을 그만둘 충분한 구실을 발견하려고 할 것입니다.

마세나가[67] 제노바와[68] 포르투갈에서 그러했습니다. 전자에서 그는 엄청난 노력을 했고, 그의 강한 성격이 (그의 냉혹함이라고 말할 수도 있는데) 인간들을 움직여서 성공의 영예를 안았습니다.[69] 후자의 포르투갈에서 그는 적어도 또 다른 사람보다[70] 훨씬 늦게 후퇴했습니다.[71]

대부분의 경우에는 적의 군대도 비슷한 상태에 있습니다. 발렌슈타인과 구스타브 아돌프가 뉘른베르크에서[72] 그러했고, 프랑스 황제와 베니히센이 아일라우 전투[73] 후에 그러했습니다. 적의 상태는 보지 못하고 아군의

---

67. 마세나(André Masséna, 1758~1817), 프랑스의 원수. 프랑스 혁명 전쟁과 나폴레옹 전쟁 중에 프랑스의 명장이었다.

68. 제노바(Genua, Genova, Genoa), 이탈리아 북서부의 항구 도시.

69. 1800년 봄에 마세나는 나폴레옹으로부터 오스트리아 군대에 맞서 제노바를 지키라는 명령을 받았다. 오스트리아 군대의 기습 공격은 마세나 군대를 양분했고, 마세나는 우익 병력과 함께 도시 안으로 후퇴할 수밖에 없었다. 오스트리아 군대는 마세나 군대를 포위했지만, 마세나는 끊임없이 반격하면서 제노바를 지켰다. 식량 부족에도 불구하고 6월 14일까지 버텼고, 그동안에 나폴레옹은 마렝고 전투에서 승리할 수 있었다.

70. 이 사람은 네(Michel Ney, 1769~1815)라고 생각된다.

71. 1810년 마세나는 7만 명의 병력으로 포르투갈로 진격하여 웰링턴 휘하의 영국 군대를 "바다 속으로 몰아내는" 작전을 수행한다. 그는 다시 한 번 굶주림이라는 적과 맞서면서 의지력과 결단력을 시험해야 했다. 영국 군대가 식량 조달이 어려운 산악 지대의 배후로 후퇴했기 때문이다. 중요한 전투는 단 한 차례 있었고, 프랑스 군대가 패배했다. 프랑스 군대의 25,000명의 손실 중에 대부분은 질병과 굶주림에 의한 것이었다. 더 이상의 손실이 없었던 것은 마세나의 능숙한 후퇴 덕분이었다.

72. 뉘른베르크(Nürnberg, Nuremberg), 프랑켄 중부 지역에 있는 도시이다. 뮌헨에서 약간 북서쪽으로 약 170킬로미터에 있다. 30년 전쟁 중에 스웨덴이 개입한 기간(1630~1632년)에 가톨릭과 신성 로마 제국의 지휘관인 발렌슈타인과 스웨덴의 왕 구스타브 아돌프는 남부 독일의 뉘른베르크에서 진지를 두고 대치했다. 발렌슈타인이 몇 차례 전투를 거부하자, 스웨덴 군대는 1632년 9월 3일에 발렌슈타인의 진지를 공격했다. 밤까지 전투가 계속되었고 양쪽에 큰 손실이 발생했지만, 구스타브 아돌프는 발렌슈타인을 몰아내는데 성공하지 못했다.

73. 아일라우(Eylau), 동프로이센의 도시. 현재 러시아의 바그라티오노브스크로 칼리닌그라드에서 남쪽으로 약 37킬로미터에 있다. '프로이센의 아일라우'라고도 한다. 1807년 2월 8일에 아일라우에서 나폴레옹의 프랑스 군대는 베니히센의 러시아 군대와 전투를 했고 승리했다고 주장했다. 사실 증원 병력을 얼마나 많이 받느냐에 따라 양측의 승패는 계속 바뀌었다. 밤까지 전투를 했지만 어느 쪽도 승리하지 못했다. 러시아 군대는 병력의 1/3을 잃었지만, 프랑스 군대의 손실은 이보다 많았다. 하지만 베니히센은 자기 병력이 지쳤고 프랑스 군대의 증원 병력을 두려워했기 때문에 먼저 후퇴했고, 나폴레옹은 승리를 주장할 수 있게 되었다.

상태만 보게 되고, 그래서 보통의 인간에게 아군의 상태는 적의 상태보다 큰 영향을 미칩니다. 보통의 인간에게는 감각적인 인상이 지성의 언어보다 강력하기 때문입니다.

7. 부대의 식량 조달은 창고를 통하든 징발을 하든 상관없이 늘 어렵기 때문에 어느 조치를 선택할 때 매우 결정적인 목소리를 냅니다. 그것은 때로 병력을 제일 효과적으로 결합하는데 방해가 되고, 승리와 빛나는 성공을 따르고 싶은 곳에서 식량을 따르라고 강요합니다. 주로 식량 조달 문제 때문에 모든 기계는 어려움을 겪고, 이 어려움 때문에 기계의 효과는 대규모 계획에서 비상하지 못하고 훨씬 뒤에 머물게 됩니다.

전제적인 권력으로 자기 부대에게 극한의 노력과 최대의 결핍을 요구하는 장군, 오랜 전쟁으로 이런 희생에 익숙한 군대, 그들은 얼마나 많이 앞설 것인가! 그들은 이런 장애에도 얼마나 빨리 목표를 추구할 것인가! 똑같이 좋은 계획에서 그 성과는 얼마나 많이 다르겠는가!

8. 일반적으로 그리고 이 모든 경우에 다음과 같은 말은 아무리 강조해도 충분하지 않습니다.

전쟁 수행에서는 감각적으로 생생한 인상을 받게 되는데, 이 인상은 이전에 심사숙고를 통해 얻은 것보다 더 생동감이 있습니다. 하지만 그것은 문제의 첫 번째 겉모습에 지나지 않고, 이 겉모습이 우리가 아는 것처럼 본질과 정확히 일치하는 경우는 드뭅니다. 그래서 첫 번째 겉모습 때문에 심사숙고한 것을 버릴 위험이 있습니다.

첫 번째 겉모습이 대체로 두려움과 엄청난 신중함을 일으키는 것은 인간의 타고난 공포심 때문이고, 이 공포심은 모든 것을 일면적으로 바라보게 합니다.

그래서 그것에 맞서 무장해야 하고 맹목적인 신뢰를 그 자신의 이전의 심사숙고의 결과물로 만들어야 하는데, 그러면 인간을 약하게 만드는 그 순간의 인상에 맞서 강해집니다.

전쟁 수행의 이 어려움에서는 자신의 신념에 대한 확신과 단호함이 중요합니다. 그래서 전쟁사 연구가 중요합니다. 이를 통해 어느 정도 문제 자체를 알게 되고 그 경과도 살펴보기 때문입니다. 이론적인 강의를 통해 얻을 수 있는 원칙은 전쟁사 연구를 쉽게 하는 데만, 전쟁사에서 제일 중요한 것에 주의를 기울이게 하는 데만 적당합니다.

그래서 왕세자 전하께서는 그 원칙을 알아야 하는데, 이는 전쟁사를 읽으면서 그 원칙을 검토하려는 의도, 즉 그 원칙이 문제의 경과와 잘 들어맞는지, 그리고 그 원칙이 문제의 경과에 의해 정정되는지 또는 심지어 부정되는지 살펴보려는 의도 때문입니다.

그다음으로 자신의 경험이 부족할 때는 전쟁사 연구만이 제가 여기에서 전체 기계의 마찰이라고 부른 것에 대한 생생한 인상을 얻는데 적당합니다.[74]

물론 전쟁사 연구에서는 중요한 결과를 아는 것으로 멈추어서는 안 되고, 역사 저술가들의 추론에 의지해서는 더욱 안 되고, 되도록 상세한 내용까지 들어가야 합니다. 역사 저술가들이 역사 서술에서 최고의 진실을 목적으로 삼는 일이 드물기 때문입니다. 보통 그들은 군대의 행동을 미화하려고 하거나 어느 사건과 잘못된 규칙의 일치도 증명하려고 합니다. 그들은 역사를 쓰는 것이 아니라 역사를 만듭니다. 우리의 목적을 달성하는데 많은 역사는 필요하지 않습니다. 몇 개의 개별적인 전투에 대한 자세한 지식이 많은 원정에 대한 포괄적인 지식보다 더 유용합니다. 그래서 잡지에서 보는 것처럼, 하나하나의 보고서와 일기를 읽는 것이 본래의 역사책을 읽

---

74. 앞 69쪽의 각주 65번 참조.

는 것보다 더 유용합니다. 그런 보고서의 본보기는 샤른호스트 장군의[75] 『회상록』에[76] 있는 1794년의 메닌 방어에 관한 서술인데,[77] 이 보고서를 능가할 수 있는 것은 없습니다. 이 서술, 특히 포위를 뚫고 돌파하는 부분의 이야기는 왕세자 전하께 전쟁사를 어떻게 써야 하는지에 관한 기준을 보여드릴 것입니다.

세상의 어느 전투도 이 전투만큼 저에게 확신을 주지 않았는데, 그 확신이란 전쟁에서는 마지막 순간까지 성공을 의심해서는 안 된다는 것, 그리고 훌륭한 원칙의 효과는 (생각할 수 있는 것처럼) 결코 규칙적으로 일어날 수는 없지만 그 영향을 이미 완전히 잃었다고 생각하는 제일 불리한 경우에도 예기치 않게 다시 나타난다는 것입니다.

그 어떤 위대한 감정이 최고 지휘관에게 큰 힘을 불어넣어야 합니다. 그것이 카이사르처럼 명예심이든, 한니발처럼 적에 대한 증오심이든, 프리드리히 대왕처럼 영광스러운 패배에 대한 자부심이든 상관없습니다.

그런 감정에 전하의 마음을 여십시오. 계획을 세울 때는 대담하고 주도면밀하게, 행동할 때는 확고하고 끈기 있게, 영광스러운 패배를 찾을 만

---

75. 샤른호스트(Gerhard Johann David von Scharnhorst, 1755~1813), 프로이센의 장군. 프로이센 군사 개혁의 선구자. 클라우제비츠의 '정신적인 아버지'이자 스승이고 제일 가까운 친구였다.
76. 『회상록』은 "메닌의 방어와 함머슈타인 장군 휘하의 수비대의 해방"으로 1803년에 출간되었다.
77. 메닌(Menin, Menen), 현재 벨기에의 도시로 프랑스의 국경에 접해 있다. 브뤼셀에서 서쪽으로 약 90킬로미터 떨어져 있다. 메닌은 전략적으로 매우 중요한 위치에 있어서 16~19세기에 스페인령 네덜란드, 오스트리아령 네덜란드, 프랑스에 의해 번갈아 점령되었다. 제1차 동맹 전쟁에서 샤른호스트 대위는 플랑드르 지방의 메닌 방어 전투에서 영웅적인 행동을 한 사람 중 한 명이다. 1794년 4월에 며칠 동안 함머슈타인 장군의 2만 명의 프로이센 병력은 모로의 2만 명의 프랑스 병력의 공격에 맞서 요새화된 메닌을 방어했다. 탄약과 보급품이 바닥나고 도시가 불길에 휩싸이자, 함머슈타인은 병력의 1/5을 잃는 희생을 감수하면서도 전력을 기울여 적진을 돌파하는데 성공했다(4월 30일).

큼 단호하게 행동하십시오. 그러면 운명이 전하의 젊은 머리 위에 빛나는 왕관을 씌울 것입니다. 왕관은 군주의 장식이고, 그 장식의 빛은 전하의 모습을 후손들의 가슴에 영원히 비출 것입니다.

[그림 4] 각면 보루

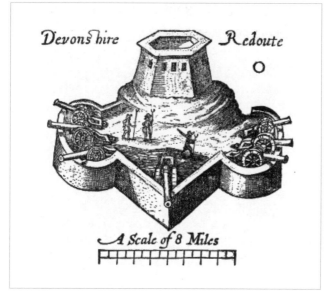

데번셔(Devonshire, 데번(Devon)의 옛 이름)의 보루
1614년
화가 John Smith
날짜 2006. 10. 30
출처 http://www.gutenberg.org/files/14132/14132-h/14132-h.htm#toc_11

[그림 5] 샤른호스트

화가 Friedrich Bury(1763~1823)
그린 때 1810년경
표현 수단 유화
그림 소장 Niedersächsisches Landesmuseum Hannover
사진 출처 http://www.wga.hu/art/b/bury/scharnho.jpg

　　샤른호스트, 클라우제비츠의 '정신적인 아버지'이자 스승이고 동료이자 친구였다. 샤른호스트는 거의 영웅적인 활동으로 프로이센의 군사 개혁에 힘썼다.

전투력의 유기적인 분할

『전쟁론』 제5편 제5장의 주석으로 쓰일 수 있다

전투력의 유기적인 분할

하나의 부대에서 여러 하위 부대의 분할과 인원을 결정하는 이유들이 기본 전술에서 흘러나오고 크게 엄격하지 않고 많은 자유 재량을 허락한 다는 것은 경험으로 알 수 있는 몇백 가지 종류의 편성을 볼 때 이미 짐작 하고 있어야 한다. 이 이유들이 좀 더 정확히 규정될 수 없다는 것을 확인 하려고 매우 깊이 생각할 필요도 없다. 보통 이 문제에서 말하는 것, 예를 들어 어느 기병 장교가 기병 연대는 아무리 많아도 결코 충분할 수 없다고 설명하는 것은 (그렇지 않으면 어떤 것도 이룰 수 없기 때문에) 진지하게 언급 할 만한 가치가 없다. 이는 기본 전술이 관련을 맺고 있는 작은 부분, 즉 중 대, 기병 중대, 대대, 연대에서 정말로 그러하다. 기본 전술로는 결코 충분하 지 않은 더 큰 부대에서는 이것이 훨씬 곤란하고, 고급 전술이나 전투 배치 의 이론은 전략과 의논해서 결정해야 한다. 여기에서는 그런 부대를 다루 려고 하는데, 그것은 여단, 사단, 군단, 군대이다.

먼저 이 문제의 철학을 잠시 다루도록 한다. 대체 왜 집단을 부분으로 나누는 것인가? 아무래도 한 사람이 일정한 수의 사람들에게만 직접 명령을 할 수 있기 때문인 것 같다. 최고 지휘관은 50,000명의 병사 하나하나를 그들이 있어야 하는 지점에 둘 수 없고, 그들 하나하나를 지킬 수 없고, 그들이 무엇을 해야 하고 무엇을 그만두어야 하는지 그들 하나하나에게 명령할 수 없다. 그런 것을 생각할 수 있다면 아무래도 그것이 최선일 것 같다. 수많은 하급 지휘관들 중에 아무도 중요한 도움이 되지 않기 (적어도 이것은 비정상일 텐데) 때문이고, 모든 지휘관들이 (어느 지휘관은 더 많이, 다른 지휘관은 더 적게) 명령에서 그 본래의 힘의 일부를 빼앗고 생각에서 그 본래의 정확함의 일부를 빼앗기 때문이다. 또한 몇 번의 하위 분할이 일어나면 명령은 목표를 이루는데 상당히 많은 시간이 필요하다. 이로부터 명령의 단계가 생기는 분할과 하위 분할은 **필요악**이라는 결론이 나온다. 우리의 철학은 여기에서 끝나고, 우리는 약간 전술과 전략 쪽으로 넘어간다.

적에 맞서 크든 작든 하나의 독립된 전체처럼 배치되어 있는 완전히 고립되어 있는 집단은 세 개의 핵심적인 부분으로 되어 있다. 즉 전진해 있는 부분, 예상치 못한 경우에 대비하여 배후에 배치한 부분, 이 둘 사이의 주요 부분의 a, b, c로 되어 있지 않은 집단은 거의 생각할 수 없다.

$$a$$
$$b$$
$$c$$

그래서 큰 전체의 분할이 독립성을 지향해야 한다면, 영구적인 분할이 지속적인 필요와 겹쳐야 (물론 이것이 목적이어야 하는데) 한다면, 전체는 결코 세 개의 부분보다 적어서는 안 된다. 하지만 이 세 개의 부분조차 아직 매우 자연스러운 대형이 되지 않는다는 것은 어렵지 않게 알아차릴 수 있다. 아무도 전진한 부분과 배후의 부분을 주요 부분과 같은 수만큼 두려고 하지 않기 때문이다. 그래서 주력 부대를 적어도 두 개의 부분이 되게 하고 전체를 a, b, c, d 대형의 네 개로 생각하는 것이 더 자연스러울 것이다.

a

b   c

d

하지만 아무래도 우리는 아직 최고로 자연스러운 지점에 있지 않은 것 같다. 전술적인 힘과 전략적인 힘의 모든 표출은 오늘날의 모든 종대 형태에도 불구하고 늘 횡대의 모습을 보이기 때문에 자연히 오른쪽 날개, 왼쪽 날개, 중심에 대한 필요가 생긴다. 그래서 아마 a, b, c, d, e 형태의 다섯 개의 부분을 제일 자연스러운 숫자로 간주할 것이다.

a

b   c   d

e

이 배치는 주력 부대의 한 부분을, 긴급할 때는 두 부분을 오른쪽이나 왼쪽으로 파견하도록 허락한다. 누구든지 나처럼 강력한 예비대의 지지자라면 그는 아마 배후에 배치된 부분이 전체에 비해 너무 약하다고 생각할 것이고, 그래서 한 개의 새로운 부분을 덧붙여서 1/3을 예비대에 두려고 할 것이다. 그러면 전체의 분할은 a, b, c, d, e, f의 대형이 된다.

<pre>
            a
      b   c   d
        e   f
</pre>

매우 큰 집단, 상당히 많은 수의 군대에 대해 이야기한다면 전략은 다음과 같이 말해야 한다. 즉 이 군대는 거의 끊임없이 오른쪽이나 왼쪽에 병력의 일부를 파견해야 하는 일이 생긴다는 것, 그래서 이 일부에 실제로 두 개의 부분을 더 받아들일 수 있다는 것, 그러면 이는 a, b, c, d, e, f, g, h의 전략적인 모습을 띠게 될 것이다.

<pre>
              a
      b   c   d   e   f
            g   h
</pre>

그래서 이를 통해 하나의 전체는 3개보다 적어도 안 되고 8개보다 많아도 안 된다는 것을 알았을 것이다. 그럼에도 이것으로는 아주 약간만 결정된 것처럼 보인다. 하나의 군대를 $3 \times 3 \times 3$으로 (군단, 사단, 여단을 이 수에 고정하려고 하면 27개의 여단이 생길 텐데) 분할할 수 있으리라는 것, 또는 허용된 18개의 구성 요소의 모든 하나하나의 다른 산물로 분할할 수 있으리라는 것을 고려한다면 매우 많은 여러 가지의 조합이 생기기 때문이다.

하지만 아직 약간의 중요한 고려 사항이 남아 있다.

우리는 대대와 연대의 인원을 기본 전술에 맡기려고 하기 때문에 인원 문제에 관여하지 않았다. 지금까지 말한 것에서는 여단을 3개 대대 미만으로 만들지 않았으면 한다는 결론만 나올 것이다. 물론 우리도 이 생각을 고수해야 하고, 여기에서는 아마 아무런 모순도 발견하지 못할 것이다. 하지만 여단이 가질 수 있는 최대의 인원을 제한하는 것은 더 어렵다. 여단은 대체로 한 사람이 직접, 즉 그의 목소리의 범위를 통해 지휘할 수 있고 지휘해야 하는 부대로 간주되고 있다. 이에 따르면 물론 여단은 4000명에서 5000명을 넘지 않을 것이고, 그래서 대대의 인원에 따라 6개나 8개의 대대로 구성할 수 있을 것이다. 하지만 우리는 동시에 다른 대상을 이 연구의 새로운 요소로서 여기에 불러들여야 한다. 그 요소는 병과의 결합이다. 부대의 단계에서 볼 때 이 결합이 군대보다 낮은 단계에서 일어나야 한다는 것에 대해서는 오늘날 유럽에서 단 하나의 목소리만 들린다. 어떤 사람들은 그 결합을 군단에서만, 즉 20,000명에서 30,000명의 집단에서만 하려고 하지만, 다른 사람들은 이미 사단에서, 즉 8000명에서 12,000명의 집단에서 하려고 한다. 우리는 현재로서는 이 쟁점에 관여하지 않을 것이고, 아마 어느 인간도 반박하지 않을 것만 말하려고 한다. 그것은 무엇보다 세 개의 병과의 결합이 부대의 독립성을 구성한다는 것, 그래서 전쟁에서 자주 고립될 수밖에 없는 부대에게는 이 결합이 적어도 매우 바람직하다는 것이다.

하지만 세 개의 모든 병과의 결합만 고려해서는 안 되고 두 개의 병과, 즉 포병과 보병의 결합도 고려해야 한다. 이 결합은 일반적으로 퍼져 있는 사용 방식에 따르면 이미 훨씬 오래전에 일어났다. 최근에 포병이 기병의 사례에 고무되어 하마터면 반항적으로 될 뻔했는데도, 그리고 다시 포병 고유의 작은 군대를 만들려고 하는 것에 불쾌한 표정을 짓지 않았는데도 그러했다. 그러는 사이에 포병은 지금까지 여단 아래에 배치되는 것을 받아들여야 했다. 그래서 포병과 보병의 이 결합은 여단의 개념을 다른 식으로 구성하고, 그러면 먼저 하나의 포병 부대에 영구적인 방식으로 결합하려고 하는 보병의 무리가 얼마나 되어야 하는지 하는 질문만 중요해진다.

이런 고려의 영향은 사람들이 얼핏 보고 생각하는 것보다 훨씬 확실하다. 병사 1000명당 전쟁터에 갖고 갈 수 있는 대포의 수가 아군의 자유 재량에 달려 있는 일이 드물기 때문이고, 그것이 부분적으로는 매우 멀리 있는 여러 가지 다른 원인에 의해 결정되기 때문이다. 또한 1개 포병 중대에 통합될 수 있는 대포의 수는 그 어느 다른 비슷한 결정보다 충분한 전술적인 이유를 훨씬 많이 갖고 있기 때문이다. 그래서 이 집단의 보병이 (예를 들어 여단) 얼마나 많은 대포를 갖고 있어야 하는지 묻지 않고, 1개 포병 중대에 얼마만큼의 보병이 통합되어야 하는지 묻는 일이 생긴다. 예를 들어 군대에서 1000명당 3문의 대포를 두고 이 중에 1문의 대포를 예비 포병 중대에 두면 부대에 2문의 대포를 분배할 수 있는데, 이는 8문의 대포를 갖고 있는 1개 포병 중대에 4000명의 보병 집단이 될 것이다. 여기에서 말한 비율이 제일 많이 통용되고 있는 비율이기 때문에 우리는 여기에서 대략 이 비율과 같은 결과에 이르게 된다. 이것으로 우리는 1개 여단의 규모를 결정하는 문제에서 만족하려고 하는데, 이에 따르면 1개 여단은 3000명에서 5000명으로 구성될 것이다. 이 때문에 분할의 영역이 한편으로는 제한되었고 다른 한편으로는 군대의 인원을 통해 이미 주어진 것으로 제한되었지만, 일어날 수 있는 수많은 조합이 아직도 남아 있다. 그리고 이에 관해되도록 제일 적은 수의 부대를 두는 원칙을 그 엄격함에 따라 바꾸는 것은 너무 이를 것이다. 우리는 아직 일반적인 성질에서 약간 고려할 것이 있고, 개별적인 경우를 특별하게 고려할 때도 그 권리를 보호해야 한다.

그래서 우리는 먼저 다음과 같은 것을 말해야 한다. 즉 더 큰 부대는 작은 부대보다 많은 하위 부대를 갖고 있어야 한다는 (이미 앞에서 언급한 것처럼 그것이 더 유연해야 하기 때문에) 것, 작은 부대가 너무 많은 하위 부대를 갖고 있으면 그 부대를 자기 마음대로 할 수 없다는 것이다. 하나의 군대가 2개의 주력 부대로 구성되어 있고 각각의 부대가 개별적인 지휘관을 두고[1] 있으면, 이것은 이를테면 최고 지휘관을 무력하게 만드는 것을 의미한다. 이 문제를 알고 있는 사람이라면 누구든지 더 이상의 논쟁 없이 이것을 이해할 것이다. 군대가 3개의 부대로 분할되어 있으면 훨씬 좋지 않은데, 이는 이 3개의 부대를 끊임없이 잡아 찢지 (이것은 그 부대 지휘관들의 기분을 금방 상하게 하는데) 않고는 활발한 기동과 적절한 전투 배치를 할수 없기 때문이다.

부분의 수가 많을수록 최고 지휘권의 권력과 전체 집단의 민첩함은 그만큼 커진다. 그래서 이런 경우에는 기회가 허락하는 만큼 전체를 되도록 많이 나눌 동기를 갖게 된다. 군대를 지휘하는 사령부처럼 큰 사령부는 1개 군단이나 1개 사단의 좀 더 제한되어 있는 참모 본부보다 명령을 효과적으로 수행할 수단을 훨씬 많이 갖고 있기 때문에 하나의 군대는 일반적인 근거에 의해 8개보다 적은 부분으로 분할하지 않는 것이 제일 좋다. 다른 상황이 도움을 준다면 이 숫자를 9개나 10개로 높일 수 있다. 하지만 10개보다 많은 부분에서는 늘 적절한 신속성과 완전함으로 명령을 내리는데 어려움이 생길 것이다. 이때에는 명령을 하는 것만 중요한 것이 아니라 (그렇지 않으면 하나의 군대는 1개 중대에 있는 병사들의 수만큼 많은 사단을 갖게 될 수 있기 때문에) 명령이 많은 배치나 조사(調査)와 결부된다는 것, 그리고 이것은 12개나 15개의 사단보다 6개나 8개의 사단에서 준비하는 것이 더 쉽다는 것을 잊어서는 안 되기 때문이다.

이와 반대로 1개 사단이 절대적인 인원에서 적고, 그래서 1개 군단의 일부라고 전제할 수 있으면, 그 사단은 늘 정해진 기준 비율보다 적은 부분

---

1. [저자] 지휘권이 분할의 본래 이유이다. 원수 한 명이 100,000명을 지휘하는데, 그중에 50,000명이 다른 장군에게 배치되어 있는 반면에 그 원수는 다른 50,000명을 5개의 사단으로 분할해서 직접 지휘한다면(이는 매우 자주 일어나는 경우인데), 전체는 본래 2개가 아니라 바로 6개의 부분으로 분할되어 있는 것이고, 이 중에 한 부분만 다른 부분들보다 5배 많은 것이다.

에 의지할 수 있다. 완전히 안성맞춤으로 4개에, 부득이한 경우에는 3개에 의지할 수 있다. 6개나 8개는 그 사단에게 번거로울 텐데, 사단은 명령을 신속하고 효과적으로 수행할 수단을 덜 갖고 있기 때문이다.

우리 자신의 기준 비율의 이런 수정은 다음과 같은 결과를 낳는다. 즉 군대는 5개보다 적은 부분으로 나누어서는 안 되고 이 분할은 10개까지 할 수 있다는 것, 사단은 5개보다 많은 부분으로 나누어서는 안 되고 이 부분은 4개까지 낮출 수 있다는 것이다. 이 둘 사이에 군단이 있다. 그리고 군단의 수뿐만 아니라 군단이 도대체 존재해야 하는지 하는 질문도 다른 둘의 조합의 결과에 달려 있다.

200,000명을 10개의 사단으로 나누고 이 사단을 5개의 여단으로 나누면 여단은 4000명의 인원이 될 것이다. 그래서 그런 병력에서는 아직 사단으로 충분할 수 있을 것이다.

물론 이 병력을 5개의 군단으로, 군단은 4개의 사단으로, 사단은 4개의 여단으로 나눌 수도 있을 것이다. 그러면 하나하나의 여단은 2500명의 인원이 될 것이다.

내게는 첫 번째 분할이 더 좋은 것 같다. 첫째로 배열 단계에서 한 단계 더 적고, 그래서 명령이 더 빨리 전달되는 등 때문이다. 둘째로 군대에게 5개의 군단은 너무 적고, 그래서 너무 둔하다. 1개 군단에 4개의 사단도 마찬가지이다. 그리고 2500명은 1개 여단으로서는 적은 편이다. 이런 식으로는 여단이 80개나 되는 반면에 앞의 분할에서는 50개밖에 안 되고, 그래서 더 단순하기 때문이다. 이 유리함을 희생하는 것은 10명의 장군 대신에 5명의 장군에게만 명령을 내리려고 하기 때문이다.

지금까지는 일반적인 고찰을 했다. 그런데 개별적인 사례가 어떤 결정을 하는데 도움을 주는 경우가 있는데, 이런 결정이 한없이 중요하다.

10개의 사단은 평지에서는 쉽게 지휘할 수 있지만, 넓은 산악 진지에서는 이것이 완전히 불가능해질 수 있다.

큰 강은 군대를 나누고 그 강의 건너편에 또 다른 지휘관을 임명하지 않을 수 없게 한다. 이 모든 생생한 사례의 영향에 대해 일반적인 규칙은 아무것도 할 수 없다. 그리고 그런 원인들이 생기면서 많은 종류의 분할이 평소에 만들어 내는 불리함도 대부분 사라진다는 것을 말해야 한다. 물론 때에 맞지 않는 그 어떤 명예욕을 충족하려고 또는 개인적인 동기의 부족 때문에 좋지 않은 분할을 한다면, 이때에도 분할의 남용이 일어날 수 있다. 하지만 개별적인 사례에 대한 요구가 어디까지 미치든지 상관없이 분할은 대개 일반적인 이유에 맡겨져 있는데, 이는 경험이 우리에게 가르치고 있다.

전술 계획 또는 전투 이론 계획의 초안

I. 머리말. 전략과 전술 사이의 개념 경계의 확립

II. 전투의 일반 이론 (전투 – 사영 – 야영 – 행군)

1. 전투의 본질. 전투의 효과적인 원리. 증오와 적대감 – 제한 – 다른 감성의 힘 – 지성과 재능

2. 전투의 자세한 규정 – 독립된 전투 – 부분 전투 – 부분 전투는 어떻게 생기는지

3. 전투의 목적 : 승리 – 승리의 정도, 색깔, 영향력

4. 승리의 원인, 즉 적의 후퇴의 원인

5. 무기에 따른 전투의 종류 – 백병전 – 화력전

6. 전투의 여러 가지 행동. 파괴 행동과 결전 행동

7. 적극적인 원인과 소극적인 원인에 따른 전투의 종류. 공격과 방어

8. 전투 계획. 전투의 전략적인 목적 – 전투의 목표 – 수단 – 전투 방식의 결정 – 시간의 결정 – 공간의 결정 – 상호 작용 – 지휘

주의. 이 분류에 따라 이 첫 번째 부분의 실을 완성함.

III. 전투, 일반적으로 사용하지 않는 일정한 부대 (편성 – 전투 대형 – 기본 전
    술)

A. 하나하나의 병과

1. 보병 ⎫
2. 포병 ⎬ 공격과 방어에서 이 병과의 효과, 그리고 여기에서 생기는 편성
3. 기병 ⎭ 과 기본 전술

B. 공격과 방어에서 병과의 결합

1. 병과의 결합 이론

　a) 보병과 포병

　b) 보병과 기병

　c) 기병과 포병

　d) 모든 세 병과의 결합

2. 이를 통해 형성되는 일정한 부대

　a) 여단 ⎫
　b) 사단 ⎬ 부대의 전투 대형 – 진지 – 이동 – 전투
　c) 군단 ⎪
　d) 군대 ⎭

IV. 지형과 결합된 전투

A. 전투에 미치는 지형의 영향 일반

1. 방어에서

2. 공격에서

주의. 이 고찰이 논리적인 실을 버린다면 이는 현실적인 고려에서 일어난다.

지형은 되도록 일찍 살펴보아야 하고, 전투를 바로 공격이나 방어의 두 형태 중의 하나에서 생각하지 않고는 지형을 살펴볼 수 없다. 그래서 두 대상의 융합이 생긴다.

B. 방어의 일반 이론

C. 공격의 일반 이론

D. 일정한 부대의 방어 전투

1. 작은 무리의

2. 여단의

3. 사단의

4. 군단의

5. 군대의

E. 일정한 부대의 공격 전투

1. 작은 무리의

2. 여단의

3. 사단의

4. 군단의

5. 군대의

V. 일정한 목적을 갖는 전투

A. 방어

1. 안전 시설

　a) 경계

　b) 순찰대

　c) 지원대[1]

　d) 소규모 초병

e) 전초 사슬

f) 초병의 결합

g) 전위

h) 후위

i) 전진 부대

k) 행군의 측면 보호

l) 정보 파견대

m) 관찰 파견대

n) 정찰대

2. 호위

a) 하나하나의 초병의

b) 마차 종대의

c) 사료 채취의

3. 배치. 목적의 다양성

a) 산에서

b) 강에서

c) 습지에서

d) 숲에서

4. 전투. 목적의 다양성. 적의 전투력의 파괴 – 지역의 점령 – 순수한 정신적
  인 영향력 – 군대의 명예

a) 준비 없는 방어 전투

b) 준비한 진지에서

---

1. 원문은 Soutiens로 지원 부대라는 뜻. 프랑스어로 soutenir는 '지원하다, 원조하다, 돕다'는
뜻의 동사. soutien는 '지원, 원조'라는 뜻의 명사. 사격선 배후에 너무 멀리 있지 않은 병력으
로서 분산해서 전투하는 부대를 따라가서 지원하는 부대이다.

c) 보루 진지에서

5. 후퇴

　　a) 적 앞에서 하는 하나하나의 후퇴(철수)

　　　　α. 전투 전에

　　　　β. 전투 중에

　　　　γ. 전투 후에

　　b) 전략적인 후퇴, 즉 몇 개의 연속된 하나하나의 후퇴의 전술적인 배치

B. 공격

1. 방어의 대상을 나누고 다루는 것

2. 공격에 고유한 대상에 따라

　　a) 기습

　　b) 통과

VI. 야영과 사영

VII. 행군

전술 연구 또는 전투 이론 연구의 길잡이

---

1. 이 글의 차례와 앞의 '전쟁 수행의 제일 중요한 원칙'의 차례는 부록 원문에 없는 것이고 내가 만든 것이다.

2. 이 부분 'I. 전투의 일반 이론'은 앞의 '전술 계획 또는 전투 이론 계획의 초안'의 차례에서 'II. 전투의 일반 이론'을 상술한 것이다. 즉 초안의 차례에서 I과 III~VII 부분은 이 '길잡이'에 없다.

I. 전투의 일반 이론

전투의 목적

1. 전투의 목적은 무엇인가?

a) 적의 전투력의 파괴.

b) 어느 대상의 점령.

c) 단순한 승리를 통해 군대의 명예를 얻는 것.

d) 이 세 가지 중에 몇 개 또는 전부를 합친 것.

승리의 이론

2. 이 네 가지의 모든 대상은 승리를 통해서만 달성된다.

3. 승리는 적이 전쟁터에서 후퇴하는 것이다.

4. 적은 이를 아래와 같은 경우에만 할 것이다.

a) 적의 손실이 너무 큰 경우.

α. 그래서 아군의 우세함을 두려워하는 경우.

β. 또는 전투의 목적이 그에게 너무 많은 것을 요구할 것이라고 생각하는 경우.

b) 적이 자기 대형에서, 그래서 전체의 효과에서 너무 많은 방해를 받는 경우.

c) 적이 지형의 불리함에 빠지는 경우, 그래서 전투를 계속할 때 너무 큰 손실을 입게 되는 것을 두려워하는 경우.

(그래서 여기에는 진지의 손실도 포함된다.)

d) 전투력의 배치 형태에 너무 많은 불리함이 따르는 경우.

e) 적이 기습을 받거나 심지어 습격을 당하는 경우, 그래서 명령을 내리고 적절한 조치를 취할 시간이 없는 경우.

f) 적이 상대의 수가 너무 우세하다는 것을 알아채는 경우.

g) 적이 상대의 정신력이 너무 우세하다는 것을 알아채는 경우.

5. 이 모든 경우에 최고 지휘관은 전투를 포기할 수 있다. 더 나은 변화에 대한 희망이 없고, 이미 일어난 일보다 더 나쁜 일이 일어날 것을 두려워하기 때문이다.

6. 이 이유 중에 하나라도 없다면 후퇴할 이유는 없을 것이고, 그래서 최고 지휘관이나 사령관은 후퇴를 결심해서는 안 된다.

7. 하지만 후퇴는 사실상 그의 의지 없이도 일어날 수 있다.

a) 부대가 용기나 훌륭한 의지의 부족 때문에 달아나는 경우.

b) 공포가 부대를 쫓아내는 경우.

8. 이런 상황에서는 사령관의 의지에 반해 그리고 유리한 결과를 내고도 (이런 결과는 a에서 f까지 언급한 상황 이외의 나머지 상황에서 생길 수 있는데) 상대의 승리를 인정할 수 있다.

9. 이런 경우는 작은 무리에서 자주 일어날 수 있고 일어나야 한다. 이때 전체 행동의 짧은 지속 시간은 사령관에게 때로 결심할 시간을 거의 허락하지 않는다.

10a. 하지만 큰 집단에서는 그런 일이 일부에서만 일어날 수 있고, 아마 전체에서는 일어날 수 없을 것이다. 그런데 그 일부 몇몇이 상대에게 너무 쉬운 승리를 허락하면 a에서 e까지 말한 상황에서 전체에 불리한 결과가 생길 수 있고, 이 때문에 그것은 최고 지휘관이 후퇴를 결심하는 원인이 될 수 있다.

10b. a, b, c, d에서 말한 불리한 상황은 큰 집단의 최고 지휘관에게 이미 일어난 하나하나의 모든 불리함의 산술적인 합으로 나타나지 않는다.

이는 전체에 대한 조망이 결코 그만큼 완전하지 않기 때문이다. 그런 불리한 상황은 그 불리함이 좁은 공간에서 집중적으로 일어나면서 상당한 양을 이루는 곳에서 나타난다. 이런 일은 부대의 대규모 집단이나 중요한 부분에서 일어난다. 그러면 전체 행동의 이런 주요 현상에 따라 후퇴를 결심하게 된다.

11. 끝으로 최고 지휘관은 전투 내부에 있지 않고 전투 외부에 있는 것으로 간주해야 하는 이유 때문에 (이런 이유로는 예를 들어 정보가 있고, 정보는 목적을 철회하게 하든지 또는 전략적인 상황을 눈에 띄게 변경하게 만드는데) 전투를 포기할 수 있고, 그래서 후퇴할 수 있다. 이것은 전투의 중지일 것이고 여기에 속하는 문제가 아닌데, 그것이 전술적인 행동이 아니라 전략적인 행동이기 때문이다.

12. 그래서 전투의 포기는 그 순간에 상대의 우세함을 (그것이 물리적인 우세함이든 정신적인 우세함이든) 인정하는 것이고, 상대의 의지에 굴복하는 것이다. 이것이 승리의 첫 번째 정신적인 효과이다.

13. 전쟁터에서 벗어나는 것 외에 달리 전투를 포기할 수 없기 때문에 전쟁터에서 후퇴하는 것은 이 인정의 표시이고 군대의 깃발을 내리는 것이다.

14. 하지만 승리의 표시는 승리의 크기, 중요성, 광채에 관해 아직 아무것도 결정하지 않는다. 이 세 가지는 때로 동시에 발생하지만 결코 동일하지 않다.

15. 승리의 크기는 전투에서 패배한 집단의 크기와 전리품의 규모에 달려 있다. 이는 획득한 대포, 포로, 빼앗은 장비, 사망자, 부상자 등이다. 그래서 작은 무리에게는 큰 승리를 거둘 수 없다.

16. 승리의 중요성은 달성된 목적의 중요성에 달려 있다. 중요한 진지를 점령하는 것은 그 자체로는 중요하지 않은 승리를 매우 중요하게 만들 수 있다.

17. 승리의 광채는 전리품이 승리하게 되는 군대에게 갖는 상대적인 규모이다.

18. 그래서 승리에는 여러 가지 종류가 있고, 특히 매우 많은 단계가 있다. 엄밀히 말하면 어느 전투에도 결전이 없을 수 없고, 그 결과로 승리가 없을 수 없다. 하지만 언어 사용법과 문제의 본질은 먼저 상당한 노력을 기울인 전투의 결과만 승리로 간주하려고 한다.

19. 적이 아군의 솔직한 의도를 알아내는데 필요한 만큼만 행동한다면, 그리고 이것이 그에게 알려지자마자 그가 굴복한다면, 이것은 승리라고 말할 수 없다. 그가 그 이상으로 행동한다면 이는 그가 정말로 승리자가 되려고 하기 때문일 수밖에 없고, 그래서 이 경우에 그가 전투를 포기한다면 그는 패배한 것으로 간주해야 한다.

20. 양쪽 중에 어느 한쪽이나 양쪽이 상대와 접촉하고 있는 부대를 약간 철수할 때만 전투를 포기할 수 있기 때문에 양쪽이 전쟁터를 지켰다고 말하는 것은 실제로 결코 정확할 수 없다. 하지만 문제의 본질과 언어 사용법이 말하려고 하는 것처럼, 전쟁터를 단지 대부분의 병력의 배치라고 이해하는 한 (대부분의 병력이 후퇴할 때만 승리의 첫 번째 결과가 생기기 때문에) 결전이 전혀 일어나지 않는 전투도 있을 수 있다.

승리의 수단은 전투이다

21. 승리의 수단은 전투이다. 4번의 a에서 g까지 말한 대상이 승리의 조건이기 때문에 전투도 그 대상으로 (전투의 좀 더 자세한 목적으로서) 향하게 된다.

22. 우리는 이제 전투를 여러 가지 방향에 따라 알아야 한다.

하나하나의 전투란 무엇인가?

23. 모든 전투는 물질적으로 전사들의 수만큼 많은 하나하나의 전투로 해체할 수 있다. 하지만 하나하나의 전사들은 한 사람으로, 즉 독자적으로 싸울 때만 개별적인 요소로서 나타난다.

24. 하나하나의 전투에서 단위는 명령 조직을 갖추면서 새로운 단위로 올라간다.

25. 이 단위는 목적과 계획으로 연결되어 있지만 긴밀하지 않기 때문에 단위의 각 부분들은 일정한 독자성을 갖지 못한다. 독자성은 서열이 높이 올라갈수록 점점 더 커진다. 어떻게 각 부분들이 이처럼 분리되는지에 대해서는 나중에 비로소 보여줄 수 있을 것이다. (97번 이하)

26. 그래서 각각의 전체 전투는 각 부분이 내려가는 서열로 된 수많은 하나하나의 전투로 구성되고, 이 부분은 독자적으로 행동하는 마지막 부분까지 내려간다.

27. 하지만 잇달아 일어나는 하나하나의 전투로 이루어진 전체 전투도 있다.

28. 하나하나의 모든 전투는 부분 전투라고 부르고, 모든 전투는 전체 전투라고 부른다. 하지만 우리는 전체 전투의 개념에 개인적인 명령이라는 조건을 달고, 그래서 한 사람의 의지에 따르는 것만 하나의 전투에 해당한다. (초병선 배치에서는 결코 그 한계를 정할 수 없다.)

29. 여기에서 전투 이론에 대해 말한 것은 전체 전투뿐만 아니라 부분 전투에도 관련되어야 한다.

전투의 원리

30. 모든 싸움은 적대감의 표현이고, 적대감은 본능적으로 싸움으로 넘어간다.

31. 적을 공격하고 파괴하려는 이 본능이 전쟁의 본래 요소이다.

32. 제일 거친 인간에게도 이 적대감의 충동은 순수한 본능이 아니다. 깊이 생각하는 지성이 덧붙여지고, 의도하지 않은 본능에서 의도한 행동이 된다.

33. 이런 식으로 감성의 힘은 지성에 종속된다.

34. 하지만 감성의 힘은 결코 완전히 제거된 것으로 간주할 수 없고, 그 자리에 순수한 지성의 의도를 놓을 수도 없다. 감성의 힘이 실제로 지성의 의도에서 완전히 사라진다고 해도 그 힘이 싸움 자체에서 다시 불붙을 것이기 때문이다.

35. 오늘날의 전쟁은 어느 한 사람에 대한 다른 한 사람의 적대감의 표현이 아니기 때문에 전투에 본래의 모든 적대감이 없는 것처럼 보이고, 그래서 순전히 지성에 따른 행동인 것처럼 보인다.

36. 하지만 결코 그렇지 않다. 부분적으로는 양쪽에 집단적인 증오가 결코 없지 않기 때문인데, 이 집단적인 증오는 한 사람 한 사람에게 어느 정도 효과를 내고, 그래서 상대가 우리에게 증오와 적의를 품기 때문에 상대의 한 사람 한 사람에게도 증오와 적의를 품게 된다. 그리고 부분적으로는 싸움 자체에서 진정한 적대 감정이 한 사람 한 사람에게 어느 정도 불붙기 때문이다.

37. 명예욕, 공명심, 이기심, 단결심(esprit de corps)은 다른 감성의 힘과 함께 적대감이 없을 때 적대감을 대신한다.

38. 그래서 전투에서 사령관의 순수한 의지나 사령관이 지시한 순수한 목적이 전사들에게 행동의 유일한 동기가 되는 일은 드물거나 결코 없을 것이고, 늘 감성의 힘에서 매우 많은 부분이 효과를 낼 것이다.

39. 이 효과는 싸움이 위험의 영역에서 (이 영역에서는 감성의 모든 힘이 더 중요해지는데) 움직이기 때문에 높아진다.

40. 하지만 싸움을 이끄는 지성도 결코 순수한 지성의 힘일 수 없고, 그래서 싸움도 결코 순수한 계산의 대상이 될 수 없다.

a) 싸움이 물리적으로나 정신적으로 살아있는 힘의 상호 충돌이기 때문인데, 이 힘은 막연하게만 어림잡을 수 있고 일정한 계산에 따를 수 없다.

b) 여기에 개입하는 감성의 힘이 싸움을 열광의 대상으로, 그리고 이를 통해 더 높은 판단의 대상으로 만들 수 있기 때문이다.

41. 그래서 싸움은 계산하는 지성과 달리 재능과 천재의 대상이 될 수 있다.

42. 싸움에 나타나는 감성의 힘과 천재는 이제 독특한 정신적인 요소로 간주해야 하고, 이 요소는 그 엄청난 차이와 탄력성 때문에 계산하는 지성의 선을 넘어 끊임없이 밖으로 움직인다.

43. 이 요소를 고려하는 것이 전쟁술의 이론과 실천의 임무이다.

44. 이 요소를 더 많이 이용할 수 있게 될수록 싸움은 그만큼 더 강력해지고 더 성공적으로 될 것이다.

45. 무기, 조직, 연습한 전술과 같은 기술의 모든 발명과 전투에서 부대를 사용하는 원칙은 타고난 본능을 제한하지만, 이 타고난 본능은 간접적으로 그 힘을 더 효과적으로 사용하도록 이끌어야 한다. 하지만 감성의 힘은 그렇게 자를[3] 수 없고, 그것을 지나치게 도구로 만들려고 하면서 그것에서 활력과 능력을 빼앗는다. 그래서 감성의 힘에는 늘 (이론을 정할 때뿐만 아니라 이론을 상시적으로 준비할 때도) 절대로 어느 정도의 자유 재량을 허락해야 한다. 이론에서는 높은 관점과 많은 신중함이, 실천에서는 훌

---

3. 기술을 무기, 조직, 전술의 기술로 '자르듯이' 자르는 것을 가리킨다.

룡한 판단력이 자유 재량에 속한다.

두 가지 종류의 전투. 백병전과 화력전

46. 인간의 지성이 발명한 모든 무기 중에 전사들을 제일 가까이 있게 하고 거친 주먹 싸움에 제일 비슷한 것이 본능에 제일 많이 상응하는 제일 자연스러운 무기이다. 단도, 도끼가 창, 투창, 투석기보다 더 그러하다.

47. 적과 먼 곳에서 싸우는 무기는 지성의 도구 이상이다. 이 도구는 감성의 힘과 본래의 투쟁 본능을 거의 완전히 멈추게 하고, 그것도 그 도구가 효과를 내는 거리가 멀수록 그만큼 더 많이 멈추게 한다. 투석기를 쓸때는 아직 어느 정도의 분노를 생각할 수 있지만, 소총 사격에서는 이미 덜 생각하게 되고, 포격에서는 훨씬 덜 생각하게 된다.

48. 여기에 변화가 일어나기는 하지만, 그럼에도 최근의 모든 무기에는 중대한 구분이 눈에 띈다. 즉 베고 찌르는 무기와 화기 사이의 구분이다. 전자로는 백병전을 수행하고, 후자로는 먼 곳에서 전투를 수행하기 때문이다.

49. 그래서 두 가지 종류의 전투, 즉 백병전과 화력전이 생겨난다.

50. 둘 다 적의 파괴를 목적으로 삼는다.

51. 백병전에서 이것은 전혀 의심할 바 없는 파괴이다. 화력전에서는 어느 정도 개연적인 파괴에 지나지 않는다. 이 차이에서 두 가지 전투 형태의 매우 다른 중요성이 나온다.

52. 백병전의 파괴는 전혀 의심할 바 없기 때문에 유리함이나 용기에서 아주 약간의 우세함이 결정적인 것이 된다. 그리고 불리하거나 용기가 좀 더 약한 쪽은 도망쳐서 위험으로부터 벗어나려고 한다.

53. 이것은 여러 가지 전투 중에 모든 백병전에서 매우 규칙적으로 일

어나고 보통 매우 일찍 일어나기도 하는데, 이 때문에 이 전투의 본래의 파괴력은 상당히 약해지고, 전투의 중요한 효과는 적을 파괴하는 것보다 적을 추방하는데 있다.

54. 그래서 백병전이 현실 세계에서 갖는 효과를 눈여겨보면 그 목적은 적의 파괴가 아니라 추방에 두어야 한다. 파괴는 수단이 된다.

55. 백병전에서는 본래 적의 파괴가 목적이었던 것처럼, 화력전에서는 본래 적의 추방이 목적이고 파괴는 단지 그 수단에 지나지 않는다. 적에게 사격을 하는 것은 적을 쫓아내려고 하기 때문이고, 백병전을 준비하지 못했다고 느낄 때 이 백병전을 피하려고 하기 때문이다.

56. 하지만 화력전이 일으키는 위험은 결코 불가피한 위험이 아니고 어느 정도 개연적인 위험이다. 그래서 그 위험은 한 사람 한 사람의 감각적인 인상에 큰 영향을 미치지 못하고, 지속 시간과 대강의 효과를 통해 비로소 영향을 미친다. 이런 효과는 감각적인 인상, 즉 직접적인 효과를 갖는 인상을 만들지 못한다. 그래서 양쪽 중에 어느 한쪽이 위험에서 벗어나려고 할 필요가 없다. 이로부터 한쪽이 물러나는 일은 즉시 일어나지 않고, 많은 경우에 전혀 일어나지 않는다는 결론이 나온다.

57. 이런 경우가 생긴다면 대개 화력전이 끝날 때 백병전을 적을 추방하는데 사용해야 한다.

58. 이와 반대로 화력전의 파괴력은 지속 시간이 늘수록 증대되는데, 이는 백병전의 파괴력이 신속한 결전을 통해 없어진 것과 같다.

59. 이로부터 화력전의 일반적인 목적을 더 이상 추방이 아니라 사용한 수단의 직접적인 효과에, 즉 파괴에 두는 일이 생긴다. 즉 집단 전투에 적용해서 말하면 적의 전투력의 파괴나 무력화에 두는 일이 생긴다.

60. 백병전이 적의 전투력의 추방을 목적으로 삼고 화력전이 파괴를 목적으로 삼고 있다면, 전자는 본래 결전의 도구로 간주할 수 있고 후자는 본

래 준비의 도구로 간주할 수 있다.

61. 하지만 그럼에도 둘 다 다른 쪽의 원리에 있는 효과를 약간 갖고 있다. 백병전에도 파괴하는 힘이 없지 않고, 화력전에도 추방하는 힘이 없지 않다.

62. 백병전의 파괴력은 대부분의 경우에 극히 하찮고, 매우 자주 완전히 영(零)이다. 그래서 그것이 몇몇 경우에 포로들을 통해 다시 크게 높아지지 않는다면[4] 그것은 거의 살펴보지 않을 것이다.

63. 하지만 이런 경우는 대부분 화력전이 이미 효과를 냈을 때 비로소 나타난다는 것을 알 수 있을 것이다.

64. 그래서 화력전 없는 백병전은 오늘날의 무기의 상황에서 볼 때 매우 하찮은 파괴력을 갖게 될 것이다.

65. 화력전의 파괴력은 지속 시간을 통해 극단으로까지, 즉 용기가 충격을 받거나 고갈될 때까지 높아질 수 있다.

66. 그 결과로 적의 전투력의 파괴에서 제일 많은 몫은 화력전에 주어진다.

67. 화력전에서 생기는 적의 무력화를 통해

a) 적이 후퇴 자체에 대한 동기를 부여받든지,

b) 또는 미리 백병전을 준비한다.

68. 본래의 승리는 백병전에서 의도한 적의 추방을 통해 얻게 되는데, 전쟁터에서 적을 몰아내는 것이 승리이기 때문이다. 부대 전체가 매우 작으면 이 승리는 그 전체를 포괄할 수 있고 성공을 결정할 수 있다.

69. 백병전이 전체의 일부에서만 일어났다면 또는 점차적으로 일어나는 몇 개의 백병전이 전체 전투를 이룬다면, 하나하나의 성공은 **부분 전투**

---

4. 백병전의 파괴력이 포로들을 통해 다시 높아지려면 포로가 아군 편이 되어 적과 백병전을 벌이는 상황을 상정할 수 있어야 할 것이다.

의 승리로 간주할 수밖에 없다.

70. 이 부분이 전체에서 중요한 부분이라면 이 때문에 전체가 휩쓸려 들어갈 수 있을 것이고, 그래서 부분의 승리에서 직접적으로 전체의 승리가 나올 수 있을 것이다.

71. 하지만 백병전의 성공이 전체의 승리가 아니라면 그 성공은 늘 아래의 이익 중의 하나이다.

a) 지역의 획득.

b) 정신력을 꺾는 것.

c) 적의 대형의 파괴.

d) 물리적인 전투력의 파괴.

72. 그래서 부분 전투에서는 화력전을 파괴 행동으로, 백병전을 결전 행동으로 간주해야 한다. 전체 전투에서 이것을 어떻게 간주해야 하는지에 대해서는 나중에 살펴볼 것이다.

두 가지 전투 형태가 공격과 방어에 대해 갖는 관계

73. 게다가 전투는 공격과 방어로 이루어져 있다.

74. 공격은 적극적인 의도를 갖고, 방어는 소극적인 의도를 갖는다. 전자는 적을 몰아내려고 하고, 후자는 단지 유지하려고 한다.

75. 하지만 유지하는 것은 단지 견디기만 하는 것이 아니고, 그래서 고통을 겪기만 하는 것이 아니다. 그것은 적극적인 반작용에 달려 있다. 이 반작용은 공격하는 전투력의 파괴이다. 그래서 수단이 아니라 목적만 소극적이라고 간주해야 한다.

76. 방어에서는 진지를 고수한다는 사실에서 적이 물러나야 한다는 결론이 저절로 나오기 때문에 소극적인 목적에도 불구하고 후퇴, 그래서 적

이 물러나는 것은 방어자에게도 승리의 표시이다.

77. 목적이 같기 때문에 백병전은 본래 공격의 요소이다.

78. 하지만 백병전은 그 자체로 파괴의 원리가 약하기 때문에 오로지 백병전만 사용하려고 하는 공격자는 대부분의 경우에 거의 전투하는 자로 간주할 수 없을 것이고, 그 도박은 어떤 경우에도 매우 불평등한 도박이 될 것이다.

79. 백병전은 작은 무리에서만 또는 오로지 기병이 있을 때만 전체 공격을 이룰 수 있다. 집단이 커질수록, 포병과 보병이 많이 개입할수록, 백병전은 그만큼 더 불충분해진다.

80. 그래서 공격도 필요한 만큼 화력전을 받아들여야 한다.

81. 이 화력전에서는 양쪽이 전투의 방식과 관련하여 동등하다고 간주할 수 있다. 그래서 백병전에 비해 화력전의 비율이 높아질수록, 공격과 방어 사이의 본래의 차이는 그만큼 많이 줄어든다. 이제 공격자가 맨 나중에 시작해야 하는 백병전에서 아직 불리함으로 남아 있는 것은 공격자 고유의 유리함과 수의 우세로 상쇄해야 한다.

82. 화력전은 방어자에게 자연스러운 요소이다.

83. 화력전으로 이미 유리한 성과를 (공격자의 후퇴) 성취했다면 백병전은 필요하지 않다.

84. 유리한 성과를 내지 못하고 공격자가 백병전으로 넘어가면 방어자도 백병전을 사용해야 한다.

85. 백병전의 유리함이 화력전의 유리함보다 크게 보일 때 방어는 일반적으로 백병전을 결코 배제하지 않는다.

두 가지 전투 종류의 유리한 조건

86. 두 가지 전투에 우세함을 주는 문제를 알려면 이제 두 가지 전투 일반의 성질을 좀 더 자세히 살펴보아야 한다.

87. 화력전.

a) 무기 사용의 우세함(그것은 부대의 조직과 가치이다).

b) 정지한 상태의 배치로서 편성과 하급 전술의 우세함.

이 두 문제는 전투력과 함께 이미 주어져 있기 때문에 훈련받은 전투력을 전투에 사용할 때는 살펴볼 수 없다. 하지만 이 문제 자체는 제일 넓은 의미의 전투 이론의 대상으로 간주할 수 있고 간주해야 한다.

c) 병력의 수.

d) 배치의 형태(이것이 이미 b에 포함되어 있지 않은 한에서).

e) 지형.

88. 우리는 **훈련받은** 전투력의 사용만 다루어야 하기 때문에 a와 b는 여기에 속하지 않고, 단지 주어진 것으로서 이를테면 실제로 살펴보아야 한다.

89a. 수의 우세.

수적으로 같지 않은 보병과 포병의 두 집단이 같은 공간에서 마주 보고 평행으로 배치되어 있다면, 그리고 모든 사격이 하나하나의 개인에 대한 **조준** 사격이라면, 명중한 수는 사격한 수에 비례할 것이다. 가득 찬 표적에 사격을 한다면, 그래서 목표가 더 이상 한 사람 한 사람이 아니라 하나의 대대나 전선(戰線) 등이라면, 명중한 수는 앞의 경우와 마찬가지로 사격한 수에 비례할 것이다. 전쟁에서는 그리고 사격 전투에서도 대부분의 경우에는 **사격을 실제로 그렇게 간주할 수 있다.** 하지만 표적은 가득 차 있지 않고, 인간과 인간 사이에는 간격이 있다. 이 간격은 하나의 동일한 공간에서 전투하는 자들의 수가 **느는** 만큼 줄어든다. 그 결과로 양쪽의 수가 같지 않을 때 화력전의 효과는 사격하는 병사들의 수와 총에 맞은 적의 병력의 수로 구성될 것이다. 즉 다른 말로 하면, 수의 우세는 화력전에서 우세한 효과를 내지 않는다. 많은 사격으로 얻는 것을 적의 사격이 그만큼 더 많이 명중하는 것으로 다시 잃기 때문이다.

50명이 하나의 동일한 공간에서 500명의 1개 대대에 맞서고 있다고 가정하자. 50번의 사격 중에 30번은 표적에 맞는다고, 즉 30번은 적의 대대가 차지하고 있는 사격형의 공간에 맞는다고 하자. 그러면 적의 500번의 사격 중에 300번은 아군의 50명이 차지하고 있는 공간에 맞을 것이다. 그런데 500명은 50명보다 열 배 더 빽빽하게 모여 있고, 그래서 아군의 총알은 적의 총알보다 열 배 더 많이 명중하고, 아군의 50번의 사격은 적의 500번의 사격이 아군을 맞히는 바로 그만큼 적을 맞힌다.

이 결과가 현실에서 정확히 맞지 않을 것이라고 해도, 그리고 일반적으로 수의 우세에 있는 쪽이 약간 더 유리할 수 있다고 해도, 그것이 대체로 맞는 말이라는 것은 확실하다. 구체적으로 말해 한쪽만의 효과, 즉 화력전의 성공은 수의 우세와 정확히 보조를 맞추는 일이 거의 없고 수의 우세로부터 거의 영향을 받지 않는다.

이 결과는 결정적으로 중요하다. 이것이 파괴 행동을 준비할 때 병력의 절약의 기초를 이루기 때문인데, 병력의 절약은 승리하는데 필요한 제일 확실한 수단의 하나로 간주할 수 있다.

89b. 우리는 이 결과가 불합리함으로 이끌 수 있을 것이고 생각하지 않는다. 또한 예를 들어 2명이 (여기에서 표적으로 생각되는 더 긴 공간을 차지할 수 있는 최소한의 수) 2000명만큼 넓게 배치되어 있다고 전제하면, 그 2명이 2000명과 똑같은 만큼 성취해야 할 것이라고 생각하지도 않는다. 물론 그 2000명이 똑바로 자기 앞으로만 사격을 한다면 그런 일이 일어날 것이다. 하지만 약한 쪽의 수가 적어서 강한 쪽이 약한 쪽에 있는 한 사람한 사람에게 집중해서 사격을 한다면 효과의 차이는 당연히 크게 나타날

것이 틀림없다. 이제 단순한 조준 사격이라는 앞의 전제가 더 이상 일어나지 않기 때문이다. 이와 마찬가지로 너무 약한 사격선은 적의 화력전을 전혀 받아들일 수 없을 것이고 적에 의해 곧바로 추방될 것이다. 그래서 앞에 말한 결론이 도를 지나쳐서는 안 된다는 것을 알게 되지만, 그럼에도 그 결론은 이루 말할 수 없을 만큼 중요하다. 우리는 어느 사격선이 두 배 강한 적의 사격선에 대해 균형을 유지한 것을 매우 자주 보았다. 그리고 이것이 병력의 절약에서 어떤 결과를 낳는지는 쉽게 이해할 수 있다.

89c. 그래서 양쪽이 각자 사격선에 더 많은 전사들을 데려오는지 아닌지에 따라 사격이 상대에게 미치는 효과, 즉 사격의 전체 효과를 강하게 하거나 약하게 하는 지배력을 갖게 된다고 말할 수 있다.

90. 배치의 형태는 아래와 같을 수 있다.

a) 직선의 정면으로 그리고 같은 넓이로. 그러면 배치의 형태는 양쪽에게 중요하지 않다.

b) 직선의 정면으로 그리고 더 넓은 넓이로. 그러면 배치의 형태는 유리하다. 이것은 사정 거리 때문에 당연히 매우 제한되어 있다.

c) 포위하면서. 그러면 배치의 형태는 유리한데, 이는 사격이 두 배의 효과를 내기 때문이고, 이로부터 저절로 더 넓은 넓이가 나오기 때문이다.

b와 c의 대립은 자연히 불리함으로 밝혀진다.

91. 지형은 화력전에서 유리하게 작용한다.

a) 흉벽과 같은 엄호를 통해.

b) 적에게 아군을 은폐해서, 그래서 적이 아군을 겨눌 때 장애물로서.

c) 접근의 장애물로서. 이 때문에 적은 아군의 사격으로 오랫동안 저지당하는데, 아군이 사격할 때 더 많은 방해를 받는다고 해도 그러하다.

92. 백병전에서 효과적으로 보이는 유리함은 화력전의 경우와 같다.

93. 처음의 두 가지 대상은 (87번의 a와 b) 여기에 속하지 않는다. 하지

만 백병전에서 무기를 사용할 때의 우세함은 화력전에서 무기를 사용할 때 만큼 큰 차이를 낼 수 없다는 것, 이와 반대로 용기는 백병전에서 매우 결정적인 역할을 맡는다는 것은 말해야 한다. b에서 언급한 대상은 백병전의 대부분을 맡는 기병 때문에 특히 중요해지고 있다.

94. **병력의 수**는 화력전보다 백병전에서 훨씬 더 결정적이다. 백병전에 서는 그것이 거의 제일 중요한 문제이기 때문이다.

95. 이와 마찬가지로 **배치의 형태**도 화력전보다 백병전에서 훨씬 더 결정적이다. 정확히 말하면 직선에서는 화력전과 달리 더 작은 넓이가 더 유리하다.

96. **지형.**

a) 접근의 장애물로서. 이것은 백병전에서 월등하게 중요한 효과이다.

b) 은폐를 통해. 이것은 기습을 하는데 유리하게 작용하고, 기습은 백병전에서 특히 중요하다.

전투의 개별화

97. 우리는 23번에서 각각의 전투는 많은 부분으로 이루어진 하나의 전체이고, 이 전체에서 부분의 독자성은 하급 부대로 내려가면서 같지 않다는 것을 보았다. 이제 이 문제를 좀 더 자세히 연구할 수 있다.

98. 우리는 각각의 전투에서 **구령**으로 지휘를 받는 것을 당연히 하나의 단순한 부분으로서 살펴볼 수 있다. 예를 들면 1개 대대, 1개 포병 중대, 1개 기병 연대 등인데, 이 집단이 정말로 통합되어 있다면 그러하다.

99. 구령으로는 더 이상 충분하지 않은 곳에 명령이 나타난다. 명령은 구두로 할 수도 있고 문서로 할 수도 있다.

100. 구령은 단계로 나눌 수 없고 이미 실행의 일부이다. 하지만 명령

에는 구령에 가까운 최고의 명확함부터 최고의 막연함에 이르기까지 많은 단계가 있다. 명령은 실행 그 자체가 아니라 단지 지시에 지나지 않는다.

101. 구령 아래에 있는 모든 것은 자기 의지를 갖지 못한다. 하지만 구령 대신에 명령이 나타나자마자 각 부분에 어느 정도의 독자성도 시작된다. 명령은 막연하다는 성질을 갖고 있고, 명령으로 충분하지 않을 때 지휘관의 의지가 명령을 보완해야 하기 때문이다.

102. 어느 전투를 옆으로 그리고 앞뒤로 나란히 있는 모든 부분과 사건에서 정확히 미리 결정하고 조망할 수 있다면, 그래서 전투 계획이 제일 작은 부분까지 스며들 수 있다면(생명 없는 기계 장치에서 그러한 것처럼), 명령에 그런 불확실함은 없을 것이다.

103. 하지만 전사들은 인간이면서 개인이기를 결코 그만두지 않고, 결코 의지 없는 기계로 만들 수 없다. 그리고 그들이 싸우는 땅이 사람이 살지 않는 완전한 평지인 경우는 (그런 평지는 전투에 전혀 영향을 미치지 않을 텐데) 드물거나 결코 없을 것이다. 그래서 모든 효과를 미리 계산하는 것은 완전히 불가능하다.

104. 계획의 이런 불충분함은 전투의 지속 시간이나 전사들의 수와 함께 늘어난다. 작은 무리의 백병전은 그 무리의 계획에 거의 완전히 포함되어 있다. 이와 반대로 화력전에서는 작은 무리에서도 화력전의 지속 시간이나 돌발적으로 나타나는 사건 때문에 계획이 그 정도로 스며들 수 없다. 다른 한편으로는 예를 들어 2000마리나 3000마리의 말을 갖고 있는 1개 기병 사단과 같은 큰 집단의 백병전에도 첫 번째 계획의 결정이 스며들 수 없고, 그래서 가끔 하나하나의 지휘관들의 의지가 계획을 보완해야 할 것이다. 대규모 전투에서는 계획이 전투의 개시 외에 중요한 윤곽만 말할 수 있다.

105. 계획의 (배치) 이런 무능함은 전투가 차지하는 시간이나 공간과

함께 늘어나기 때문에 대체로 더 큰 부대에는 더 작은 부대보다 더 많은 자유 재량을 주어야 할 것이다. 명령의 명확함은 하급 부대로 내려가면서 구령으로 지휘하는 부분에 이를 때까지 높아질 것이다.

106. 게다가 각 부분들의 독자성은 그 부분들이 처해 있는 상황에 따라 다를 것이다. 공간, 시간, 지형의 특징, 지시의 성질은 하나의 동일한 부대의 독자성을 약하게 하거나 강하게 할 수 있다.

107. 이처럼 전체 전투를 분리된 부분으로 나누는 계획적인 분할 외에 의도하지 않은 분할도 생길 수 있을 것이다. 자세히 말하면

a) 의도한 분할이 계획했을 때보다 늘어나면서,

b) 분할이 결코 일어나서는 안 되고 구령이 모든 것을 지휘해야 하는 곳에 분할이 일어나면서 생길 수 있을 것이다.

108. 이런 분할은 예상할 수 없었던 상황에서 비롯된다.

109. 그 결과로 하나의 전체를 이루는 각 부분의 성공에 차이가 생긴다. (그 부분이 구체적으로 다른 상황에 처해 있을 수 있기 때문이다.)

110. 이 때문에 하나하나의 부분에 변화의 필요가 생기는데, 이 변화는 전체의 계획에 들어 있지 않았던 것이다.

a) 그 부분이 지형, 병력의 수, 배치의 불리함에서 벗어나려고 하면서,

b) 그 부분이 이 모든 점에서 이용하려고 하는 유리함을 얻으면서 변화의 필요가 생긴다.

111. 그 결과로 때로는 자기도 모르게, 때로는 어느 정도 의도적으로 화력전은 백병전으로 넘어갈 것이고, 그 반대로 후자는 전자로 넘어갈 것이다.

112. 그러면 임무는 이 변화를 전체의 계획에 맞추는 것이다.

a) 불리한 경우에는 이런저런 방식으로 잘 행동하면서,

b) 유리한 경우에는 급변의 위험 없이 일어날 수 있는 변화를 이용하

면서 전체의 계획에 맞춘다.

113. 그래서 이것은 의도하든 의도하지 않았든 전체 전투를 어느 정도의 독자적인 부분 전투로 개별화하는 것이다. 개별화는 전체 전투 내에서 백병전과 화력전뿐만 아니라 공격과 방어에서도 전투 형태에 교체를 일으킨다.

114. 이제 이 점에서 전체를 살펴보아야 한다.

전투는 두 가지 행동, 즉 파괴 행동과 결전 행동으로 이루어져 있다

115a. 부분 전투에 대해 말한 36번에 따르면, 파괴 원리를 띠는 화력전과 추방 원리를 띠는 백병전에서 두 가지의 다른 행동이 나온다. 파괴 행동과 결전 행동이다.

115b. 집단이 작을수록 이 두 가지 행동은 그만큼 더 많이 하나의 단순한 화력전과 하나의 단순한 백병전으로 구성될 것이다.

116. 집단이 커질수록 이 가지 두 행동은 그만큼 더 많이 집단적으로 이루어져야 할 것이다. 그래서 파괴 행동은 옆으로 그리고 앞뒤로 나란히 이어진 일련의 화력전으로 이루어지고, 결전 행동도 똑같이 약간의 백병전으로 이루어진다.

117. 이런 식으로 전투의 분할은 전투하는 집단이 많아질수록 계속될 뿐만 아니라 점점 더 확대된다. 파괴 행동과 결전 행동이 시간이 지나면서 점점 더 많이 분할되면서 그렇게 된다.

파괴 행동

118. 전체가 클수록 물리적인 파괴는 그만큼 더 중요해진다. 이유는

a) 지도자의 영향력이 그만큼 더 약하기 때문이다. 그런데 이 영향력은 화력전보다 백병전에서 훨씬 더 중요하다.

b) 정신력의 차이가 그만큼 더 적기 때문이다. 예를 들어 대규모 집단이나 전체 군대에서는 국적의 차이만 중요하다. 하지만 소규모 집단에서는 부대의 차이, 개인의 차이, 끝으로 특별한 우연적인 상황이 덧붙여지는데, 이는 대규모 집단에서는 **상쇄된다**.

c) 배치가 그만큼 더 길기 때문이다. 즉 그만큼 더 많은 예비대가 전투를 재개하려고 남아 있기 때문인데, 이에 대해서는 아래에서 볼 것이다. 그래서 하나하나의 전투의 수가 늘고, 그 결과로 전체 전투의 지속 시간도 늘어난다. 이 때문에 적을 몰아낼 때 늘 매우 많은 것을 결정하는 첫 번째 순간의 영향력은 줄어든다.

119. 앞 번호에서 전체가 클수록 물리적인 파괴가 결전을 그만큼 더 많이 준비해야 한다는 결론이 나온다.

120. 이 준비는 양쪽 전사들의 집단이 줄어들지만 그 비율이 아군에게 최선의 상태로 변하는 것이다.

121. 아군이 정신적으로나 물리적으로 우세하면 양쪽 병사들의 집단이 줄어드는 것으로 충분하고, 그렇지 않은 경우에는 그 비율이 아군에게 최선의 상태로 변하는 것이 필요하다.

122. 적의 전투력의 파괴는 아래와 같은 것이다.

a) 물리적으로 전투를 못하게 하는 모든 것. 사망자, 부상자, 포로.

b) 물리적으로나 정신적으로 지칠 대로 지치는 것.

123. 몇 시간의 화력전에서 한 부대가 막대한 손실을 입는다면, 예를 들어 전체의 1/4이나 1/3의 병력을 잃는다면, 나머지 병력은 당분간 거의 다 타버린 재처럼 간주할 수 있다. 그 이유는

a) 사람들이 육체적으로 지칠 대로 지치기 때문이다.

b) 그들이 아무데나 총을 쏘기 때문이다.

c) 총이 점액(粘液)으로[5] 막히기 때문이다.

d) 많은 이들이 자신이 부상을 입지 않았으면서 부상병과 함께 떠나기 때문이다.

e) 나머지 병사들이 이날 자기 의무를 다했다고 느끼고, 한 번 위험의 영역에서 벗어나면 다시 그곳에 가는 것을 달가워하지 않기 때문이다.

f) 본래의 용기의 감정이 무디어지고 투쟁심이 충족되었기 때문이다.

g) 본래의 조직과 대형이 일부 깨졌기 때문이다.

124. e와 f의 결과는 전투에서 불리했는지 유리했는지에 따라 어느 정도 나타난다. 어느 지역을 획득한 부대 또는 그 지역을 맡아 유리한 상태로 지킨 부대는 후퇴한 부대보다 먼저 다시 사용할 수 있다.

125a. 123번에서 나오는 두 가지 결과를 살펴보아야 한다. 첫 번째는 화력전에서 적이 사용하는 것보다 적은 전투력을 사용하는 데서 생기는 병력의 절약이다. 화력전에서 병력의 파괴가 전투를 하지 못하게 되는 병력의 손실뿐만 아니라 전투를 한 모든 것의 힘이 약해지는 데서도 생긴다면, 이런 약화는 당연히 병력을 덜 사용한 쪽에서 더 적을 것이다.

전투에서 500명이 1000명과 균형을 유지할 수 있었다면, 양쪽의 동일한 손실에서 (우리는 이를 200명으로 가정하려고 하는데) 한쪽에는 300명이 지쳤고 다른 쪽에는 800명이 지쳤다. 300명만 지친 쪽에는 500명의 새로운 병력이 있다.[6]

125b. 두 번째 결과는 적의 무력화, 그래서 적의 전투력의 파괴가 사망자, 부상자, 포로들의 수보다 훨씬 더 넓은 범위에 걸쳐 있다는 것이다. 이들의

---

5. 여기에서 점액은 시간이 지나면서 총의 점화관이나 뇌관에 생기는 화약 찌꺼기.

6. 『전쟁론』 294~295쪽 참조. 한쪽은 500-200+500=800명이고(이 800명 중 500명은 새 병력), 다른 쪽은 1000-200=800명이다(이 800명은 지친 병력).

수는 전체의 약 1/6에[7] 지나지 않고, 그래서 5/6는 남아 있어야 한다. 하지만 이 5/6 중에 실제로는 전혀 사용하지 않은 예비대만, 그리고 사용하기는 했지만 별로 피해를 입지 않은 부대만 사용할 수 있는 병력으로 간주할 수 있고, 나머지는 (약 4/6) 해골(caput mortuum)이라고[8] 간주해야 한다.

126. 이렇게 활동하는 집단을 줄이는 것이 파괴 행동의 첫 번째 의도인데, 결전은 작은 집단으로만 할 수 있기 때문이다.

127. 하지만 결전에서 방해가 되는 것은 집단의 **절대적인 크기**가 아니라 (이 절대적인 크기가 어떤 일을 한다고 해도 50명은 적 50명에 대해 즉시 결전에 나설 수 있지만, 50,000명은 적 50,000명에 대해 그렇게 할 수 없는데) **상대적인 크기**이다. 즉 전체의 5/6가 파괴 행동에서 이미 상대의 병력을 어림잡았다면, 양쪽의 최고 지휘관은 상호 간에 완전히 균형을 유지하고 있다고 해도 그들이 해야 하는 최후의 결정에 훨씬 가까이 있다. 그리고 결전을 하는 데는 비교적 작은 충격만 필요하다. 그래서 남아 있는 1/6은 30,000명의 군대에서는 5000명이 될 것이고, 150,000명의 군대에서는 25,000명이 될 것이다.

128. 하지만 파괴 행동에서 양쪽의 중요한 의도는 그 행동에서 결전 행동을 하는데 필요한 우세함을 마련하는데 있다.

129. 이 우세함은 적의 물리적인 전투력을 파괴하는 것으로 이룰 수 있지만, 4번에서 말한 나머지 대상으로도 이룰 수 있다.

130. 그래서 파괴 행동에서는 상황이 허락하는 한, 생겨나는 모든 유리함을 잘 이용하려는 자연스러운 노력이 존재한다.

---

7. 하알벡이 편집한 『전쟁론』 제19판 1120쪽에는 1/6이 아니라 1/5로 되어 있는데, 이는 오류이다. 『전쟁론』 초판 제3권 304쪽에는 정확히 1/6로 되어 있다. 산술적으로도 1/5은 맞지 않는다.

8. 이 라틴어의 독어는 Totenkopf이고 영어는 death's head이다. 비유적으로 '찌꺼기, 가치 없는 것'이라는 뜻.

131. 그런데 대규모 집단의 전투는 늘 몇 개의 부분 전투로 분할되고 (23번), 부분 전투는 어느 정도 독자적이고, 그래서 자주 그 자체에 파괴 행동과 결전 행동이 있어야 한다. 파괴 행동으로 얻은 유리함을 이용하려고 한다면 그러해야 한다.

132. 군대는 주로 백병전의 숙련되고 효과적인 개입으로 유리함을 얻게 되는데, 이런 유리함은 적의 용기와 적의 대형을 파괴하면서 그리고 어느 지역을 획득하면서 찾게 된다.

133. 하지만 이를 통해 적의 전투력의 물리적인 파괴도 크게 늘어나는데, 포로는 백병전으로만 얻을 수 있기 때문이다.

그래서 어느 대대가 아군의 화력으로 충격을 받으면, 아군의 총검 공격이 그 대대를 유리한 진지로부터 던져 버리면, 그 대대가 도망칠 때 아군이 약간의 기병 중대를 그 대대에 보내면, 이 부분적인 성공이 어떻게 모든 종류의 중요한 유리함을 일반성의 저울판에 올려놓게 되는지 이해하게 된다. 물론 승리하는 부대가 곤란한 상태에 빠지지 않고 이런 일이 일어난다는 조건이 있어야 한다. 이때 아군의 대대와 기병 중대가 적의 우세한 병력의 손에 떨어진다면, 이 부분적인 결전이 때를 잘못 만난 결전이 될 것이기 때문이다.

134. 이 부분적인 성공을 이용하는 것은 하급 지휘관들의 손에 달려 있고 사단, 여단, 연대, 대대, 중대 등의 지휘부에 경험 있는 장교들을 두고 있는 군대에게 큰 우세함을 준다.

135. 이런 식으로 양쪽의 최고 지휘관은 각자 이미 파괴 행동에서 결전을 할 유리함을 마련하려고, 그리고 이를 통해 최소한 결전을 준비하려고 노력한다.

136. 이 모든 것 중에 제일 중요한 대상은 언제나 적의 대포를 빼앗는 것과 지역을 점령하는 것이다.

137. 적이 강력한 진지에서 방어하는 중이었다면 후자의 중요성이 증대된다.

138. 그래서 양쪽의 파괴 행동, 특히 공격자 쪽의 파괴 행동은 이미 신중한 전진을 목표로 하고 있다.

139. 화력전에서 병사들의 수는 별로 결정적이지 않기 때문에(53번), 화력전에서는 되도록 적은 병력으로만 충당하려는 노력이 저절로 나온다.

140. 파괴 행동에서는 화력전이 지배적이기 때문에 병력을 최대한 절약하려는 노력도 지배적으로 나타나고 있다.

141. 백병전에서는 병사들의 수가 중요한 문제이기 때문에 부분 전투의 결전에는 파괴 행동에서도 자주 많은 병력을 사용해야 할 것이다.

142. 하지만 전체적으로는 절약의 성격이 여기에서도 지배적으로 나타나야 하고, 대개 수의 큰 우세함 없이 이를테면 저절로 진척되는 결전만 적절할 것이다.

143. 무르익지 않은 때에 결전을 하려는 노력은 다음과 같은 결과를 낳는다.

a) 그 결전이 병력의 절약을 통해 준비된다면 부대는 수적으로 우세한 집단에 휩쓸려 들어간다. 또는

b) 적절한 병력이 투입된다면 그 집단이 너무 일찍 지치게 된다.

144. 그래서 결전을 하는 것이 때에 맞는지 하는 질문은 파괴 행동 내에서 매우 자주 반복되어 나타나지만, 그 질문은 파괴 행동의 마지막에 주력 결전을 할 때도 나타난다.

145. 그래서 파괴 행동은 하나하나의 지점에서 결전 행동으로 넘어가는 자연스러운 노력이다. 파괴 행동을 하는 동안에 나타나는 모든 유리함은 이제 (욕구가 된) 결전을 통해 비로소 파괴의 완전한 정도에 이를 수 있기 때문이다.

146. 파괴 행동에 사용된 수단이 많은 효과를 낼수록, 또는 물리적인 우세함이나 정신적인 우세함이 클수록, 전체의 이 경향은 그만큼 더 강력해질 것이다.

147. 하지만 성과가 적거나 부정적일 때 또는 적이 우세할 때 그 경향은 하나하나의 지점에서도 드물거나 약할 수 있고, 그래서 전체에서는 전혀 없다.

148. 이런 자연스러운 경향은 하나하나의 경우나 일반적인 경우에 때에 맞지 않는 결전을 하게 할 수 있지만, 그럼에도 해악이 되는 일은 거의 없고 오히려 파괴 행동에 반드시 필요한 특성이다. 이 특성이 없으면 많은 것을 놓칠 것이기 때문이다.

149. 각각의 지점에서 지휘관의 판단과 일반적인 경우에 최고 지휘관의 판단은 나타나고 있는 기회가 결전을 하는데 유리한지 아닌지 하는 것, 즉 그 기회가 역전과 부정적인 결과를 불러일으키는 것이 아닌지 하는 것을 결정해야 한다.

150. 그래서 결전에 앞서는 준비 또는 오히려 전투의 준비와 관련해서 볼 때 전투의 지휘는 화력전과 넓은 의미의 파괴 행동을 배치하는 것이고, 파괴 행동에 적절한 지속 시간을 주는 것이다. 즉 파괴 행동이 충분한 효과를 냈다고 생각할 때 비로소 결전에 발을 들여놓는 것이다.

151. 하지만 이런 판단은 시계를 보고 할 수도 없을 것이고, 순전히 시간이 지나면서 생기는 상황으로부터 나오지도 않을 것이다. 일어난 상황과 이미 획득한 우세함의 표시로부터 나올 것이다.

152. 그런데 파괴 행동은 좋은 성과를 내면서 이미 결전 자체를 추구하고 있기 때문에 지휘관에게는 언제 어디에서 결전을 할 것인지를 판단하는 것이 훨씬 중요하다.

153. 파괴 행동에서 결전을 하려는 경향이 매우 약하다면, 이것은 이미

승리를 기대할 수 없다는 상당히 확실한 표시가 될 것이다.

154. 그래서 지휘관들과 최고 지휘관들은 이런 경우에 대부분 결전을 하지 않을 것이고 적의 결전을 받아들일 것이다.

155. 그럼에도 결전을 해야 한다면 그것은 확실한 명령에서 비롯되고, 이 명령에는 지휘부가 자기 뜻대로 쓸 수 있는 모든 개인적인 수단, 즉 병사들에 대한 격려와 감화의 수단이 동반되어야 한다.

결전 행동

156. 결전은 양쪽의 최고 지휘관 중에 어느 한쪽 최고 지휘관에게 후퇴에 대한 결심을 불러일으키는 사건이다.

157. 후퇴를 하는 이유는 4번에서 말했다. 그 이유는 이미 파괴 행동에서 작은 불리함에 다른 불리함이 쌓이면서, 그래서 본래의 결정적인 사건 없이 후퇴를 결심하게 되면서 점차로 생길 수 있다. 이런 경우에는 특별한 결전 행동이 일어나지 않는다.

158. 하지만 후퇴에 대한 결심은 중대한 불리함이 되는 단 하나의 사건을 통해서, 그래서 그때까지 모든 것이 균형에서 움직인 다음에 갑자기 생길 수도 있다.

159. 이런 경우에 그 사건을 일으킨 적의 그 행동은 주어진 결전으로 간주해야 한다.

160. 하지만 결전은 파괴 행동을 하는 동안에 점차로 익는 것, 패배자의 결심은 특별한 사건을 통해 마지막 충격을 받는 것이 보통의 경우이다. 그래서 이런 경우에도 결전은 주어진 것으로 간주해야 한다.

161. 결전이 주어진 것이라면 그것은 적극적인 행동이어야 한다.

a) 그것은 공격이 될 수 있다.

b) 하지만 은폐한 채로 있던 새로운 예비대의 전진만으로 되어 있을 수도 있다.

162. 작은 무리에서는 단 한 번 폭발하는 백병전이 때로 결전을 하는 데 충분하다.

163. 더 큰 무리에서도 순수한 백병전을 통한 공격이 충분할 수 있다. 하지만 그것이 단 한 번의 폭발인 경우에는 어려울 것이다.

164. 그 무리가 훨씬 더 크다면 화력전이 개입한다. 기마 포병대가 대규모 기병 집단을 공격하는 경우에 그러하다.

165. 모든 병과로 이루어진 대규모 집단에서는 결전이 결코 순수한 백병전으로 이루어지지 않을 것이고 새로운 화력전이 필요해질 것이다.

166. 하지만 이 화력전은 폭발의 성격을 띨 것이다. 이 화력전은 빽빽이 모인 집단에서, 그래서 시간과 공간상으로 매우 집중적인 효과를 내면서 본래의 폭발의 짧은 준비로서 사용될 것이다.

167. 결전이 더 이상 단 한 번의 백병전이 아니라 두 가지 종류의 동시적이고 점차적인 일련의 전투로 이루어져 있다면, 이 때문에 결전은 전체 전투에 고유한 행동이 될 것이고, 이에 대해서는 115번 이하에서 이미 일반적으로 말한 바 있다.

168. 전체 전투의 행동에서는 백병전이 지배적일 것이다.

169. 백병전이 지배적이 되는 바로 그만큼 공격이 지배적일 것이다. 하나하나의 지점에서는 방어가 일어날 수 있다고 해도 그러할 것이다.

170. 전투의 마지막 무렵에는 후퇴로에 대한 고려가 점점 더 중요해진다. 그래서 후퇴로에 영향을 미치는 것이 결전의 중요한 수단이 된다.

171. 그래서 상황이 허락한다면 전투 계획은 처음부터 이 점에 방향을 맞춘다.

172. 이런 계획의 의미에서 큰 전투(Schlacht)나 작은 전투(Gefecht)가

많이 생길수록, 적의 후퇴로에 영향을 미치는 수단도 그만큼 더 많이 발전할 것이다.

173. 승리를 하는 또 다른 중요한 수단은 대형의 파괴이다. 전투 집단은 인위적인 구조에서 전투를 하게 되는데, 이 구조는 오랜 시간의 파괴 전투에서 매우 심한 피해를 입고 그 힘이 죽는다. 이 충격과 무력화가 어느 점까지 이르면 집결된 집단으로 하는 어느 한쪽의 신속한 돌진은 다른 쪽의 전투선을 큰 혼란에 빠뜨릴 수 있다. 이 혼란은 승리를 더 이상 생각할 수 없게 만들고, 하나하나의 부분을 안전하게 하고 전체에 필요한 긴급한 연결을 회복하는데 모든 힘을 요구한다.

174. 지금까지 말한 모든 것으로부터 다음과 같은 결론이 나온다. 즉 준비 행동에서는 병력을 최대한 절약하는 것이 지배적이라면, 결전 행동에서는 병력의 수를 통해 적을 압도하는 것이 지배적이어야 한다.

175. 준비 행동에서는 인내심, 완강함, 냉정함이 지배적이어야 한다면, 결전 행동에서는 대담성과 열정이 지배적이어야 한다.

176. 양쪽 최고 지휘관 중에 한쪽 최고 지휘관만 결전을 하는 것이 보통이고, 다른 쪽 최고 지휘관은 그것을 받아들이게 된다.

177. 모든 것이 아직 균형 상태에 있다면 결전을 하는 쪽은

a) 공격자일 수도 있고,

b) 방어자일 수도 있다.

178. 공격자가 적극적인 목적을 갖고 있다면 그가 결전을 하는 것이 제일 자연스럽고, 그래서 이런 경우가 제일 자주 일어난다.

179. 하지만 균형이 이미 상당히 깨졌다면 결전은

a) 유리한 상태에 있는 최고 지휘관이 할 수도 있고,

b) 불리한 상태에 있는 최고 지휘관이 할 수도 있다.

180. 전자가 분명히 더 자연스러운 것이고, 이 최고 지휘관이 동시에 공

격자라면 그것은 훨씬 더 자연스러울 것이다. 그래서 결전이 이 최고 지휘관으로부터 비롯되지 않는 경우는 별로 없을 것이다.

181. 하지만 유리한 쪽에 있는 것이 방어자라면 방어자가 결전을 하는 것도 자연스럽다. 그래서 점차로 나타나는 상황이 공격과 방어의 본래의 의도보다 많은 것을 결정한다.

182. 이미 크게 불리한 상태에 있는데도 결전을 하는 공격자는 그것을 그의 본래의 의도를 이룰 마지막 노력이라고 생각한다. 유리한 상태에 있는 방어자가 공격자에게 그럴 시간을 허락한다면, 물론 그런 마지막 노력을 하는 것은 공격자의 적극적인 의도의 본질에 속한다.

183a. 크게 불리한 상태에 있는데도 결전을 하려고 하는 방어자는 문제의 본질에 완전히 어긋나는 것, 절망에 빠진 행동이라고 간주할 수 있는 것을 하고 있다.

183b. 결전 행동의 성공은 방금 설명한 상황에 따른다. 그래서 결전이 자연스러운 상황으로부터 생긴다면, 그 성공은 대개 결전을 하는 쪽에게만 성공일 것이다.

184. 모든 것이 아직 균형 상태에 있었을 때는 성공이 보통 결전을 하는 쪽에 있다. 적극적인 원리는 전투를 시작할 때보다 결전으로 치닫는 전투의 순간에 (이 순간에는 상호 간에 힘을 비틀어 짜내게 되는데) 훨씬 더 중요하기 때문이다.

185. 결전을 맞이하는 최고 지휘관은 이 때문에 그 순간에 후퇴하기로 결정하고 그 이상의 모든 전투를 피할 수도 있고, 아니면 전투를 더 계속할 수도 있다.

186. 그가 전투를 계속한다면 이는 다음과 같은 경우뿐이다.

a) 대책을 마련할 시간을 벌려고 하면서 후퇴를 시작할 때.

b) 아직 승리의 희망을 품을 수 있어서 실제로 전투를 할 때.

187. 결전을 받아들이는 최고 지휘관이 매우 유리한 상황에 있다면, 이때 그는 방어 상태에 머물 수도 있다.

188a. 하지만 결전이 결전을 하는 쪽의 자연스럽고 유리한 상황에서 비롯된다면, 그것을 받아들이는 최고 지휘관도 어느 정도 적극적인 방어로 넘어가야 할 것이다. 즉 상대의 공격에 공격으로 맞서야 할 것이다. 부분적으로는 방어의 자연스러운 유리함이 (진지, 대형, 기습) 전투를 하는 동안에 점차로 소진되고 결국 더 이상 충분히 남아 있지 않기 때문이고, 부분적으로는 184번에서 말한 것처럼 적극적인 원리가 점점 더 중요해지기 때문이다.

결전의 시간적인 분리

188b. 얼핏 살펴볼 때 여기에서 말한 견해, 즉 모든 전투가 두 가지의 분리된 행동으로 분할된다는 것에서 많은 모순을 발견하게 될 것이다.

189. 이 모순은 부분적으로는 전투에 대한 익숙하지만 잘못된 견해에서, 부분적으로는 분할의 개념에 지나치게 현학적인 중요성을 부여하는 데서 생긴다.

190. 사람들은 공격과 방어의 대립을 너무 크게, 두 가지 활동을 너무 순수한 안티테제로[9] 생각한다. 또는 더 정확히 말하면 전투를 수행할 때 그 대립이 존재하지 않는 곳에 그 대립을 갖다 놓는다.

191. 그 결과로 사람들은 다음과 같이 생각한다. 즉 공격자는 첫 번째 순간부터 마지막 순간까지 한결같고 끊임없는 노력으로 전진하고, 전진하는 움직임의 완화는 늘 자기도 모르는 사이에 완전히 강요받은 것에 지나

---

9. 원문의 단어는 antithetisch이다. 반정립, 대립, 반대의 뜻인데 여기에서는 외래어를 그대로 쓴다.

지 않고, 이 완화는 **직접적으로** 상대의 저항에서 비롯된다.

192. 이런 식의 생각에서는 모든 공격이 돌격이라는 최고의 에네르기로 시작한다는 것보다 자연스러운 것도 없다.

193. 하지만 이런 식의 생각에서도 포병은 준비 행동에 익숙하다고 생각했다. 그렇지 않으면 포병이 대부분 쓸모없게 되리라는 것이 너무나 분명했기 때문이다.

194. 평소에 사람들은 앞의 전진만 하는 순수한 노력을 자연스러운 것으로 여겨서 화기를 한 번도 쓰지 않는 공격을 일종의 이상처럼 간주했다.

프리드리히 대왕조차 조른도르프 전투[10] 때까지는 공격할 때 화기를 쓰는 것을 부적절한 것처럼 간주했다.

195. 사람들이 나중에 그런 생각에서 약간 벗어났다고 해도 오늘날까지 많은 무리들은 다음과 같이 생각하고 있다. 즉 공격자는 어느 배치에서 제일 중요한 지점을 **일찍 장악할수록 좋다.**

196. 하지만 화기의 사용을 제일 많이 양보하는 사람들도 공격하면서 바로 전진하려고 하고, 아주 가까운 곳에서 몇 번 대대의 일제 사격을 하려고 하고, 그런 다음에 총검으로 맹렬하게 돌진하려고 한다.

197. 하지만 전쟁사를 보고 오늘날의 무기를 보면, 공격할 때 화기를 절대적으로 포기하는 것은 불합리함으로 보인다.

198. 전투를 좀 더 잘 알게 되고 특히 직관적인 경험을 하게 되면, 한번 화력전에 **빠지는** 부대는 강력한 돌격을 할 필요가 거의 없다는 것도 알게 된다. 그 결과로 196번에서 말한 양보는 가치가 없다.

199. 끝으로 전쟁사는 이미 획득한 유리함을 큰 손실을 입고 다시 포

---

10. 조른도르프(Zorndorf, Sarbinowo), 그 당시 프로이센의 영토이고 현재 폴란드 폼머른 지방에 있는 마을. 폴란드어로 사르비노보. 독일과 국경을 접하는 곳에 있다. 1758년 8월 25일에 이곳에서 프로이센 군대와 러시아 군대 사이에 전투가 있었다.

기해야 하는 사례를 (경솔하게 돌진했기 때문에) 엄청나게 많이 보여 주고 있다. 그래서 195번에서 말한 원칙도 인정할 수 없다.

200. 그래서 우리는 여기에서 (사람들이 이런 표현을 허락한다면) 섞이지 않은 공격의 본질에 대해 언급한 모든 종류의 생각은 잘못이라고 주장한다. 그런 공격이 극히 적고 매우 독특한 사례에만 부합하기 때문이다.

201. 하지만 대규모 전투를 백병전과 결전으로 시작하는 것이 문제의 본질에 맞지 않는다면, 화기를 통한 결전의 준비와 결전의 분리, 그래서 앞에서 다룬 두 가지 행동의 분리가 저절로 생겨난다.

202. 우리는 매우 작은 전투에서는 (예를 들면 소규모 기병의 무리에서는) 그 분리가 없어질 수 있다는 것을 인정했다. 그런데 집단이 일정한 크기가 되면 그 분리가 결국 또다시 끝나는 것이 아닌지 하는 질문이 생긴다. 화기의 사용이 끝날 수 있을지 하는 것이 (이것은 그 자체로 모순일 텐데) 아니라 두 활동의 명확한 분리가 끝날지, 그래서 두 활동을 더 이상 두 개의 분리된 행동으로 간주할 수 없는지 하는 질문이 생긴다.

203. 아마 어느 대대는 적에게 돌격하기 전에 사격을 해야 한다고 말할 수 있을 것이다. 그 대대는 다른 대대보다 앞서가야 하기 때문이다. 그래서 두 가지의 다른 행동이 생긴다. 하지만 이는 대대에만 해당되고 여단과 같은 큰 부대에는 해당되지 않는다. 여단은 모든 대대에게 일정한 사격 구역과 결전 구역을 두지 않는다. 여단은 처음부터 모든 대대에게 명령한 대상에 도달하려고 노력하고, 그 대상을 모든 대대에게 위임한다.

204. 그래서 모든 통일성을 잃게 될 수밖에 없다는 것을 누가 깨닫지 못하겠는가? 한 대대가 다른 대대와 매우 가까이에서 전투를 한다면, 한 대대의 성공과 실패는 다른 대대에게 반드시 영향을 미칠 것이 틀림없다. 아군의 소총 사격의 집중 효과가 낮다면, 그래서 사격을 상당히 오래 해서 그 사격이 효과적인 것이 되어야 한다면, 앞에서 말한 영향은 오랜 시간 때

문에 더 크고 더 결정적인 것이 될 것이 틀림없다. 이미 이런 이유 때문에 파괴 전투와 결전 전투를 하는데 필요한 어느 정도의 일반적인 시간 분할은 여단에서도 생길 것이 틀림없다.

205. 하지만 좀 더 본질적인 이유는 결전을 할 때는 파괴 행동을 할 때와 달리 흔히 새로운 부대, 적어도 다른 부대를 쓴다는데 있다. 이 부대는 예비대에서 가져오는데, 예비대는 그 본질상 공동의 재산일 수밖에 없고 대대별로 미리 분배할 수 없다.

206. 전투의 일반적인 구역에 대한 필요가 지금 하나하나의 대대에서 여단으로 넘어가는 것처럼, 그 필요는 여단에서 사단으로 넘어가고 사단에서 더 큰 부대로 넘어간다.

207. 하지만 전체의 일부는 (첫 번째 대형의 일부분) 전체가 클수록 점점 더 독립적으로 되기 때문에 당연히 전체의 통일성도 그 일부에 덜 제한적인 영향을 미칠 것이고, 그래서 전체가 클수록 하나의 부분 전투 내에서 점점 더 많은 결전 행동이 일어날 수 있고 일어날 것이다.

208. 그래서 작은 부분의 결전은 단 하나의 전체로 통합되지만, 큰 부분의 결전은 그 정도로 통합되지 않을 것이고 시간상으로나 공간상으로 더 많이 분할될 것이다. 그럼에도 시작과 끝에 따른 두 가지 다른 활동의 명백한 분리는 여전히 알아차릴 수 있을 것이다.

209. 그런데 그 부분은 매우 커질 수 있고, 그 부분의 분리는 상호 간에 매우 중요해질 수 있다. 그래서 그 부분의 전투 활동은 여전히 최고 지휘관의 의지에서 비롯되지만(이를 통해 전투의 독자성이 생기지만), 그 지휘는 시작할 때의 결정으로 제한되거나 전투의 전체 흐름에서 기껏해야 몇 가지로 제한된다. 이런 경우에 그런 부분은 그 자체에 전투의 전체 유기체를 거의 완전히 통합하고 있다.

210. 한 부분의 상황에 따라 그 부분에 주어져야 하는 결전이 클수록,

그 결전은 이미 전체의 결전을 그만큼 더 많이 결정할 것이다. 그 부분의 상황은 다음과 같이 생각할 수 있다. 즉 그 부분의 결전에 이미 전체의 결전이 들어 있고, 그래서 전체에 고유한 결전 행동은 더 이상 필요하지 않다.

211. 사례. 대규모 전투의 첫 번째 대형의 일부분이 군단인 경우에 1개 여단은 바로 처음부터 어느 마을을 점령하라는 지시를 받을 수 있다. 그 여단은 그렇게 하려고 혼자 자기의 파괴 행동과 결전 행동을 사용할 것이다. 그런데 이 마을의 점령이 전체의 결전에 어느 정도 영향을 미칠 수 있지만, 그 여단이 그 결전을 상당한 정도로 결정한다거나 심지어 스스로 그 결전의 결말을 짓는 것은 문제의 본질이 아니다. 1개 여단은 그렇게 하는데 전투를 시작할 때 전체에서 너무 하찮은 부분일 것이기 때문이다. 이와 반대로 아마 다음과 같이 생각할 수 있을 것이다. 즉 이 마을의 완전한 점령은 파괴 조치에 해당하는데, 이를 통해 단지 적의 전투력을 약하게 만들어야 하고 적의 전투력에게 충격을 주어야 한다.

이와 반대로 아마 전체의 1/3 또는 심지어 절반이 되는 중요한 군단을 생각할 수 있는데, 이 군단이 적의 진지에 있는 어느 중요한 부분을 점령하라는 지시를 받았다면 이 부분은 전체에 대해 결정할 만큼 매우 중요한 부분일 수 있고, 그 군단이 자기의 목적을 이루었다면 그 이상의 결전이 더 이상 필요 없을 것이다. 이제 상황을 쉽게 다음과 같이 생각할 수 있다. 즉 전투를 하는 동안에는 거리와 지형 때문에 그 군단에게 얼마 안 되는 결정만 보낼 수 있고, 그래서 그 군단에게 준비와 결전을 동시에 같이 지시해야 한다. 이런 식으로 공동의 결전 행동은 완전히 없어질 수 있고, 몇 개의 큰 부분의 분리된 결전 행동으로 분해될 수 있다.

212. 물론 이것은 대규모 전투에서 흔히 있는 경우이고, 백병전과 화력전의 두 **부분**의 **분리**에 관한 현학적인 생각이고, 그래서 그런 전투의 과정과 모순될 것이다.

213. 우리는 전투 활동의 이런 차이를 밝히고 이 차이에 큰 가치를 두지만, 이 가치를 이 두 가지 활동의 규칙적인 분리와 구별에 두는 것과 이것을 실천 원칙으로서 요구하는 것은 전혀 우리의 의도가 아니었다. 우리는 단지 본질적으로 다른 것은 개념에서도 구분하려고 할 뿐이고, 어떻게 이 내부적인 차이가 **전투의 형태**도 저절로 지배하고 있는지 보여 주려고 할 뿐이다.

214. 형태의 분리는 단순한 화력전과 백병전이 상호 간에 대립하는 매우 작은 전투에서 제일 정확하게 나타난다. 각 부분이 커지면 이 대조는 덜 강력해진다. 두 가지 행동은 두 전투 형태에서 비롯되는데, 두 형태가 두 가지 행동에서 다시 모이기 때문이다. 하지만 행동 자체는 커지고 더 많은 시간을 차지하고, 그래서 시간상으로 더 멀리 떨어진다.

215. 이미 첫 번째 대형의 일부분에 결전을 맡기는 한, 전체의 분리는 끝날 수도 있다. 하지만 그러면 전체적으로도 그것에 관한 흔적이 나타날 텐데, 시간과 관련해서 이 여러 부분의 결전을 관련지으려고 노력할 것이기 때문이다. 이때 완전히 동시에 일어나는 결전이 필요하다고 생각하는지 아니면 일정한 대형에 따라 일어나는 결전이 필요하다고 생각하는지 하는 것은 상관없다.

216. 그래서 이 두 가지 행동의 차이는 전체에서도 결코 완전히 없어지지 않을 것이고, 그중에 전체에서 없어진 것은 첫 번째 대형의 일부분에서 발견될 것이다.

217. 그래서 우리의 의도는 그렇게 이해해야 한다. 한편으로 그렇게 이해한 의도에 현실성이 없지 않을 것이고, 다른 한편으로 그 의도는 전투의 (크든 작든, 부분 전투이든 전체 전투이든) 지휘관에게 두 가지 행동의 각각에 대해 그 행동에 상응하는 몫을 주도록 주의를 기울이게 할 것이다. 그래서 어떤 것을 소홀히 하지 않는 것처럼 서둘러서 하지도 않을 것이다.

218. 파괴 원리에 시간과 공간을 충분히 주지 않으면 그리고 그 일을 성급하게 해치우면 그 일을 서둘러서 하게 된다. 결전의 불리한 결말은 결코 다시 보상할 수 없는 결과이든지 또는 핵심적인 불리함으로 남는 결과이다.

219. 결전이 무르익었을 때 용기의 부족이나 잘못된 견해 때문에 결전이 일어나지 않을 때는 언제나 일을 놓치게 된다. 그 결과로 어느 경우이든지 힘의 낭비가 생기지만, 이것은 긍정적인 불리함이 될 수도 있다. 결전이 무르익는다는 것은 파괴의 지속 시간뿐만 아니라 다른 상황, 즉 좋은 기회에도 달려 있기 때문이다.

전투 계획. 정의

220a. 전투 계획은 전투의 통일성을 가능하게 하고, 모든 공동 행동에는 그런 통일성이 필요하다. 이 통일성은 전투의 목적일 수밖에 없고, 이 목적에서 모든 부분에 필요한 결정이 나오고, 이 결정으로 목적에 최고의 방식으로 도달하게 된다. 그래서 목적을 확립하고 목적에서 나오는 결정을 확립하는 것이 계획이다.

220b. 우리는 여기에서 계획을 전투에 (전투 이전이든, 전투를 시작할 때이든, 전투를 하는 중이든 상관없이) 주어지는 모든 결정이라고 이해한다. 그래서 물질에 미치는 지성의 모든 영향이라고 이해한다.

220c. 하지만 한편으로 반드시 미리 주어져야 하고 미리 주어질 수 있는 결정과 다른 한편으로 그 순간이 낳는 결정 사이에는 분명히 본질적인 차이가 있다.

220d. 전자가 본래 의미의 계획이고, 후자는 **지휘**라고 부를 수 있다.

221. 그 순간이 낳는 결정은 그 풍부한 샘을 두 적대자의 상호 작용에

두고 있기 때문에 그 상호 작용을 다루게 되면 비로소 그 차이를 확인하고 좀 더 자세히 살펴보게 될 것이다.

222. 계획의 일부는 전투력의 편성에 이미 틀에 박힌 상태로 주어져 있다. 이 때문에 많은 부분은 약간의 부분으로 환원된다.

223. 이 편성은 전체 전투보다 부분 전투에서 더 중요하다. 부분 전투에서는 편성이 때로 전체 계획을 결정하는데, 그것도 그 전투가 작을수록 그만큼 더 많이 그렇게 된다. 1개 대대는 대규모 전투에서 복무 규율과 연병장을 통해 그 대대에 지시되어 있는 것과 크게 다른 계획을 만들지 않는다. 하지만 1개 사단은 그것으로 충분하지 않고, 여기에서는 이미 개별적인 결정이 더 많이 필요해진다.

224. 하지만 전체 전투에서는 작은 무리의 경우에도 편성이 전체 계획이 되는 일이 드물다. 전체 계획은 개별적인 계획을 만드는데 필요한 자유를 얻으려고 때로 편성을 해체한다. 적의 소규모 초병 부대에 대한 기습을 수행하는 기병 중대는 대규모 군대처럼 몇 개의 분리된 종대로 분할된다.

계획의 목표

225. 전투의 목적이 계획의 통일성을 만든다. 우리는 전투의 목적을 계획의 목표로, 즉 모든 활동이 달려가야 하는 방향으로 간주할 수 있다.

226. 전투의 목적은 승리이고, 그래서 승리를 낳는 모든 것이고 4번에서 열거한 모든 것이다.

227. 4번에서 말한 모든 대상은 전투에서 적의 전투력의 파괴를 통해서만 이룰 수 있고, 그래서 파괴는 모든 대상에서 수단으로 보인다.

228. 하지만 파괴는 대부분의 경우에 중요한 목적 자체이다.

229. 파괴가 목적인 경우에 계획은 적의 전투력을 되도록 많이 파괴하

는 것으로 향한다.

230. 1번에서 말한 다른 대상이[11] 적의 전투력의 파괴보다 높은 곳에 놓여 있다면, 파괴는 수단으로서 부차적인 자리를 차지한다. 그러면 되도록 많은 파괴를 더 이상 요구하지 않고 충분한 파괴만 요구한다. 그런 다음에는 바로 다음의 길을 목표로 선택해도 된다.

231a. 적의 전투력을 전혀 파괴하지 않고 4번의 c, d, e, f, g에서 말한 대상, 즉 적의 후퇴를 결정하는 대상에 도달할 수 있는 경우가 있다. 그러면 적에게 기동으로 이긴 것이고 전투로 이긴 것이 아니다. 하지만 이것은 승리가 아니고, 그래서 승리와는 완전히 다른 목적이 있는 한에서만 사용할 수 있다.

231b. 물론 이 경우에도 전투력의 사용은 여전히 전투의 개념, 그래서 적의 전투력의 파괴의 개념을 전제로 할 것이다. 하지만 개연성이 아니라 가능성으로만 전제로 할 것이다. 적의 전투력의 파괴와는 다른 것으로 자기의 의도를 향하게 하면서 이 다른 것이 효과를 낼 것이고, 이것이 심각한 저항을 받지 않을 것이라고 전제하고 있기 때문이다. 이런 전제를 할 수 없다면 그 다른 대상도 자기의 의도로 선택할 수 없을 것이고, 전제에서 잘못 생각하면 계획은 빗나간 계획이 될 것이다.

232. 앞 번호로부터 다음과 같은 결론이 나온다. 즉 적의 전투력을 크게 파괴하는 것이 승리의 조건이 되는 곳에서는 언제나 그것도 계획의 중요한 대상이 되어야 한다.

233. 그런데 기동은 그 자체로는 전투가 아니고 전투를 사용만 하기 때문에 기동이 기동으로서 성공하지 못하는 한, 전체 전투를 위한 법칙도 기동의 경우에 맞지 않을 수 있고, 기동에서 효과를 내는 독특한 것은 전

---

11. 1번에서 a)를 제외한 b)~d)가 '다른 대상'이다.

투 이론에서 법칙을 만드는데 이바지할 수 없다.

234. 물론 전투를 수행할 때는 잡다한 상황이 자주 나타나지만, 이 사실이 본질적으로 다른 것을 이론에서 구분하지 못하게 하지는 않는다. 모든 부분에서 무엇을 갖고 있는지 알고 있다면 결합은 그 이후에 다시 만들 수 있다.

235. 그래서 적의 전투력을 파괴하는 것이 모든 경우에 목적이다. 4번의 b, c, d, e, f에서 말한 대상은 파괴를 통해 비로소 일어나고, 그다음에 독자적인 요소로서 파괴와 상호 작용 관계에 들어선다.

236. 이 대상으로 늘 돌아오는 것, 즉 개별적인 상황의 결과가 아닌 것은 단지 적의 전투력의 파괴의 효과로 간주할 수도 있다.

237. 그래서 완전히 일반적인 것이 전투 계획에 대해 결정할 수 있다면, 그것은 적의 전투력을 파괴하려고 자기의 전투력을 제일 효과적으로 사용하는 것과 관련될 수밖에 없다.

성공의 크기와 성공의 확실성 사이의 관계

238. 전쟁에서는, 그 결과로 전투에서도 확실하게 계산할 수 없는 정신적인 힘이나 효과와 관계가 있기 때문에 사용한 수단의 성공에 대해 늘 큰 불확실성이 남아 있다.

239. 불확실성은 전쟁 행동이 접촉하는 많은 우연으로 더욱 늘어난다.

240. 불확실성이 있을 때는 모험을 하는 것이 중요한 요소가 된다.

241. 모험은 보통의 의미에서 개연성이 있는 것보다 개연성이 없는 것에 토대를 두는 것을 뜻한다. 하지만 넓은 의미의 모험은 확실하지 않은 것을 전제로 한다는 것을 뜻한다. 우리는 여기에서 모험을 후자의 의미로 받아들여야 한다.

242. 그런데 일어나는 모든 경우에 대해 개연성과 비개연성 사이에 선이 있다면, 그 선을 모험의 경계선으로 만들 생각이 떠오를 수 있을 것이다. 그래서 이 경계선을 넘는 모험, 즉 좁은 의미의 모험은 허용되지 않는 것으로 간주할 수 있을 것이다.

243. 하지만 첫째로 그런 선은 환상일 것이고, 둘째로 싸움은 깊은 생각의 행동일 뿐만 아니라 격정과 용기의 행동이기도 하다. 이런 것을 배제할 수는 없다. 그런데 그것을 너무 많이 제한하려고 하면 자기 자신의 힘에서 제일 강한 힘의 원리를 빼앗길 것이고, 이 때문에 지속적인 불리함에 빠질 것이다. 대부분의 경우에 불가피하게 자주 그 선 뒤에 머무는 것은 때때로 그 선을 넘어가는 것으로만 상쇄되기 때문이다.

244. 전제하고 있는 조건이 유리할수록, 즉 모험을 많이 하려고 할수록, 똑같은 수단에서 기대하는 성공은 그만큼 더 크고, 그래서 도모하는 목적도 그만큼 더 크다.

245. 모험을 많이 할수록 개연성, 그래서 성공의 확실성은 그만큼 더 낮아진다.

246. 그래서 성공의 크기와 성공의 확실성은 똑같은 수단을 쓸 때 반비례 관계에 있다.

247. 첫 번째 질문은 이 두 가지의 대립되는 원리의 한쪽이나 다른 쪽에 얼마만큼의 가치를 두어야 하는지 하는 것이다.

248. 이에 대해 일반적인 것은 결정할 수 없다. 오히려 그것은 전체 전쟁에서 제일 개별적인 것이다. 첫째로 많은 경우에 최고의 모험을 필요로 할 수 있는 상황이 그 가치를 결정하고, 둘째로 모험 정신과 용기는 지시할 수 없는 순전히 주관적인 것이다. 우리는 어느 지휘관에게 그의 수단과 상황을 전문적인 지식으로 판단할 것과 그 효과를 과대평가하지 말 것을 요구할 수 있다. 그가 전자를 한다면 그의 용기로 무엇을 달성하려고 생각하

는지는 그에게 맡겨야 한다.

성공의 크기와 희생의 크기 사이의 관계

249. 적의 전투력을 파괴하는 것에 관한 두 번째 질문은 그것을 얻는데 지불하려고 하는 희생과 관련된다.

250. 물론 적의 전투력을 파괴한다는 목적에는 아군이 스스로 희생하는 것보다 많은 적을 파괴한다는 조건을 보통이라고 생각한다. 하지만 이 조건은 결코 필연적인 것이 아니다. 적의 병력의 단순한 감소를 아군 병력의 더 많은 감소로 지불한다고 해도 그 감소가 아군에게 유리한 경우가 (예를 들어 엄청난 우세함의 경우) 있을 수 있기 때문이다.

251. 아군의 목적이 아군 자신이 희생하는 것보다 더 많은 적의 전투력을 파괴하는 것으로 분명하게 향하는 경우에도 이 희생의 크기에 관한 질문은 늘 남아 있다. 희생과 함께 파괴의 결과도 당연히 늘어나든지 줄어들기 때문이다.

252. 우리는 아마 이 질문에 대한 대답이 아군의 전투력이 아군에 대해 갖는 가치에, 그래서 개별적인 상황에 달려 있다는 것을 알 수 있을 것이다. 이 상황에 맡겨야 한다. 아군의 전투력을 최대한 소중하게 여기는 것도, 그것을 무자비하게 소비하는 것도 법칙이라고 말할 수 없다.

하나하나의 부대의 전투 방식의 결정

253. 전투 계획은 하나하나의 부대가 언제 어디에서 어떻게 전투를 해야 하는지 결정한다. 즉 전투 계획은 전투의 시간, 공간, 방식을 결정한다.

254. 어디에서나 마찬가지로 여기에서도 일반적인 상황, 즉 순수한 개

념에서 나오는 상황과 개별적인 경우가 일으키는 상황을 구분해야 한다.

255. 전투 계획의 여러 가지 다양성은 당연히 후자에서 나오게 된다. 사람들은 후자에서 그 특유의 유리함과 불리함을 찾고, 유리함은 효과를 내게 하고 불리함은 무력화한다.

256. 하지만 일반적인 상황도 어느 정도 결과를 낸다. 이 상황이 수적으로 얼마 안 되고 형태상으로 매우 단순한 상황이라면, 그 상황은 결과를 내는데 그만큼 더 중요하다. 그 상황이 문제의 본래의 본질과 관련되고, 그래서 다른 모든 결전에서 토대를 이루기 때문이다.

공격과 방어

257. 전투의 방식에 관해서는 두 가지의 차이만 있고, 이 차이는 어디에서나 나타나고, 그래서 일반적이다. 하나는 적극적인 의도와 소극적인 의도에서 비롯되고 공격과 방어를 낳는다. 다른 하나는 무기의 본질에서 비롯되고 화력전과 백병전을 낳는다.

258. 엄밀히 말하면 방어는 순전히 충격을 막는 것이고, 그래서 방패 이외의 다른 무기는 방어에 어울리지 않을 것이다.

259. 이것은 순수한 소극성이고 절대적인 고통일 것이다. 하지만 전쟁 수행은 고통을 견디기만 하는 것이 아니다. 그래서 방어는 결코 일관된 수동성의 개념을 토대로 삼을 수 없다.

260. 정확히 살펴보면 제일 수동적인 무기, 즉 화기도 적극적인 것이고 능동적인 것이다. 방어는 어쨌든 공격할 때와 같은 무기를 사용하고, 화력전이나 백병전과 동일한 전투 형태를 사용한다.

261. 그래서 공격을 싸움이라고 간주해야 하는 것처럼, 방어도 싸움이라고 간주해야 한다.

262. 이 싸움은 승리를 얻을 생각으로만 수행할 수 있고, 그래서 승리는 공격의 목적인 것처럼 방어의 목적이다.

263. 사람은 그 무엇으로도 방어자의 승리를 소극적인 것처럼 생각할 권리가 없다. 방어자가 하나하나의 경우에 약간 소극적이라면 그것은 개별적인 조건 때문이다. 그것을 방어의 개념에 받아들여서는 안 된다. 그렇지 않으면 그것은 논리적으로 싸움의 전체 개념에 영향을 미치고 싸움에 모순을 끌어들이거나, 우리를 엄밀한 결론에서 다시 절대적인 고통의 불합리함으로 데려간다.

264. 그럼에도 공격과 방어 사이에는 극히 본질적인 차이가 존재하는데, 이 차이는 원리상으로 유일한 차이이기도 하다. 즉 공격자는 행동을 (전투) 원하고 불러일으키지만, 방어자는 전투를 기다린다.

265. 이 원리는 전쟁 전체와 전투의 전체 영역을 뚫고 지나가고, 이 원리에서 본래 공격과 방어 사이의 모든 차이가 흘러나온다.

266. 그런데 행동을 하려고 하는 자는 그것으로 어떤 목적을 이루어야 하고, 이 목적은 적극적인 것이어야 한다. 아무것도 일어나지 않게 하려는 의도는 행동을 불러일으킬 수 없을 것이기 때문이다. 그래서 공격자는 적극적인 의도를 갖고 있어야 한다.

267. 승리는 단순한 수단이기 때문에 적극적인 의도가 될 수 없다. 완전히 승리 그 자체를 얻을 목적으로, 순전히 군대의 명예 때문에, 또는 정치적인 협상에서 자기의 정신적인 우세함으로 영향을 미치려고 하는 경우에도 언제나 이 영향이 목적이고, 승리 자체는 목적이 아니다.

268. 승리하려는 의도는 방어자와 공격자가 공동으로 갖고 있어야 하지만, 그 의도는 양쪽에게 다른 원천에서 나온다. 공격자에게는 목적에서 (승리는 이 목적에 쓰여야 하는데) 나오고, 방어자에게는 순전히 전투라는 사건에서 나온다. 전자의 의도는 위에서 아래로 내려오고, 후자의 의도는

아래에서 위로 형성된다. 전투를 하는 자는 단지 승리를 얻을 목적으로만 전투를 할 수 있다.

269. 그런데 방어자는 왜 전투를 하는가? 즉 그는 왜 전투를 받아들이는가? 그가 공격자의 적극적인 의도를 허용하지 않으려고 하기 때문이다. 즉 지금으로서는 현상(status quo)을 유지하려고 하기 때문이다. 이것이 방어자에게 바로 다음의 제일 필연적인 의도인데, 그 이상으로 이 의도에 연결되는 것은 필연적이지 않다.

270. 그래서 방어자의 필연적인 의도 또는 오히려 방어자의 의도에서 필연적인 부분은 소극적이다.

271a. 방어자의 이런 소극성이 있는 곳에는 어디에서나, 즉 아무 일도 일어나지 않고 상황이 지금과 같이 머물러 있는데 관심을 갖고 있는 경우에는 어디에서나 그리고 언제나 그는 그 때문에 행동하지 않고 적이 행동할 때까지 기다리도록 결정되어 있어야 한다. 하지만 적이 행동하는 순간부터 방어자는 자기의 의도를 단순히 기다리는 것과 행동하지 않는 것으로는 더 이상 이룰 수 없다. 그래서 이제 그는 자기의 적과 마찬가지로 행동을 하고, 그래서 차이는 끝난다.

271b. 이것을 무엇보다 먼저 단순히 전체 전투에 적용하면, 공격과 방어 사이의 모든 차이는 후자가 전자를 기다린다는 것에 있을 것이다. 하지만 이 때문에 전투 자체의 진행이 그 이상으로 정해지는 것은 아니다.

272. 이제 방어의 이 원리를 부분 전투에도 적용할 수 있다. 전체의 일부와 부분에도 변화가 생기지 않는 것에 관심이 있을 수 있고, 그래서 그들이 그 때문에 기다리도록 결정될 수 있다.

273. 이것은 방어자의 일부와 부분뿐만 아니라 공격자의 일부와 부분에도 일어날 수 있고, 실제로 양쪽에 일어나기도 한다.

274. 하지만 그것이 공격자보다 방어자에게 더 자주 나타나리라는 것

은 문제의 본질에 속한다. 이는 방어 원리와 관련되는 개별적인 상황을 살펴볼 때 비로소 보여 줄 수 있다.

275. 사람들이 전체 전투에서 방어 원리를 제일 작은 부분까지 내려가면서 생각할수록, 그리고 모든 부분으로 더 많이 넓힐수록, 전체의 저항은 그만큼 더 수동적으로 되고, 방어는 앞에서 불합리함이라고 간주한 절대적인 고통의 선에 그만큼 더 가깝게 될 것이다.

276. 이 점과 관련해서 방어자에게 기다림의 유리함이 언제 끝나는지, 즉 기다림의 효과가 언제 소진되는지, 이를테면 포화점이 언제 나타나는지에 대해서는 다음에 비로소 좀 더 자세히 살펴볼 수 있을 것이다.

277. 현재로서는 지금까지 말한 것에서 다음과 같은 결론만 나온다. 즉 공격이나 방어의 의도는 전투의 시작에 대해 무엇인가를 결정할 뿐만 아니라 전투의 경과도 관통할 수 있고, 그래서 이 때문에 실제로 두 가지의 다른 종류의 전투가 생기게 된다.

278. 그래서 전투 계획은 전투가 공격 전투이어야 하는지 방어 전투이어야 하는지에 관해 어느 경우이든 전체를 생각해서 결정해야 한다.

279. 전투 계획은 바로 이 결정을 전체에서 벗어나는 결정에 따르려고 하는 부분에 넣어야 한다.

280. 공격과 방어의 선택에 대해 결정할 수 있는 모든 개별적인 상황을 아직 고려하지 않는다면 다음과 같은 법칙만 나온다. 즉 결전을 막으려고 하는 곳에서는 방어적으로 행동하고, 결전을 하려고 하는 곳에서는 공격적으로 행동한다.

281. 우리는 이 원칙을 곧바로 또 다른 원칙과 결합할 것이고, 이를 통해 그 원칙의 좀 더 자세한 형태를 볼 것이다.

화력전과 백병전

282. 게다가 전투 계획은 무기에서 비롯되는 전투 형태, 즉 화력전과 백병전의 선택에서 결정해야 할 것이다.

283. 이 두 형태만 전투의 일부이거나 전투의 원시적인 구성 요소는 아니다. 두 형태는 무장으로 정해지고, 한 형태에는 다른 형태가 필요하고, 두 형태는 공동으로 활동할 때 비로소 완전한 전투 능력을 형성한다.

284. 덧붙이면, 이 견해는 단지 근사치에 해당하는 진실이고 대부분의 경우를 포괄하는 진실이고 절대적인 진실이 아닌데, 이 진실성은 하나하나의 전사들의 무기의 결합을 통해 그리고 (욕구가 된) 병과들의 긴밀한 결합을 통해 증명된다.

285. 하지만 이 두 요소를 분리하고 하나를 다른 것 없이 사용하는 것은 가능할 뿐만 아니라 매우 자주 일어나기도 한다.

286. 이 둘의 일체성과 그 둘 사이의 자연스러운 대형과 관련해서 전투 계획은 아무것도 결정해서는 안 된다. 이것이 개념을 통해, 편성과 연병장을 통해 매우 일반적으로 확정되어 있기 때문이다. 그래서 이것은 편성처럼 계획의 틀에 박힌 일부에 속한다.

287. 이 두 형태를 분리해서 사용하는 것에 대해서는 일반적인 법칙이 전혀 없다. 이것을 늘 단지 필요악처럼, 즉 좀 더 약한 효과를 내는 형태처럼 간주해야 한다는 것을 인정하지 않으려고 한다면 그러하다. 이렇게 좀 더 약한 형태를 사용하는 계기가 될 수 있는 모든 경우는 개별적인 상황의 영역에 속한다. 예를 들어 기습을 하려고 할 때, 또는 그렇지 않으면 화력전을 할 시간이 없을 때, 또는 자기편의 매우 우세한 용기에 의지해도 될 때 순전히 백병전만 사용하려면 분명히 하나하나의 사례들이 있어야 한다.

시간과 공간의 결정

288. 시간과 공간을 결정할 때 먼저 이 둘에 공통적인 것을 말해야 한다. 즉 전체 전투에서 공간 결정은 방어에만 속하고, 시간 결정은 공격에만 속한다.

289. 하지만 부분 전투에서는 공격 전투의 계획뿐만 아니라 방어 전투의 계획도 둘 모두를 결정해야 한다.

시간

290. 부분 전투의 시간 결정은 얼핏 볼 때 고작해야 몇몇 지점에서 문제와 관련되는 것처럼 보이지만, 그럼에도 좀 더 자세히 살펴보면 완전히 다른 방향을 잡고, 한쪽 끝에서 다른 쪽 끝까지 법칙을 부여하는 극히 결정적인 생각, 즉 전투력의 점차적인 사용의 가능성을 그 문제에 불어넣는다.

전투력의 점차적인 사용

291. 하나하나의 병력의 공동 행동에서 동시성은 그 자체로 근본 조건이다. 이것은 전쟁에서도, 그리고 특히 전투에서 그러하다. 그런데 전투력의 수는 전투력의 산물에서 하나의 구성 요소이기 때문에 다른 상황이 같은 경우에는 모든 전투력을 동시에 사용하는 것, 즉 모든 전투력을 동시에 사용하지 않는 적에 대해 전투력을 시간상으로 최대한 통합하는 것이 승리를 줄 것이다. 더 정확히 말하면, 적이 사용한 전투력 중에 맨 먼저 사용한 전투력의 일부에 대해 승리할 것이다. 그런데 일부에 대한 이 승리를 통해 일반적으로 승리자의 정신적인 힘은 높아지고 패배자의 정신적인 힘은 낮아질 것이 틀림없기 때문에 물리적인 힘의 손실이 양쪽에 똑같다고 해도

여기에서 이미 다음과 같은 결론이 나온다. 즉 그런 부분 승리는 승리자의 전체적인 힘을 패배자의 전체적인 힘보다 높이고, 그 결과로 전체 전투에서 승리의 원인이 되기도 한다.

292. 하지만 앞 번호에서 내린 결론은 (존재하지 않는) 두 가지 조건을 전제로 한다. 즉 첫째로 병력의 수가 최대한이 될 수 없으리라는 것, 둘째로 하나의 동일한 전투력을 사용하는 것이 (아직 그 전투력에 무엇인가 남아 있는 한) 한계를 갖지 않으리라는 것이다.

293. 첫 번째 문제와 관련해서는 이미 공간이 전사들의 수를 제한한다. 활동할 수 없는 것은 쓸데없는 것으로 간주해야 하기 때문이다. 그래서 이 때문에 동시에 활동하도록 정해진 모든 전사들이 배치되는 길이와 너비는 제한되고, 그래서 전사들의 수도 제한된다.

294. 하지만 병력의 수의 훨씬 더 중요한 제한은 화력전의 본질에 있다. 앞에서 (89c번) 본 것처럼, 일정한 경계 내의 화력전에서 병력의 더 많은 수는 양쪽의 힘, 그래서 화력전의 모든 힘을 강화하는 효과만 갖고 있다. 그래서 어느 일부가 이 힘의 강화에서 유리함을 얻지 못하는 곳에서 그 강화는 그 일부에 효과적이 되는 것을 그만둔다. 그래서 그 강화는 그곳에서 쉽게 최대한에 이른다.

295. 이 최대한은 완전히 개별적인 경우에, 지형에, 부대의 정신력의 상태에, 화력전의 좀 더 자세한 목적에 따라 결정된다. 여기에서는 그런 최대한이 있다는 것을 말하는 것으로 충분하다.

296. 그래서 동시에 사용해야 하는 전투력의 수에는 최대한이 있고, 이를 넘으면 낭비가 생길 것이다.

297. 이와 마찬가지로 하나의 동일한 전투력을 사용하는 데도 한계가 있다. 화력전에서 사용하는 전투력이 어떻게 점차로 쓸모없게 되는지는 앞에서 (123번) 보았다. 그런데 백병전에서도 그런 악화가 생긴다. 물리적인 힘

의 소모가 화력전보다 백병전에서 더 적다면, 정신적인 힘의 소모는 불리한 성과를 얻은 경우에 훨씬 더 크다.

298. 전투력이 그때까지 남아 있는 모든 부분을 사용할 때 경험하는 이 악화를 통해 전투에 새로운 원리가 나타난다. 즉 이미 사용한 전투력에 대해 새로운 전투력의 내면적인 우세함이 나타난다.

299. 그런데 이미 사용한 전투력의 일시적인 악화에 존재하는, 즉 모든 전투가 전투력의 악화에서 겪는 위기에 존재하는 두 번째 문제를 살펴보게 된다.

300. 실제로 보면 백병전에는 지속 시간이 없다. 하나의 기병 연대는 다른 기병 연대에게 돌진하는 순간에 문제가 결정되고, 실제로 맞붙어 싸우는 몇 초는 시간이라고 말할 가치도 없다. 보병과 다른 대규모 집단의 경우에도 이와 크게 다르지 않다. 하지만 그럼에도 문제는 아직 완전히 결정되지 않았다. 결전도 끝나지 않았고, 결전에서 폭발한 위험한 상태도 아직 완전히 끝나지 않았다. 고삐를 늦추고 패배한 연대를 따라가는 승리한 연대는 밀집 대형으로 전쟁터에 머물고 있는 연대와 같지 않다. 물론 그 연대의 정신적인 힘은 올라가지만, 대개 물리적인 힘과 대형의 힘은 오히려 약해진다. 그것은 단지 적이 정신적인 힘에서 입은 손실이고 이와 마찬가지로 풀린 상태인데, 이를 통해 승리자는 우세함을 유지한다. 이제 또 다른 적이 나타나고 이 적이 정신적인 힘도 아직 잃지 않고 대형도 약해지지 않았다면, 그 적이 다른 부대와 동일한 가치를 갖고 승리자를 공격할 것이라는 점은 확실하다.

301. 화력전에서도 그런 위기가 나타난다. 그래서 화기로 막 승리하고 적을 물리친 쪽도 그 순간에는 대형과 힘에서 눈에 띄게 약해진 상태에 있게 된다. 이런 상태는 대형의 구조에서 풀린 모든 것이 다시 원래 상태로 돌아올 때까지 계속된다.

302. 여기에서 작은 부분에 대해 말한 것은 큰 부분에도 해당된다.

303. 위기 자체는 전체에 동일한 방식으로 스며들기 때문에 작은 부분에서 더 크게 나타나지만 지속 시간은 더 짧다.

304. 전체의 위기, 특히 전체 군대의 위기는 제일 약하지만 제일 오래 지속되기도 한다. 상당한 수의 군대의 경우에 위기는 때로 몇 시간 동안 지속되기도 한다.

305. 승리자에게 전투의 위기가 지속되는 한, 패배자에게는 전투를 회복할 수단이 있다. 즉 패배자가 적절한 수의 새로운 부대를 데리고 올 수 있다면 패배자에게도 전투를 성공으로 바꿀 수단이 있다.

306. 그래서 이를 통해 두 번째 수단으로 전투력의 점차적인 사용이 효과적인 원리로서 도입된다.

307. 그런데 전투력의 점차적인 사용이 잇달아 일어나는 일련의 전투에서 가능하다면, 그리고 동시적인 사용에 제한이 없지 않다면, 저절로 다음과 같은 결론이 나온다. 즉 동시적인 사용에서 활동하지 않는 병력은 점차적인 사용에서 활동할 수 있다.

308. 잇달아 일어나는 이 일련의 부분 전투 때문에 전체 전투의 지속 시간은 훨씬 늘어난다.

309. 이 지속 시간은 전투력을 점차적으로 사용하는 새로운 이유를 살펴보게 하는데, 이때 새로운 요소를 고려하게 된다. 이 요소란 **예상하지 못한 사건**이다.

310. 일반적으로 전투력의 점차적인 사용이 가능하다면, 적이 그의 전투력으로 하는 병력의 사용은 더 이상 알 수 없다. 그가 동시적인 효과를 내려고 사용하는 것만 아군의 판단 앞에 놓이고 다른 것은 아니기 때문이고, 아군은 이 다른 것에 대해 막연하게 알 수밖에 없기 때문이다.

311. 하지만 행동의 단순한 지속 시간은 순수한 우연도 고려하게 하고,

우연은 문제의 본질상 그 어느 다른 곳보다 전쟁에 훨씬 더 많다.

312. 그래서 이 예상하지 못한 사건은 일반적인 고려를 요구한다. 그리고 이 고려는 적당한 병력을 본래의 예비대로서 배후에 배치하는 것이 될 수밖에 없다.

배치의 길이

313. 점차적으로 해야 하는 모든 전투는 그런 전투가 생기는 이유 때문에 새로운 전투력을 필요로 한다. 이 전투력은 완전히 새로울 수도 있고, 즉 사용한 적이 없을 수도 있고, 또는 이미 사용했지만 휴식을 통해 무력화의 상태에서 다시 어느 정도 회복되었을 수도 있다. 이것이 여러 단계를 갖는다는 것은 쉽게 이해할 수 있다.

314. 두 가지, 즉 완전히 새로운 전투력의 사용과 회복된 전투력의 사용은 전투력을 배후에 배치하는 것, 즉 병력을 파괴의 범위 밖에 배치하는 것을 전제로 한다.

315. 이것도 그 단계가 있다. 파괴의 범위가 한 번에 끝나지 않고 마지막에 완전히 끝날 때까지 점차로 없어지기 때문이다.

316. 소총 사격과 산탄총 사격이 매우 두드러진 단계를 형성한다.

317. 어느 부대가 배후에 멀리 배치되어 있을수록 그 부대는 사용할 때 그만큼 더 새롭게 보일 것이다.

318. 하지만 효과적인 소총 사격과 산탄총 사격에 놓여 있던 모든 부대는 더 이상 새로운 병력이라고 간주할 수 없다.

319. 그래서 일정한 전투력을 배후에 배치하는 데는 세 가지 이유가 있다.

a) 특히 화력전에서 지친 전투력을 교체하거나 보강하려고.

b) 승리자가 성공의 바로 다음에 놓이게 되는 위기를 이용하려고.

c) 예상하지 못한 사건에 대비하려고.

320. 배후에 배치되어 있는 모든 것은 이 범주에 속한다. 그것은 세 병과 중에 어느 병과이든 상관없고, 제2선이나 예비대로 불릴 수 있고, 군대의 일부나 전체에 속할 수 있다.

전투력의 동시적인 사용과 점차적인 사용의 양극성

321. 전투력의 동시적인 사용과 점차적인 사용은 상호 간에 대립되고 각각은 각자의 유리함을 갖고 있기 때문에 그것은 한 쌍의 극으로 간주할 수 있다. 두 극은 각자의 결단을 자기 쪽으로 당기고, 그래서 그 결단을 두 극이 상쇄되는 시점에 둔다. 이 결단이 대립되는 힘을 올바르게 평가하고 있다고 전제하면 그러하다.

322. 이제 이 양극성의 법칙, 즉 힘을 사용하는 두 가지의 유리함과 조건 그리고 이를 통해 그 둘 사이의 관계도 아는 것이 중요하다.

323. 전투력의 동시적인 사용은 증대될 수 있다.

A. 동일한 정면에서, 그것도

a) 화력전에서.

b) 백병전에서.

B. 더 넓은 정면에서, 즉 포위할 때.

324. 같은 시간에 효과를 내는 것만 동시적인 사용이라고 간주할 수 있다. 그래서 그것은 동일한 정면에서 활동하게 되는 가능성 때문에 제한된다. 예를 들어 세 개의 부대는 경우에 따라서는 화력전에서 동시에 활동할 수 있지만 여섯 개의 부대는 불가능하다.

325. 우리는 (89번에서) 같지 않은 수의 병력이 있는 두 사격선이 균형을

유지할 수 있다는 것, 한쪽 병력의 감소는 그것이 일정한 한계를 넘지 않는 다면 상대의 활동을 약하게 만드는 성과만 낸다는 것을 보여 주었다.

326. 하지만 화력전의 파괴력이 약해질수록 적절한 효과를 내는 데는 그만큼 더 많은 시간이 필요해진다. 그래서 주로 시간을 얻으려고 하는 쪽은 (보통 방어자) 화력전의 공동의 파괴력을 (즉 상호 간의 파괴력의 합) 되도록 많이 완화하는데 관심이 있다.

327. 게다가 수에서 크게 열세인 쪽도 이 경우에 해당한다. 손실이 같은 경우에 그쪽의 손실이 상대적으로 그만큼 더 크기 때문이다.

328. 상반되는 조건은 상반되는 이해 관계를 만들 것이다.

329. 활동을 신속하게 하는데 특별한 이해 관계가 지배적이지 않을 때 양쪽은 되도록 적은 병력으로 지내는데 관심을 가질 것이다. 즉 이미 말한 것처럼(89b번), 얼마 안 되는 수로 적을 자극하지 않을 만큼의 병력만 사용하는데, 그리고 즉시 백병전으로 넘어가는데 관심을 가질 것이다.

330. 그래서 이런 식으로 화력전에서 전투력의 동시적인 사용은 유리함의 부족 때문에 제한되고, 없어도 되는 병력은 점차적으로 사용하도록 지시를 받는다.

331. 백병전에서는 무엇보다 수의 우세가 결정한다. 그리고 병력의 동시적인 사용은 점차적인 사용보다 매우 유리해서 후자는 순수한 개념으로는 거의 완전히 배제되고 부차적인 사정을 통해 비로소 다시 가능해진다.

332. 즉 백병전은 결전이고, 그것도 일체의 지속 시간이 거의 없는 결전이다. 이것은 힘의 점차적인 사용을 배제한다.

333. 하지만 이미 말한 것처럼, 백병전의 위기는 병력을 점차적으로 사용하는데 매우 유리하게 작용한다.

334. 게다가 하나하나의 백병전의 결전은 그 백병전이 더 큰 전체의 부분 전투라면 절대적인 결전이 아니다. 그래서 병력을 사용할 때는 앞으로

있을 전투도 동시에 고려해야 한다.

335. 이것은 백병전에서도 지금 필요하다고 생각하는 것보다 많은 병력을 동시에 사용하지 말도록 이끈다. 성공을 확실하게 하려면 그렇게 해야 한다.

336. 이때 효과를 어렵게 만드는 상황이 (적의 높은 용기, 강력한 지형 등) 더 많은 수의 전투력을 필요로 한다는 것 외에 다른 일반적인 법칙은 없다.

337. 하지만 일반 이론을 생각하면, 백병전에서 병력의 낭비는 화력전에서 병력의 낭비보다 결코 불리하지 않다는 것을 언급하는 것이 중요하다. 전자에서 부대는 위기의 순간에만 쓸모없게 되고 오랫동안 쓸모없게 되지 않기 때문이다.

338. 그래서 백병전에서 병력의 동시적인 사용에는 그 사용이 어느 경우이든 성공하는데 충분해야 한다는 것, 점차적인 사용은 불충분함을 결코 보상할 수 없다는 (백병전에서는 화력전처럼 성과의 합계를 낼 수 없기 때문에) 것, 이 정도에 이르면 더 많은 병력의 동시적인 사용은 낭비가 되리라는 것이 전제되어 있다.

339. 화력전과 백병전에서 전투력을 더 **빽빽**하게 배치하여 많은 전투력을 사용하는 문제를 살펴보았으니 이제 더 **넓은 정면**에서, 즉 포위 형태에서 할 수 있는 사용의 문제를 살펴보도록 한다.

340. 매우 넓은 정면의 너비에서 일어나는 전투에 매우 많은 수의 전투력을 동시에 데리고 가는 것은 두 가지 방식으로만 생각할 수 있다. 즉

1. 매우 넓은 정면을 통해 적에게도 그의 정면을 넓히도록 강제하면서. 이 경우에 아군에게 적에 대한 우세함은 없지만, 양쪽에서 더 많은 병력이 동시에 투입되는 효과가 있다.

2. 적의 정면을 포위하면서.

341. 양쪽이 당장 사용하려고 더 많은 병력을 보내는 효과는 몇몇 경우에만 양쪽 중에 어느 한쪽에 가치를 가질 수 있을 것이다. 그리고 적이 아군과 마찬가지로 그 이상의 정면의 확장을 받아들일 것인지는 불확실하다.

342. 적이 그것을 받아들이지 않으면 아군의 정면의 일부, 그래서 아군의 전투력의 일부는 하는 일 없이 시간을 보내든지, 아니면 아군은 아군의 정면에서 남는 부분을 적을 포위하는데 사용해야 한다.

343. 이 포위에 대한 두려움만이 적을 아군과 똑같은 정도로 넓히도록 움직이게 할 수 있을 것이다.

344. 적을 포위해야 한다면 아무래도 바로 처음부터 그것을 준비하는 것이 더 좋은 것 같다. 그래서 더 넓은 정면은 이 관점에서만 살펴보아야 한다.

345. 포위 형태는 전투력의 사용에서 독특한 것이다. 그것은 양쪽이 동시에 사용하는 전투력의 합을 늘릴 뿐만 아니라 적보다 많은 전투력을 활동하도록 허락하기도 한다.

346. 예를 들어 1개 대대가 자기를 포위하는 적에 대해 네 개의 측면으로 180보 앞에 정면을 만들어야 한다면, 그리고 적이 그 대대에 대해 효과적인 사격 거리에 (150보) 있다면, 적은 8개 대대의 공간을 차지하게 되고, 이 8개 대대는 그 1개 대대에 대해 활동을 할 수 있다.

347. 그래서 앞에서 말한 독특함 때문에 포위 형태는 여기에 속한다. 하지만 우리는 동시에 그 형태의 다른 독특함, 즉 포위 형태의 다른 유리함과 불리함을 같이 살펴보아야 한다.

348. 포위 형태의 두 번째 유리함은 집중 사격이 (집중 사격으로 총알이 두 배 명중할 수 있는 한) 내는 더 강력한 효과이다.

349. 세 번째 유리함은 후퇴로의 차단이다.

350. 포위의 이 세 가지 유리함은 전투력 또는 더 정확히 말해 전투력의 정면이 커질수록 줄어들고 작을수록 늘어난다.

351. 첫 번째 유리함과 (345번) 관련해서 보면, 사정 거리는 같은데 부대 집단이 (이 부대 집단이 동일한 병과로 되어 있을 때) 많거나 적을 수 있다. 그래서 포위선과 포위된 선의 차이도 같고, 그 결과로 정면의 길이가 길어질수록 차이도 점점 더 작은 가치를 갖게 된다.

352. 1개 대대는 150보 떨어진 곳에서 8개 대대에게 포위될 수 있을 것이다. 10개 대대는 20개 대대에게만 포위될 수 있을 것이고, 그래서 이 경우에는 8배가 아니라 단지 2배에 지나지 않는다.

353. 하지만 포위 형태는 드물게 존재하거나 결코 완전하게, 즉 완전한 원형으로 존재하지 않는다. 그것은 부분적으로만, 보통 180도 이하로 존재한다. 상당히 큰 규모의 군대의 전투력을 생각하면, 이런 상황에서 앞에서 설명한 첫 번째 유리함이 얼마나 적을 것인지 잘 이해하게 된다.

354. 언뜻 보는 것처럼 두 번째 유리함도 정확히 이와 같다.

355. 정면이 클수록 세 번째 유리함도 눈에 띄게 줄어드는데, 이는 저절로 이해할 수 있다. 이때 다른 상황을 고려하게 된다고 해도 그러하다.

356. 하지만 포위 형태에는 독특한 불리함도 있다. 즉 이때 병력이 더 넓은 공간에 분산되고, 그래서 두 가지 점에서 병력의 활동이 약해진다.

357. 즉 어느 공간을 통과하는데 사용하는 시간은 적을 물리치는데 사용할 수 없다. 적의 선에 대해 똑바로 수직으로 있지 않은 모든 움직임은 포위되는 자보다 포위하는 자를 더 넓은 공간에 있게 한다. 전자는 어느 정도 자기의 작은 원의 반지름에서 움직이지만, 후자는 자기의 더 큰 원의 범위에서 움직이는데, 이는 매우 중요한 차이를 낳는다.

358. 이로부터 후자가 자기의 병력을 여러 지점에서 더 쉽게 사용할 수 있는 가능성이 나온다.

359. 하지만 정보와 명령이 지나야 하는 공간이 더 넓어지면서 전체의 통일성도 약해진다.

360. 정면이 넓어지면서 포위의 이 두 가지 불리함은 늘어난다. 몇 개의 대대에게는 그 불리함이 아직 전혀 눈에 띄지 않는 상태로 존재하지만, 대규모 군대의 경우에는 매우 두드러진다.

361. 반지름과 원 사이의 차이는 같기 때문에 정면이 넓을수록 그 절대적인 차이는 점점 더 커진다. 여기에서는 절대적인 차이가 중요하다.

362. 게다가 매우 작은 부분에서는 측면 이동이 별로 없든지 전혀 없고, 이것은 그 부분이 커질수록 늘어난다.

363. 끝으로 공간을 조망할 수 있는 한, 정보의 전달에서는 모든 차이가 사라진다.

364. 정면이 좁을 때 포위의 유리함이 매우 크고 불리함이 매우 적다면, 정면이 넓어지면서 유리함이 줄어들고 불리함이 늘어난다면, 유리함과 불리함이 균형을 이루는 지점이 있을 것이라는 결론이 나온다.

365. 이 지점을 넘으면 정면의 확대는 병력의 점차적인 사용에 더 이상 유리함으로 대항할 수 없고 불리함이 생긴다.

366. 병력의 점차적인 사용의 유리함과 매우 넓은 정면의 (341번) 유리함 사이의 균형은 앞에서 말한 지점 이쪽에서 찾아야 한다.

367. 이 균형 지점을 찾으려면 포위 형태의 유리함을 더 분명하게 살펴보아야 한다. 그렇게 하는 제일 단순한 길은 아래와 같다.

368. 포위되는 데서 생기는 처음의 두 가지 불리함의 효과에서 벗어나려면 어느 정도의 정면이 필요하다.

369. 사격의 집중적인 (두 배의) 효과와 관련해서 보면, 이 효과가 절대적으로 끝나는 정면의 길이가 있다. 즉 적에 의해 포위되는 경우에 배후로 구부러진 부분의 거리가 사격 거리보다 멀리 있을 때 그러하다.

370. 하지만 모든 배치의 배후에는 사격을 당하지 않은 공간도 필요한데, 이는 정면의 배후에 있는 예비대나 지휘관 등을 고려한 것이다. 이들이 세 개의 측면으로부터 사격을 받게 된다면, 그들은 그들이 하기로 결정한 것을 그만둘 것이다.

371. 이 문제는 대규모 집단 자체에서는 대규모의 문제가 되고, 그 결과로 더 많은 공간이 필요하기 때문에, 전체 병력이 많을수록 사격을 당하지 않은 공간이 정면의 배후에도 그만큼 더 넓어야 한다. 그러려면 정면은 집단의 규모와 더불어 늘어나야 한다.

372. 하지만 상당히 많은 병력의 배후에 있는 공간은 상당히 넓을 뿐만 아니라 (예비대 등에게 더 많은 공간이 필요하기 때문에) 그것을 넘어 훨씬 넓어야 하는데, 이는 안전을 늘리려고 (높이려고) 하기 때문이다. 첫째로 총탄을 허비하는 것은 약간의 대대에 사격을 할 때보다 매우 많은 병력과 보급 부대에 사격을 할 때 훨씬 큰 효과를 낼 것이기 때문이다. 둘째로 대규모 집단의 전투는 훨씬 오래 걸리고, 실제로 전투를 하지 않으면서 정면의 배후에 있는 부대에게 생기는 손실은 그 때문에 훨씬 늘어나기 때문이다.

373. 그래서 필요한 정면의 길이에 일정한 크기를 정한다면, 그 크기는 집단의 크기와 더불어 늘어나야 할 것이다.

374. 포위 형태의 다른 유리함은 (동시에 활동하는 병력의 우세함) 정면의 길이에 대해 일정한 크기를 정하지 않는다. 우리는 주로 그 유리함이 정면의 길이와 함께 줄어든다는 것에 머물러야 한다.

375. 하지만 좀 더 자세히 결정하려면 대규모 전투력의 동시적인 효과는 주로 **소총** 사격과 관련된다는 것을 말해야 한다. 대포만 활동하는 한, 포위된 자의 작은 원주(圓周)에도 적이 더 넓은 원주에 배치하는 것과 같은 정도로 대포를 배치할 공간이 결코 없지 않을 것이기 때문이다. 또한 군대

는 대포로 연결되는 선을 만들 만큼의 대포를 결코 갖고 있지 않기 때문이다.

376. 사람들은 적에게 늘 더 넓은 공간의 유리함을 주는데 반대하지 않을 것이다. 적의 대포가 그렇게 빽빽하게 있지 않고, 그래서 아군이 그 대포를 별로 맞지 못하기 때문이다. 또한 넓은 공간에 있는 하나하나의 대포에 대해 적이 자기의 포병 중대를 똑같이 분배할 수 없기 때문이다.

377. 물론 순수한 포병 전투나 포병이 중요한 병과가 되는 전투에서는 매우 넓게 포위하는 정면의 유리함이 있을 것이다. 그리고 사정 거리가 더 멀기 때문에, 그래서 양쪽 정면의 큰 차이 때문에 그 유리함은 매우 클 것이다. 이런 경우는 예를 들어 하나하나의 각면 보루에서 일어난다. 하지만 다른 병과가 중요하고 포병이 하위 병과를 이루는 전투력에게는 이 유리함이 끝나는데, 이는 이미 말한 것처럼 이때 포위된 자에게도 공간이 없지 않기 때문이다.

378. 그래서 대규모 전투력을 동시에 사용할 때 매우 넓은 정면의 유리함이 나타나야 하는 곳은 주로 보병 사격전이다. 여기에서 양쪽의 정면의 차이는 (포위를 180도까지 한다면) 소총 사격 거리의 세 배에, 그래서 약 600보에 달한다. 이것은 600보의 한쪽 정면에 대해 두 배가 되고, 그래서 잘 느낄 수 있는 정도이다. 하지만 3000보의 한쪽 정면에 대해서는 차이가 1/5에 불과할 것이고, 이는 더 이상 매우 효과적인 유리함이라고 간주할 수 없다.

379. 그래서 소총 사격 거리가 주는 차이가 뚜렷한 우세함을 주는 것을 그치자마자 이 점에서 정면의 길이가 충분하다고 말할 수 있다.

380. 지금까지 포위의 두 가지 유리함에 대해 말한 모든 것으로부터 다음과 같은 결론이 나온다. 즉 작은 집단은 적절한 정면의 길이를 만드는데 고생한다는 것, 이것이 사실이기 때문에 작은 집단은 우리가 경험으로 알

고 있는 것처럼 대부분 그 편성의 틀에 박힌 대형에서 벗어나서 훨씬 더 넓히도록 강요받는다는 것이다. 모든 것을 혼자 해야 하는 1개 대대가 보통의 배치의 단순한 정면 길이에서 (150보에서 200보) 전투를 받아들이는 것은 극히 드물 것이다. 이 대대는 중대로, 중대는 다시 산병(散兵)으로[12] 더 분산될 것이다. 그리고 그 대대는 일부를 예비대로 남겨 둔 다음에 나머지 대대와 함께 그 대대가 본래 차지해야 하는 공간보다 두 배, 세 배, 네 배 넓은 공간을 차지할 것이다.

381. 하지만 집단이 커질수록 필요한 정면 길이에 그만큼 더 쉽게 이를 것이다. 정면의 길이는 집단과 더불어 늘어나지만(373번), **똑같은 정도로 늘지 않기 때문이다.**

382. 그래서 대규모 집단은 편성 대형에서 벗어날 필요가 없고 오히려 부대를 배후에 배치할 수 있다.

383. 이것이 대규모 집단에게 배후에 일부 병력을 배치하는 틀에 박힌 대형도 도입하게 했는데, 이는 보통의 전투 대형이 2개의 선으로 되어 있는 것과 같다. 보통 그 배후에 기병으로 이루어진 제3선을 두는데, 이 이외에도 1/8에서 1/6 등에 이르는 예비대도 둔다.

384. 우리는 매우 큰 규모의 집단에서 (100,000명이나 150,000명에서 200,000명에 이르는 군대) 예비대가 점점 더 많아지는 것을 (1/4에서 1/3까지) 보게 된다. 이는 병력이 정면의 필요를 점점 더 넘고 있다는 증명이다.

385. 이것을 지금 여기에서 언급하는 것은 단지 경험을 돌아봄으로써 우리의 설명의 진실성에 더 많은 주의를 기울이려고 하기 때문이다.

386. 그래서 포위의 처음 두 가지 유리함도 이와 같은 상태에 있다. 세 번째 유리함은 다르다.

---

12. 원문은 Tirailleurs로 불어 tirailleurs에서 온 말. 척후병이나 저격병 등 여러 가지로 번역되는데, '흩어져서 싸우는 사수(射手)'가 제일 정확한 의미이다.

387. 처음의 두 가지는 아군의 병력을 늘리면서 성공의 확실성에 영향을 미친다. 세 번째도 그렇게 하지만 매우 짧은 정면에서만 그러하다.

388. 즉 세 번째는 병사들에게 후퇴로를 잃었다는 생각을 하게 하면서 (이 생각은 병사들에게 늘 매우 큰 영향을 미치는데) 적의 정면에서 전투를 하고 있는 병사들의 용기에 영향을 미친다.

389. 하지만 이것은 차단된다는 위험이 절박하고 확실해서 그에 관한 인상이 규율과 명령의 모든 법칙을 압도하고 병사들의 마음을 무의식적으로 빼앗는 경우에만 해당된다.

390. 병사가 자기의 배후에서 일어나는 대포 포격과 소총 사격을 통해 간접적으로만 그렇게 되는 매우 먼 거리에서도 그에게 걱정이 생길 수 있다. 하지만 정신이 이미 매우 나쁜 상태가 아니라면 그런 걱정이 그를 방해해서 지휘관의 명령에 복종하지 않도록 하지는 않을 것이다.

391. 그래서 이 경우에 포위하는 자가 갖는 차단의 유리함은 그 자체로 더 이상 성공의 확실성, 즉 개연성을 높이는 것으로 간주할 수 없고, 이미 일어난 성공의 크기를 늘리는 것으로 간주해야 한다.

392. 이 점에서도 포위의 세 번째 유리함은 정면이 짧을 때 제일 크고 정면이 늘어나면서 줄어든다는 모순에 지배되는데, 이는 보면 알 수 있다.

393. 하지만 이것은 대규모 집단이 소규모 집단처럼 대규모의 정면을 필요로 해서는 안 된다는 생각을 방해하지 않는다. 후퇴는 결코 배치의 전체 너비에서 일어나지 않고 하나하나의 길에서 일어나기 때문에 대규모 집단은 후퇴하는데 소규모 집단보다 많은 시간이 필요하다는 결론이 저절로 나오기 때문이다. 이 많은 시간은 넓은 정면을 요구한다. 그리고 이 넓은 정면을 포위하는 적은 아군이 후퇴하는 지점에 신속하게 도달하지 못한다.

394. 포위의 세 번째 유리함이 대부분의 경우에 (즉 너무 짧지 않은 정면에서) 성공의 확실성이 아니라 성공의 크기에만 (391번에 따라) 영향을

미친다면, 이로부터 성공은 전사들의 상황과 의도에 따라 완전히 다른 가치를 갖게 된다는 결론이 나온다.

395. 어차피 성공의 개연성이 낮다면 먼저 이 개연성에 대해 걱정해야 한다. 그래서 이런 경우에는 유리함을 (주로 유리함의 크기가 중요한데) 많이 고려할 수 없다.

396. 게다가 이 유리함이 성공의 개연성에 방해가 된다면 (365번) 그것은 그런 경우에 현실적인 불리함이 될 것이다.

397. 그래서 그런 경우에 병력의 점차적인 사용으로 얻는 유리함은 더 넓은 정면이 주는 유리함과 더 일찍 균형을 유지할 것이다.

398. 그래서 병력의 **동시적인** 사용과 **점차적인** 사용, 너비와 길이의 두 극 사이에 차이가 없다는 점은 작은 집단보다 큰 집단에서 다를 뿐만 아니라 양쪽 부대의 상황과 의도에 따를 때도 다르다는 것을 알게 된다.

399. 더 약하고 조심스러운 쪽은 병력의 점차적인 사용에서, 더 강하고 대담한 쪽은 병력의 동시적인 사용에서 유리함을 얻어야 한다.

400. 공격자가 더 강한 자이거나 더 대담한 자라는 것은 문제의 본질에 속한다. 최고 지휘관의 특징이나 필연성에서 비롯되는 것은 상관없다.

401. 전투의 포위 형태, 그래서 아군과 적에게 병력을 최대한 동시에 사용할 것을 요구하는 형태는 공격자에게 자연스러운 것이다.

402. 포위되는 형태, 즉 병력을 최대한 점차적으로 사용하려고 하고, 그래서 포위에 노출되는 형태는 방어의 자연스러운 형태이다.

403. 전자는 신속한 결전을 하려는 경향이 있고, 후자는 시간을 얻으려는 경향이 있다. 그리고 이 두 경향은 양쪽의 전투 형태의 목적과 조화를 이룬다.

404. 하지만 방어의 본질에서 방어가 더 긴 배치를 하려고 하는 또 다른 이유가 생긴다.

405. 더 긴 배치의 제일 중요한 유리함 중의 하나는 지형의 도움을 받는 것이다. 이 도움 중에 지역 방어는 중요한 요소를 이룬다.

406. 이제 이것이 이 유리함을 되도록 많이 얻으려고 정면을 되도록 길게 만들도록 이끈다고 생각해야 한다. (한쪽으로 치우친 이 견해를 실제로 최고 지휘관을 넓은 진지로 끌어들인 제일 중요한 동기 중의 하나라고 간주할 수 있다.)

407. 하지만 우리는 지금까지 정면의 확장을 늘 적에게도 똑같은 정도의 확장을 일으킨다고, 또는 적을 **추월하는** 것으로, 즉 적의 정면의 포위로 이끈다고 생각했다.

408. 양쪽이 똑같이 적극적으로 생각하는 한, 그래서 양쪽이 아직 공격과 방어의 관점에서 생각하지 않는 한, 포위를 하려고 더 큰 정면을 사용하는 것에는 어떤 어려움도 없다.

409. 그런데 정면 전투가 어느 정도 지역 방어와 결합되자마자(방어에서 그러한 것처럼), 남는 정면 부분을 사용하는 것은 끝난다. 그것은 추월하는 것과 전혀 결합할 수 없든지 또는 어렵게 결합할 수 있을 뿐이다.

410. 이 어려움을 올바로 평가하려면 늘 현실 사례의 모습을 생각해야 하는데, 이런 사례는 지형의 자연스러운 은폐 수단이 적의 조치를 조망하는 것을 어렵게 하고, 그래서 위장 전투가 지역 방어에 의지하는 전투력을 쉽게 속이고 하는 일 없이 지내게 할 수 있는 경우이다.

411. 이로부터 그것은 방어에서 매우 결정적인 불리함이라고 간주해야 한다는 결론이 나오는데, 공격자가 자기 병력을 전개하는데 반드시 필요한 정면보다 더 큰 정면을 둘 때 그러하다.

412. 공격자의 정면이 얼마만큼 커야 하는지에 대해서는 나중에 다루어야 한다. 여기에서는 공격자가 **너무 작은** 정면을 두면, 이에 대해 방어자는 자기 자신의 정면을 처음부터 더 크게 하기로 결정하는 것이 아니라 공

격적으로 포위하는 대응책을 통해 공격자에게 벌을 준다는 것만 말해야 한다.

413. 그래서 방어자는 어떤 경우에도 너무 큰 정면의 불리함에 빠지지 않으려고 상황이 그에게 허락하는 제일 작은 정면을 차지하리라는 것이 확실하다. 이를 통해 그는 배후에 배치할 병력을 더 많이 얻기 때문이다. 그러면 이 병력이 아무 하는 일 없이 시간을 보내는 일은 결코 있을 수 없을 텐데, 너무 큰 정면을 갖는 부대는 그렇게 된다.

414. 방어자가 제일 작은 정면으로 만족하고 제일 긴 길이를 찾으려고 하는 한, 즉 자기 전투 형태의 자연스러운 경향을 추구하는 한, 공격자는 이에 상반되는 경향을 갖고 있다. 즉 정면 확장을 되도록 크게 하려는 경향, 즉 적을 되도록 넓게 포위하려는 경향을 갖고 있다.

415. 하지만 이것은 법칙이 아니라 경향이다. 우리는 이런 포위의 유리함이 정면의 크기가 늘면서 줄어든다는 것, 그래서 어느 지점에서는 병력의 점차적인 사용의 유리함에 대해 더 이상 균형을 유지할 수 없다는 것을 보았기 때문이다. 공격자도 방어자처럼 이 법칙의 지배를 받는다.

416. 여기에서 두 가지의 다른 정면 확장을 구분해야 한다. 방어자가 차지한 배치를 통해 결정하는 정면 확장과 공격자가 추월하는 것으로 결정하는 정면 확장이다.

417. 전자가 이미 커서 추월하는 것의 모든 유리함이 사라지거나 무력화되면 추월하는 것은 없어져야 한다. 그러면 공격자는 또 다른 방법으로 유리함을 찾아야 하는데, 우리는 이것을 곧 보게 될 것이다.

418. 첫 번째 정면이 작아서 그 어떤 것이라도 될 수 있었다면, 그래서 공격자가 추월하는 것과 포위하는 것을 통해 유리함을 얻으려고 노력할 권리를 갖는다면, 이 포위의 경계는 다시 결정되어야 한다.

419. 이 경계는 과도한 포위에 들어 있는 (356번과 365번에서 말한) 불

리함을 통해 결정된다.

420. 그런 불리함은 적의 너무 큰 정면 확장에도 불구하고 포위를 하려고 할 때 생긴다. 하지만 그것은 짧은 선을 너무 넓게 포위할 때 **훨씬 심하**게 생기는데, 이는 보면 알 수 있다.

421. 이 불리함이 공격자를 방해하고 있다면, 적이 자기의 짧은 정면을 통해 얻는 병력의 점차적인 사용의 유리함은 그만큼 더 많은 중요성을 가질 것이 틀림없다.

422. 물론 짧은 정면과 긴 배치를 받아들이는 쪽은 이 때문에 병력의 점차적인 사용에서 일방적인 혜택을 받지 못하는 것처럼 보인다. 적이 똑같이 짧은 정면을 받아들이면, 그래서 적이 아군을 포위하지 않으면, 양쪽이 병력의 점차적인 사용에서 똑같은 정도로 혜택을 누리기 때문이다. 하지만 적이 아군을 포위하면 적은 아군과 어디에서나 정면을 두고 대치해야 하고, 그래서 (양쪽의 동심원 둘레의 차이 중에 여기에서 고려할 필요가 없는 작은 차이는 제외하고) 똑같이 큰 정면에서 전투를 해야 한다. 여기에서 네 가지 대상을 살펴보게 된다.

423. 첫째로 적이 자기의 정면을 똑같이 줄인다고 해도 전투가 넓고 신속하게 결정되는 지역으로부터 집중적이고 오래 계속되는 지역으로 넘어가는 것은 늘 방어자의 유리함이다. 전투가 오래 계속되는 것이 방어자에게 이익이기 때문이다.

424. 둘째로 방어자가 적에게 포위될 때 포위하는 부대를 늘 평행의 정면에서 맞서 싸우도록 강요받지는 않는다. 방어자는 그 부대를 측면과 배후에서 공격할 수 있는데, 그렇게 하는 데는 바로 기하학적인 상황이 최고의 기회를 준다. 하지만 이것은 이미 전투력의 점차적인 사용인데, 이 사용이 나중에 온 전투력은 먼저 온 전투력과 똑같이 사용한다는 것, 또는 나중에 온 전투력은 일반적으로 먼저 온 전투력의 자리에 들어간다는 것을

(아래에서 바로 좀 더 자세히 말하는 것처럼) 반드시 요구하지 않기 때문이다. 전투력을 배후에 배치하지 않은 채 그처럼 포위하는 자를 포위하는 것은 할 수 없을 것이다.

425. 셋째로 정면을 짧게 하고 배후에 많은 병력을 배치하는 것은 공격자 쪽에 과도한 포위의 가능성을 허락하는데(420번), 그러면 바로 배후에 배치한 병력을 이용하여 이익을 얻을 수 있다.

426. 넷째로 방어자가 이 때문에 정면 부분을 공격받지 않음으로써 힘의 낭비라는 정반대의 잘못을 막는 것은 유리함이라고 간주해야 한다.

427. 이것은 긴 배치의 유리함, 즉 병력의 점차적인 사용의 유리함이다. 이 유리함이 어느 지점에서 방어자의 너비뿐만 아니라 공격자에게도 균형을 유지한다. 즉 그 유리함은 공격자에게 포위의 일정한 한계를 넘지 않도록 하는 계기가 된다. 물론 그 유리함이 너비를 그 한계까지 넓히려는 경향을 없앨 수는 없다.

428. 하지만 방어자가 정면을 너무 넓히면 그 경향은 약해지거나 완전히 없어진다.

429. 물론 이런 상황에서는 방어자에게 배후에 배치된 집단이 없기 때문에 방어자는 공격자가 포위할 때 자기 자신의 정면을 넓히는 것에 대해 그에게 벌을 줄 수 없다. 하지만 포위의 유리함은 자연히(eo ipso) 너무 적어진다.

430. 공격자가 자기의 상황 때문에 방어자를 차단하는 것에 너무 큰 가치를 두어서는 안 된다면, 공격자는 이제 포위의 유리함을 더 이상 찾지 않을 것이다. 그래서 이런 식으로 포위하려는 경향은 약해진다.

431. 방어자가 넓은 정면을 차지해서 공격자가 정면의 많은 부분을 아무것도 하지 않고 내버려 둘 수 있다면 그런 경향은 완전히 없어진다. 그것이 공격자에게 최고의 효과적인 이익이기 때문이다.

432. 이런 경우에 공격자는 더 이상 자기의 유리함을 결코 넓이와 포위에서 찾으려고 하지 않고 그 반대쪽에서, 즉 한 지점에 자기 병력을 집결하는 것에서 찾으려고 한다. 그런데 이것이 더 긴 배치와 같은 의미라는 것은 보면 알 수 있다.

433. 공격자가 자기의 정면을 얼마만큼 줄여도 되는지는

a) 집단의 규모에,

b) 적의 정면의 넓이에,

c) 반격하려는 준비에 달려 있다.

434. 작은 집단에서는 적의 정면의 어느 부분도 하는 일 없이 두는 것이 유리할 수 없다. 이 경우에는 모든 것을 볼 수 있고 공간이 너무 작고 즉시 다른 효과를 낼 수 있기 때문이다.

435. 이로부터 큰 집단과 넓은 정면이 있는 경우에도 공격받은 정면이 너무 좁아서는 안 된다는 결론이 자연스럽게 나온다. 그렇지 않으면 방금 언급한 불리함이 적어도 부분적으로는 그것에서 생길 것이기 때문이다.

436. 공격자가 병력의 집결에서 유리함을 찾아도 된다면 (방어자의 과도한 정면이나 수동성이 그에게 그렇게 할 권리를 주기 때문에) 자기의 정면을 줄이는데 방어자보다 더 나아가도 된다는 것은 (방어자가 포위에 대한 공격적인 대응을 별로 준비하지 않았기 때문에) 일반적으로 문제의 본질에 속한다.

437. 방어자의 정면이 넓을수록 그는 그 정면에서 그만큼 많은 부분을 아무것도 하지 않고 내버려 둘 수 있다.

438. 지역 방어의 의도를 강하게 천명할수록 마찬가지이다.

439. 끝으로, 일반적으로 집단이 많을수록 마찬가지이다.

440. 그래서 이 모든 유리한 상황, 즉 적의 많은 집단, 너무 긴 정면, 많은 지역 방어가 합쳐진다면, 공격자는 자기의 병력을 집결하는 데서 유리함

을 제일 많이 찾을 것이다.

441. 이 문제는 공간 결정에서 비로소 그 완전한 해결을 찾을 수 있다.[13]

442. 우리는 이미 (291번과 그 이하) 병력의 점차적인 사용의 이익을 보여 주었다. 여기에서는 단지 그 이익을 낳는 원인이 새로운 병력으로 **동일한** 전투를 재개하도록 할 뿐만 아니라 전투력을 나중에 모두 사용하는 것도 포함하고 있다는 것에 주의를 기울여야 한다.

443. **나중에** 사용하는 것에 **중요한** 유리함이 있는데, 이는 아래에서 보여 줄 것이다.

444. 이 모든 설명으로 병력의 동시적인 사용과 점차적인 사용 사이에 차이가 없다는 점이 일부의 규모에 따라, **병력의 비율**에 따라, **상황과 의도**에 따라, **대담성과 신중함**에 따라 얼마나 다른지 알게 되었다.

445. 지형도 그것에 큰 영향을 미친다는 것은 저절로 이해할 수 있다. 지형의 모든 사용을 추상하고 있는 여기에서는 그것을 언급하기만 한다.

446. 이렇게 다양한 관계와 복합적인 상황에서는 어느 절대적인 수를 정상적인 크기로 정할 수 없다. 하지만 그럼에도 이런 복합적이고 변할 수 있는 상황에서는 확고한 점으로 쓰이는 그 어떤 통일성이 있어야 한다.

447. 그런 근거로는 두 가지가 있다. 즉 두 방향으로 하나씩 있다. **첫째**는 일정한 길이를 그 길이에 있는 병력이 동시에 활동하는 것으로 간주하는 것이다. 그래서 얼마 안 되는 너비를 최고의 너비로 받아들이는 것은 단지 필요악처럼 간주해야 한다. 이것은 **필요한 길이**를 결정한다. **둘째**는 이미 말한 것처럼 예비대의 안전이다. 이것은 **필요한 너비**를 결정한다.

448. 방금 말한 필요한 길이는 정지하고 있는 모든 편성의 토대가 된

---

13. '공간 결정'은 다음 부분의 제목.

다. 우리는 나중에 병과의 대형에 대해 자세히 들어갈 때 비로소 그 결과를 밝힐 수 있을 것이다.

449. 이 결과를 선취하여 우리의 일반적인 고찰을 마지막 결과로 보낼 수 있는데, 그 전에 공간 결정을 설명해야 한다. 이것도 마찬가지로 마지막 결과에 영향을 미치기 때문이다.

공간 결정

450. 공간 결정은 전체는 물론 부분이 어디에서 전투를 해야 하는지에 대한 질문에 대답한다.

451. 전체의 전투 장소는 전략적인 결정이고, 이것은 여기에서 우리에게 상관없다. 우리는 여기에서 전투의 구조와 관계를 맺을 뿐이고, 그래서 양쪽이 상대에게 접근한다고 전제해야 한다. 그래서 전투의 일반적인 장소는 적의 군대가 있는 장소이든지 (공격에서) 또는 아군이 적의 군대를 기다려도 되는 장소일 (방어에서) 것이다.

452. 전체 중의 일부에 대한 공간 결정에는 상대하는 양쪽의 전투력이 전투에서 차지해야 하는 기하학적인 도형이 포함되어 있다.

453. 우리는 여기에서 정지되어 있는 편성에 포함되어 있는 형태는 추상하고, 그것은 나중에 살펴보려고 한다.

454. 전체의 기하학적인 형태는 두 가지로 환원할 수 있다. 직선의 원과 동심원이다. 다른 모든 것의 결과는 이 둘 중의 하나가 된다.

455. 결국 양쪽이 실제로 전투를 할 때 생각해야 하는 것은 평행의 기준선에서 생각해야 한다. 그래서 한쪽 군대가 다른 쪽 군대의 기준선에 수직으로 행군하면, 후자는 자기의 정면을 완전히 바꾸어야 하고 전자와 평행으로 배치되어야 한다. 그렇지 않으면 후자는 적어도 일부분으로 그렇게

해야 한다. 적의 군대의 어느 부분도 아군의 일부분이 있는 주변으로 방향을 바꾸지 않을 때, 아군의 일부분이 활동하게 하려면 그 일부분의 주변 방향을 스스로 바꾸어야 한다. 그래서 동심원 조각이나 다각형 조각의 배치가 생긴다.

456. 직선의 형태는 분명히 차이가 없는 것으로 간주해야 한다. 상황이 양쪽 부분에 완전히 똑같기 때문이다.

457. 얼핏 보는 것처럼 직선의 형태가 오로지 직선 공격과 평행 공격에서 생긴다고 말할 수는 없다. 그것은 방어자가 사선형 공격에 대해 평행으로 대항할 때도 생길 수 있다. 물론 이 경우에 나머지 상황은 반드시 똑같지 않을 수 있다. 때로는 새로운 진지가 좋지 않기 때문이고, 때로는 그것이 완전히 완성되지 않았기 때문이다. 우리가 이것을 여기에서 선취하는 것은 개념의 혼동을 막으려고 하기 때문이다. 우리가 이 경우에 보게 되는 것, 즉 차이가 없다는 점은 단지 배치의 형태에 있을 뿐이다.

458. 동심원 조각의 (또는 우리에게 여기에서 늘 같은 것에 해당하는 다각형 조각의) 형태가 어떤 성질인지에 대해서는 이미 앞에서 자세히 설명했다. 그것은 포위하고 포위되는 형태이고, 이에 대해서는 더 말할 것이 전혀 남아 있지 않다.

459. 어디에서나 적의 전투력에 대해 아군의 전투력으로 대항해야 한다면, 일부를 위한 공간 결정은 기준선의 기하학적인 형태를 통해 상술할 것이다. 하지만 이것은 필요하지 않다. 그리고 매번 질문이 생긴다. **적의 전투력의 모든 부분을 물리쳐야 하는가, 아닌가? 후자의 경우라면 어느 부분을 물리쳐야 하는가?**

460. 아군이 적의 전투력의 일부를 물리치지 않고 내버려 둘 수 있다면, 아군은 이를 통해 다른 일부에 대해 전투력의 동시적인 사용이나 점차적인 사용에서 더 강력해질 것이다. 그러면 **적의 병력의 일부는 아군의 전체**

병력을 통해 무찌르게 된다.

461. 그래서 아군은 이런 식으로 아군의 병력을 필요로 하는 지점에서 적의 병력보다 우세하게 되든지, 아니면 적어도 일반적인 병력의 비율이 필요로 하는 것보다 강력해질 것이다.

462. 하지만 아군이 나머지 병력을 물리치지 않고 내버려 두어도 **된다**는 전제에서는 이 지점을 **전체**를 위한 지점이라고 간주할 수 있다. 그래서 아군 병력을 공간상으로 더 많이 집결하여 인위적으로 늘리게 된다.

463. 이 수단이 모든 전투 계획에서 극히 중요한 요소라는 것은 저절로 알게 된다. 그것은 제일 많이 사용하는 수단이다.

464. 그래서 적의 병력의 일부는 이런 의미에서 전체라고 간주할 수 있는데, 그 일부를 결정하려면 이 문제를 좀 더 자세히 살펴보는 것이 중요하다.

465. 우리는 4번에서 전투하는 자의 후퇴를 결정하는 동기를 말했다. 이 동기는 많은 사실에서 비롯되는데, 이 사실이 전체 전투력과 관련되든지 또는 적어도 전체 전투력 중에 매우 본질적인 부분과 관련된다는 것, 이 부분이 나머지 모든 부분보다 더 가치가 있고, 그래서 이 부분이 나머지 모든 부분을 결정한다는 것은 분명하다.

466. 이 사실이 전체 전투력과 관련된다는 것은 작은 집단에서는 매우 잘 생각할 수 있지만 큰 집단에서는 그렇지 않다. 물론 여기에는 d, f, g에서 말한 동기도 전체와 관련되지만 나머지 동기, 특히 손실은 늘 일부에만 관련된다. 큰 집단에서 모든 부분이 동일한 방식으로 영향을 받는다는 것은 거의 일어날 것 같지 않기 때문이다.

467. 일부의 상태가 후퇴의 원인이 되는 경우에 그 일부는 자연히 전체에서 **중요한** 부분이어야 한다. 우리는 간결함 때문에 그 부분을 패배한 부분이라고 부르려고 한다.

468. 패배한 부분은 옆으로 나란히 놓여 있든지 아니면 전체 전투력에 어느 정도 균등하게 분배되어 있을 수 있다.

469. 어느 하나가 다른 것보다 더 효과적이라고 생각할 이유는 없다. 1개 군대가 1개 군단을 완전히 물리치고 나머지 모든 것은 손대지 않는다면, 이것은 후자에게는 이 손실이 전체 집단에 동일한 형태로 분배되어 있는 것보다 더 나쁘고, 전자에게는 그것보다 더 좋을 것이다.

470. 두 번째 경우는 대립하고 있는 병력을 **균등**하게 사용하고 있다는 것을 전제로 한다. 하지만 우리는 여기에서 병력의 **균등하지 않은** (한 지점에서 또는 몇 개 지점에서 더 많이 결합된) 사용의 효과를 다루고 있다. 그래서 여기에서는 첫 번째 경우에 대해서만 말할 수 있다.

471. 패배한 부분이 옆으로 나란히 놓여 있으면, 그 부분은 공동으로 하나의 전체로 간주할 수 있다. 그리고 공격받거나 패배한 **부분**이나 **지점**에 대해 말할 때 우리는 그것을 이렇게 이해한다.

472. 전체를 지배하기 위해 그리고 부분이 전체의 방향에서 움직이게 하기 위해 이 부분이 어떤 상태에 있어야 하는지 결정할 수 있다면, 이를 통해 본래의 전투를 해야 하는 병력이 전체의 어느 부분을 향하고 있어야 하는지도 결정했다.

473. 지형의 모든 대상을 제외하면 공격해야 하는 부분은 오직 위치와 크기에 따라 결정해야 한다. 먼저 크기를 살펴보려고 한다.

474. 두 가지 경우를 구분해야 한다. 첫째는 아군의 병력을 적의 병력의 한 부분에 집결하고 나머지 부분에 대해 전혀 대항하지 않는 경우이다. 둘째는 나머지 부분을 활동하게 하려고 나머지 부분에 단지 얼마 안 되는 병력으로 대항하는 경우이다. 둘 다 분명히 병력의 공간적인 집결이다.

475. 첫 번째 경우에 아군이 반드시 무찔러야 하는 적의 전투력의 부분이 얼마나 많은지 하는 것은 분명히 아군의 정면이 얼마나 작아도 되는지

하는 질문과 같은 의미이다. 이 문제는 이미 433번 이하에서 설명했다.

476. 두 번째 경우의 문제를 좀 더 자세히 알기 위해 우리는 먼저 적이 아군과 똑같이 적극적이고 활동적이라고 생각하려고 한다. 그러면 이로부터 아군이 아군 전체의 더 많은 부분으로 적 전체의 더 적은 부분을 공격한다면 적도 똑같이 행동한다는 결론이 나온다.

477. 그래서 아군이 완전한 성공을 하려면, 아군은 아군 병력에 의해 희생되는 일부가 아군 전체에서 차지하는 것보다 아군이 공격하려고 하는 적의 병력의 일부가 적 전체에서 더 많은 비율을 차지하도록 준비해야 한다.

478. 아군이 예를 들어 아군 병력의 3/4으로 주력 전투를 수행하려고 하고 1/4은 공격받지 않은 부분과 상대하는데 사용하려고 하면, 적의 병력 중에 아군이 진지하게 싸우는 부분은 1/4보다 많을 것이 틀림없고, 그래서 약 1/3이 될 것이다. 이 경우에 성공이 이 대치 방향에서 일어나면, 아군은 아군 병력의 3/4으로 적의 병력의 1/3을 물리치게 된다. 하지만 적은 자기 병력의 2/3로 아군 병력의 1/4을 물리치게 되고, 이는 분명히 아군에게 유리함을 준다.

479. 아군이 적보다 크게 우세하다면, 그래서 아군 병력의 3/4이 적의 병력의 1/2에 대해 아군에게 확실한 승리를 약속하는데 충분하다면, 완전한 성공은 아군에게 더 결정적인 것이 될 것이다.

480. 아군이 수에서 우세할수록 적의 병력 중에 아군이 진지하게 싸우는 부분은 그만큼 많아도 되고, 그러면 성공도 그만큼 클 것이다. 아군이 적을수록 진지하게 싸운 부분은 그만큼 적어야 하는데, 이는 **병력이 적은 쪽이 더 많이 집결해야** 한다는 자연 법칙과 일치한다.

481. 여기에서 적이 아군의 약한 부분을 물리치는데 필요한 시간은 대략 아군이 적의 약한 부분에 대해 아군의 승리를 완성하는데 필요한 시간

과 같다는 것이 암묵적으로 전제되어 있다. 그렇지 않고 매우 두드러진 차이가 생긴다면, 적은 그곳에서 사용한 부대의 일부를 아군의 주력 부대를 향해 사용할 수 있을 것이다.

482. 하지만 병력의 수가 같지 않을수록 승리는 대개 그만큼 더 빨리 쟁취하게 된다. 이로부터 아군은 희생하려고 하는 부분을 자기 마음대로 줄여서는 안 되고, 그 부분이 상대해야 하는 적의 병력에 대해 견딜 수 있는 비율을 유지해야 한다는 결론이 나온다. 그래서 병력이 적을 때는 집결하는데 한계가 있다.

483. 하지만 476번에서 한 전제가 사용되는 일은 극히 드물다. 보통 방어자의 일부는 그 장소에서 사용하고, 방어자는 필요한 만큼 빠르게 보복의 권리를 행사할 수 없다. 그러면 이로부터 다음과 같은 것을 알게 된다. 즉 공격자는 자기 병력을 집결할 때 앞에서 말한 비율을 조금 넘어도 된다는 것, 그리고 그가 예를 들어 자기 병력의 2/3로 적의 병력의 1/3을 물리친다면 (그에게 남아 있는 1/3을 궁지에 빠뜨리는 것이 바로 그와 같은 정도로 어려울 것이기 때문에) 그는 아직도 전체적인 성공에 대한 약간의 개연성을 갖고 있다는 것이다.

484. 그런데 이 결론에서 더 나아가려고 한다면, 방어자가 공격자의 약한 부분에 대해 적극적인 행동을 전혀 하지 않는다면(매우 자주 일어나는 경우), 이로부터 늘 공격자의 승리가 일어나야 할 것이라는 결론을 내리려고 한다면, 그러면 잘못된 결론을 내리게 될 것이다. 공격받은 자가 적의 병력 중에 더 약한 부분에서 손실을 메우려고 하지 않는 경우에는 그런 일이 일어나지 않기 때문이다. 이는 주로 그 부분이 공격받지 않은 병력의 일부를 아군의 주력 부대에 대한 전투에 보내고, 그래서 아군의 주력 부대의 승리를 의심스럽게 만드는 수단을 찾아내기 때문이다.

485. 적의 병력 중에 아군이 공격하는 부분이 적을수록 공격은 그만

큼 일찍 가능해질 것이다. 부분적으로는 공간이 작기 때문이고, 부분적으로는 그리고 특히 승리의 정신적인 힘이 소규모 집단에서 훨씬 더 작기 때문이다. 작은 부분에 대한 승리는 적의 머리와 용기를 그렇게 쉽게 잃게 하지 않는데, 이것은 아직 남아 있는 수단을 되찾는데 사용된다.

486. 적이 이도 저도 할 수 없는 경우에 빠졌을 때만, 즉 아군의 좀 더 약한 부분에 대한 확실한 승리로 손실을 메우지도 못하고 그곳에 있는 여분의 병력으로 결정적인 공격에 대항하지도 못하는 경우에 빠졌을 때만, 또는 적이 우유부단함 때문에 그렇게 하지 못하는 경우에만, 공격자는 비교적 매우 적은 병력으로도 집결의 수단으로 적에게 이길 수 있다는 희망을 품을 수 있다.

487. 이론은 방어자를 적의 병력의 집결에 적절하게 보복할 수 없는 불리함에 사로잡힌 자로 표현할 수 있을 뿐만 아니라 공격이나 방어와 상관없이 두 부분 중에 한 부분은 대개 그렇게 되리라는 것도 지적해야 한다.

488. 즉 한 지점에 병력을 엄청나게 많이 집결해서 이를 통해 그 지점에서 우세해지려고 하는 것은 늘 적에게 기습을 하려는 희망을 갖고 하게 된다. 그러면 적은 그 지점에 그만큼 많은 병력을 보낼 시간도 없고 다시 보복을 준비할 시간도 없다. 이 기습이 성공할 것이라는 데는 하나의 이유가 있는데, 그 이유는 먼저 결단한다는 것, 즉 주도권이 있다는 것이다.

489. 하지만 또한 이 주도권의 유리함에는 그 반대가 되는 것도 있고, 이에 대해서는 계속 아래에서 다루어야 한다. 그래서 여기에서는 단지 그것이 절대적인 유리함이 아니라는 것만 언급하는데, 절대적인 유리함의 효과는 모든 경우에 나타나야 할 것이다.

490. 하지만 기습이 성공하는 이유를 (그 이유는 주도권에 있는데) 제외한다고 해도, 그리고 기습을 할 객관적인 이유가 남아 있지 않다고 해도, 그래서 그 성공에 행운 이외에 더 이상 다른 아무것도 없다고 해도, 이론에

서 행운을 버려야 하는 것은 아니다. 전쟁은 도박이고, 도박에서 **모험**을 배제하는 것은 불가능하기 때문이다. 그래서 다른 모든 동기가 없을 때 하늘에 행운을 맡기고 적에게 기습을 하려는 희망을 갖고 병력의 일부를 집결하는 것은 허용할 수 있다.

491. 이 기습이 어느 한쪽이나 다른 쪽에서 성공하면 (성공하는 쪽은 공격자일 수도 있고 방어자일 수도 있는데) 이로부터 다른 쪽에게 일종의 무능력이 따를 것이고, 이것은 보복으로 갚아야 할 것이다.

492. 우리는 지금까지 전투를 해야 하는 일부 병력이나 지점의 크기만 다루었다. 이제 그 위치를 다룬다.

493. 모든 지형과 다른 개별적인 상황을 제외하면 장소의 특징을 갖고 있는 날개, 측면, 배후, 중심만 장소로서 구분할 수 있다.

494. 날개(Flügel)는 그곳에서 적의 전투력을 **포위**할 수 있기 때문이다.

495. 측면(Flanke)은 그곳에서 준비가 되어 있지 않은 적의 어느 지역을 공격하고 그에게 후퇴를 어렵게 만든다는 희망을 품을 수 있기 때문이다.

496. 배후에서는 측면처럼 단지 후퇴를 어렵게 만들거나 완전히 차단하는 것이 훨씬 더 지배적이다.

497. 하지만 측면과 배후에서는 적이 아군의 전투력에 대항하도록 적에게 강요할 수 있다는 것이 반드시 전제되어 있다. 아군이 그곳에 나타나는 효과가 확실하지 않은 경우에는 그곳에 나타나는 것이 위험할 것이다. 싸워야 하는 적이 없는 곳에서 하는 일 없이 시간을 보내게 되고, 이것이 주력 부대의 경우에 일어난다면 그 군대는 의심할 여지없이 목적을 이루지 못할 것이기 때문이다.

498. 물론 적이 측면과 배후를 포기하는 경우는 극히 드물지만, 그럼에도 그런 일은 일어난다. 그것도 적이 공격적인 반격 행동을 통해 손해를 보

지 않는 상태를 유지한다면 제일 쉽게 일어난다. (예를 들어 바그람, 호엔린덴, 아우스터리츠의[14] 전투가 이 경우에 속한다.)

499. 우리는 중심을 정면에서 날개가 아닌 부분일 뿐이라고 이해하고 있고, 중심은 부분들을 분할하게 하는 특징이 있고, 이것은 보통 **돌파**라고 불린다.

500. 돌파는 분명히 포위의 반대이다. 이 둘은 승리하는 경우에 적의 병력에 매우 파괴적인 영향을 미치지만 각자 다르게 영향을 미친다. 정확히 말하면,

a) 포위는 적의 용기를 약하게 만들면서 포위의 정신적인 효과를 통해 성공을 확실하게 하는데 이바지한다.

b) 중심에서 돌파하는 것은 아군의 병력을 더 많이 집결하게 하면서 성공을 확실하게 하는데 이바지한다. 이 두 가지는 이미 일어났다.

c) 매우 우세한 병력으로 포위를 수행하고 성공한다면, 포위는 직접적으로 적의 군대의 파괴로 이어질 수 있다. 이것이 승리를 이끈다면 첫날의 성공은 어느 경우이든 돌파보다 더 크다.

d) 돌파는 간접적으로만 적의 군대의 파괴로 이어질 수 있고, 첫날부터 쉽게 큰 효과를 나타내지 않고, 다음날에 전략적으로 더 큰 효과를 나타낸다.

501. 아군의 중요한 병력을 어느 지점에 집결하여 적의 군대를 돌파하는 것은 적의 정면 길이가 지나치게 길다는 것을 전제로 한다. 이는 얼마 안 되는 병력으로 적의 나머지 전투력을 상대하는 것이 매우 어렵기 때문인데, 중요한 공격에 제일 가까이 있는 적의 병력이 아군의 돌파를 물리치

---

14. 아우스터리츠(Austerlitz), 모라비아의 마을. 현재는 체코의 슬라브코프우브르나(Slavkov u Brna). 브르노에서 동쪽으로 20킬로미터에 있다. 아우스터리츠 전투(1805년 12월 2일)에서 나폴레옹은 러시아와 오스트리아의 동맹 군대에게 크게 승리했다.

는데 사용될 수 있기 때문이다. 하지만 적의 병력의 중심 공격은 양쪽에 있고, 날개 공격은 한쪽에만 있다.

502. 결과는 그런 중심 공격이 집중적인 반격 때문에 매우 불리한 전투 형태에 빠질 위험이 있다는 것이다.

503. 그래서 현재의 상황에 따라 이 장소 중에 선택이 일어날 것이다. 정면의 길이, 후퇴로의 상태와 위치, 적의 부대의 가치, 최고 지휘관의 특징, 끝으로 지형이 이 선택을 결정할 것이다. 우리는 이 문제를 아래에서 비로소 좀 더 자세히 살펴볼 것이다.

504. 우리는 어느 한 지점의 실제의 전투를 위한 주력 부대의 집결을 살펴보았다. 물론 적의 병력의 어느 한 부분에 대한 **병력의 집결**이 끝나지 않은 채로 집결은 여러 지점에서, 두 지점이나 심지어 세 지점에서 일어날 수 있다. 다만 지점이 많아지면 원칙의 힘은 약해진다.

505. 우리는 지금까지 그런 병력 집결의 객관적인 유리함, 즉 중요한 지점에서 더 좋은 병력의 비율만 염두에 두었다. 하지만 지도자나 최고 지휘관에게는 주관적인 이유, 즉 자기 병력의 중요한 부분을 더 많이 자기의 뜻대로 하려는 이유도 있다.

506. 어느 전투에서 최고 지휘관의 의지와 지성이 전체를 지휘한다고 해도 이 의지와 지성은 단지 매우 약해진 정도로만 아래 부분까지 관철된다. 그리고 부대가 최고 지휘관으로부터 멀리 있을수록 이런 일은 그만큼 더 많이 일어난다. 하급 지휘관들의 중요성과 독자성은 늘어나고, 이것은 최고 지휘관의 의지를 희생으로 삼아 늘어난다.

507. 하지만 비정상이 일어나지 않는 한, 상황이 허락하는 한도 내에서 최고 지휘관이 최대의 영향력을 갖는 것은 자연스러울 뿐만 아니라 유리하기도 하다.

508. 이것으로 모든 것을 다루었는데, 전투에서 전투력의 사용에 관한 일반적인 것은 전투력의 성질 자체에서 설명할 수 있다.

509. 한 가지 문제만 더 살펴보아야 하는데, 그것은 양쪽의 계획과 행동의 상호 작용이다.

510. 어느 전투의 본래 계획은 행동할 때 예상할 수 있는 것만 밝힐 수 있기 때문에 계획은 대부분 세 가지 문제로 제한된다.

1. 대략적인 윤곽.

2. 준비.

3. 시작할 때의 세부 사항.

511. 그래서 계획을 통해서는 실제로 시작만 완전히 확립되고, 과정은 상황에서 비롯되는 새로운 결정과 명령을 통해, 즉 지휘를 통해 확립되어야 한다.

512. 계획할 때 따르는 원칙을 지휘할 때에도 따르는 것이 바람직하다는 것은 분명하다. 목적과 수단이 동일하기 때문이다. 그래서 그것이 어디에서나 일어날 수 있는 것이 아니라면, 그것은 불가피한 불완전함이라고 간주할 수밖에 없다.

513. 하지만 지휘 행동이 계획 행동과 완전히 다른 성질을 갖는다는 것을 오해해서는 안 된다. 후자는 위험의 영역 밖에서 완전한 여유를 갖고 하고, 전자는 늘 그 순간의 압박 속에 놓여 있다. 계획은 늘 더 높은 관점에서 더 먼 시야를 갖고 결정한다. 지휘는 제일 가까운 관점에서 극히 개별적인 시야를 갖고 결정한다. 때로 결정한다기보다 오히려 휩쓸려 간다. 우리는 나중에 지성의 이 두 가지 활동의 성격에 있는 차이에 대해 말하려고 하지만, 여기에서는 그것을 제외하고 그것을 다른 시기로 나눈 것에 만족하려고 한

다.

514. 양쪽 중에 아무도 적의 배치에 대해 알지 못한다고 생각하면, 각자는 단지 이론의 일반적인 원칙에 따라 자기의 배치를 할 수밖에 없을 것이다. 그것의 대부분은 편성이고 이른바 군대의 **기본 전술**인데, 이것은 당연히 일반적인 것에만 근거를 두고 있다.

515. 하지만 일반적인 것에만 관련되어 있는 배치가 개별적인 상황에 토대를 두고 있는 배치와 같은 효과를 낼 수 없다는 것은 분명하다.

516. 그래서 적의 배치를 고려해서 자기의 배치를 적보다 더 늦게 하는 것은 틀림없이 상당히 큰 유리함이 될 것이다. 그것이 도박꾼의 후수와 같기 때문이다.

517. 개별적인 상황을 고려하지 않고 전투를 배치하는 일은 드물거나 결코 없다. 이때 결코 완전히 없어서는 안 되는 첫 번째 지식은 **지형**에 관한 지식이다.

518. 지형에 관한 지식은 주로 방어자에게 있다. 방어자만 어느 지역에서 전투가 일어날지 **정확히** 그리고 **미리** 알고 있기 때문이고, 그래서 그 지역을 적절하게 조사할 시간이 있기 때문이다. 여기에 진지에 관한 모든 이론이 (이 이론이 전술에 속하는 한) 뿌리박고 있다.

519. 공격자도 전투가 시작하기 전에 지역을 알게 되지만, 그는 불완전하게만 알게 된다. 방어자가 그 지역을 소유하고 있기 때문이고, 공격자에게 그 지역을 자세히 조사하는 것을 허락하지 않기 때문이다. 공격자가 멀리에서 대략적으로 알 수 있는 것은 그의 계획을 좀 더 자세히 결정할 때 쓰인다.

520. 방어자가 지역에 관한 단순한 지식을 사용하는 것과 다르게 지역을 사용하려고 하면, 방어자가 지역을 지역 방어에 이용하려고 하면, 그의 전투력을 개별적인 경우를 고려하여 확고하게 사용하게 된다. 적은 그것을 알

게 되고, 그의 계획에서 그것을 고려하는 경우가 생긴다.

521. 그래서 이것이 적이 하는 첫 번째 고려 사항이다.

522. 대부분의 경우에 이 단계는 양쪽의 계획이 끝나는 단계로 간주해야 한다. 그다음에 일어나는 것은 이미 지휘에 속한다.

523. 양쪽 중에 어느 쪽도 본래의 방어자로 간주할 수 없고 양쪽이 상호 간에 상대에게 전진하는 전투에서는 편성, 전투 대형, 기본 전술이 지형 때문에 약간 제한되지만 틀에 박힌 배치로서 본래의 계획의 자리를 대신한다.

524. 이는 작은 전체에서 매우 자주 나타나지만 큰 전체에서는 매우 드물다.

525. 하지만 행동이 공격과 방어로 분리되면 공격자는 522번에서 말한 단계에 있고, 상호 작용과 관련해서 분명히 유리한 상태에 있다. 물론 그가 행동의 주도권을 갖고 있지만, 적은 자기의 방어 시설을 통해 자기가 하려고 하는 것의 대부분을 상대에게 알릴 것이 틀림없다.

526. 지금까지 이론에서 공격이 대체로 유리한 전투 형태로 간주된 것은 이런 이유 때문이다.

527. 공격을 좀 더 유리한 전투 형태로 또는 좀 더 분명하게 표현해서 좀 더 강력한 전투 형태로 간주하는 것은 불합리함으로 이끄는데, 이는 아래에서 보여 줄 것이다. 사람들은 이 점을 간과했다.

528. 이 결론의 오류는 525번에서 말한 유리함을 과대평가하는데 있다. 그 유리함은 상호 작용과 관련해서 중요하지만, 이것이 전부는 아니다. 지형을 보조 수단으로 쓰고, 그래서 자기 전투력을 이를테면 몇 배로 늘리는 것과 같은 효과를 내는 유리함은 매우 많은 경우에 상당히 중요하고 대부분의 경우에 적절한 배치일 것이다.

529. 물론 지형의 잘못된 사용과 (매우 넓은 진지) 잘못된 방어 체계는

(단순한 소극성) 후수에 머무는 공격자의 계획이 수행하는 조치로 공격자의 그런 유리함에 큰 중요성을 부여하는데, 공격은 실제로 자연스러운 정도를 넘어서 보여 주는 거의 모든 효과를 오직 이 점에서 얻어야 한다.

530. 하지만 지성의 영향은 본래의 계획으로 끝나지 않는다. 그리고 우리는 **지휘의 영역**을 통해 상호 작용의 관계를 추적해야 한다.

531. 지휘의 영역은 전투의 과정 또는 **지속 시간**이다. 지속 시간은 병력의 점차적인 사용을 더 많이 할수록 그만큼 더 늘어난다.

532. 그래서 많은 것을 지휘에 의지하려고 할 때 이것은 배치의 긴 길이를 필요로 한다.

533. 그러면 계획에 더 많은 것을 맡기는 것이 나은지 아니면 지휘에 더 많은 것을 맡기는 것이 나은지 하는 질문이 맨 먼저 생긴다.

534. 이미 존재하는 그 어떤 사실을 고의로 고려하지 않는 것, 그리고 그 사실이 의도한 행동에 대해 그 어떤 가치를 갖고 있을 때 이 가치를 고려의 대상으로 받아들이지 않는 것은 분명히 잘못이 될 것이다. 하지만 이것으로는 그 어떤 사실이 존재하는 한 계획은 행동이 되리라는 것, 그리고 계획이 더 이상 충분할 수 없을 때만 지휘의 영역이 시작되리라는 것을 말한 것뿐이다. 그래서 지휘는 계획을 대신할 뿐이고 이 점에서 **필요악**처럼 간주할 수 있다.

535. 하지만 여기에서 **동기를 갖는 계획**에 대해서만 이야기하고 있다는 것은 잘 이해할 것이다. 개별적인 경향을 갖는 모든 결정은 임의의 전제가 아니라 사실에 근거해야 한다.

536. 그래서 자료가 끝날 때는 계획의 결정도 끝나야 한다. **결정하지 않는 것**, 즉 일반적인 원칙의 보호 아래 놓여 있는 것은 (나중에 생기는) 상황에 맞지 않는 방식으로 결정하는 것보다 분명히 더 낫기 때문이다.

537. 전투 과정에서 지나치게 세부적인 것을 결정하는 모든 계획은 그

때문에 잘못이 되고 망할 것이 틀림없다. 세부적인 것은 일반적인 이유뿐만 아니라 또한 개별적인 것에도 달려 있기 때문인데, 개별적인 것을 미리 알 수 있다는 것은 불가능하다.

538. 하나하나의 상황의 (우연적인 상황이든 다른 상황이든) 영향이 시간이나 공간의 확대와 더불어 늘어난다는 것을 생각하면, 이때 매우 넓은 범위의 결합된 움직임이 왜 성공하는 일이 드문지 그리고 왜 자주 망하게 되는지 하는 이유를 알게 된다.

539. 일반적으로 매우 복합적이고 인위적인 모든 전투 계획이 망하는 이유가 바로 이것이다. 그 계획은 전부 (때로 무의식적으로) 수많은 작은 전제에 근거를 두고 있는데, 그중에 많은 부분은 맞지 않는다.

540. 그래서 계획을 **부당**하게 확장하는 대신에 많은 것을 **지휘**에 맡기는 것이 낫다.

541. 하지만 이것은 (532번에 따라) 긴 배치, 즉 대규모의 예비대를 전제로 한다.

542. 우리는 (525번) 공격과 방어의 상호 작용에서 공격이 그 계획으로 더 멀리 미치는 것을 보았다.

543. 이와 달리 방어자는 지형을 통해 자기 전투의 과정을 미리 결정할 계기, 즉 자기 계획으로 전투 속으로 멀리 손을 내밀 계기를 많이 갖고 있다.

544. 이 입장에 머물러 있으면 방어자의 계획이 공격자의 계획보다 훨씬 **철저**하다는 것, 후자가 지휘에 훨씬 많은 것을 맡겨야 한다는 것을 말하게 될 것이다.

545. 하지만 방어자의 이런 우위는 겉으로만 존재하고 실제로는 존재하지 않는다. 즉 지형과 관련되는 배치는 단지 **준비**라는 것, 이 준비는 전제 조건에 근거하고 있고 적의 실제 조치에 근거하고 있지 않다는 것을 잊어서

는 안 된다.

546. 단지 이 전제 조건이 보통 많이 있을 법한 일이기 때문에 그리고 그러는 한, 그 전제 조건과 그것에 근거한 배치가 가치를 갖는다.

547. 하지만 방어자의 전제와 이것에 근거를 두는 배치에서 하게 되는 조건은 방어자의 배치를 자연히 크게 제한하고, 방어자의 배치와 계획에서 매우 조심하도록 강요한다.

548. 그가 그 조건으로 너무 **지나치게 행동하면** 공격자는 방어자의 배치와 계획에서 벗어날 수 있고, 그러면 방어자에게 즉시 죽은 병력이 생긴다. 즉 **병력의 낭비**가 생긴다.

549. 진지를 너무 넓게 하고 지역 방어를 너무 자주 사용하는 것이 여기에 속한다.

550. 바로 이 두 가지 잘못은 방어자에게 때로 계획을 지나치게 확대하여 생기는 불리함을 보여 주었고, 공격자가 자기 계획의 자연스러운 확장으로 얻을 수 있는 유리함을 보여 주었다.

551. **모든 관점에서 보더라도 매우 강력한 진지만** 공격자의 계획이 가질 수 있는 것보다 넓은 지역을 방어자의 계획에 준다.

552. 하지만 진지가 별로 훌륭하지 않거나 전혀 존재하지 않거나 그 안에서 적절하게 준비할 시간이 없는 만큼, 바로 그만큼 방어자는 자기 계획의 결정으로 공격자보다 뒤떨어질 것이고 지휘에 더 많이 의지해야 할 것이다.

553. 그래서 이 결과는 다시 방어자가 주로 병력의 점차적인 사용을 하지 않을 수 없도록 이끈다.

554. 하지만 전에 본 것처럼 큰 집단만 짧은 정면의 유리함을 가질 수 있다. 그래서 우리는 이제 **지형을 통해 야기된** 자기 계획의 지나친 확장의 위험, **병력의 파멸적인 분산의 위험**에서 방어자를 지휘에 있는, 즉 강력한 예비

대에 있는 지원 수단으로 그만큼 일찍 구해야 한다는 것을 말해야 한다.

555. 이로부터 분명히 방어와 공격의 관계는 집단이 커질수록 방어에 그만큼 더 유리해진다는 결론이 나온다.

556. 그래서 전투의 지속 시간, 즉 강력한 예비대를 두는 것과 이 예비대를 되도록 점차적으로 사용하는 것은 지휘의 첫 번째 조건이다. 이 점에서 우세하면 지휘에서도 (지휘를 하는 사람이 어느 정도로 거장인지 하는 것은 제외하고) 우세해질 것이 틀림없는데, 최고의 기술은 수단 없이는 효과를 낼 수 없기 때문이다. 덜 숙련된 쪽이 더 많은 수단을 마음대로 쓸 수 있다면 전투 과정에서 우세함을 얻게 되는데, 이는 매우 잘 생각할 수 있는 일이다.

557. 일반적으로 지휘에 우세함을 주는 두 번째의 객관적인 조건이 있다. 그리고 이것은 오로지 방어자 쪽에 있는데, 그것은 지역을 잘 알고 있다는 것이다. 이 지식이 전체를 조망하지 못한 채 상황의 압박 속에서 하게 되는 신속한 결단이 중요한 곳에서 얼마나 많은 유리함을 줄 수 있는지는 그 자체로 분명하다.

558. 계획의 결정이 상급 부대의 대형에 있는 부분에 더 잘 맞고, 지휘의 결정이 하급 부대의 대형에 있는 부분에 더 잘 맞는다는 것은 문제의 본질에 속한다. 그래서 후자의 모든 하나하나의 대형은 좀 덜 중요할 테지만 지휘의 결정이 당연히 훨씬 많고, 이 때문에 계획과 지휘 사이의 중요성의 차이는 부분적으로 상쇄된다.

559. 게다가 지휘에서는 상호 작용이 지휘의 본래 영역이라는 것, 이 영역에서 상호 작용은 결코 끝나지 않는다는 (양쪽이 상대를 보고 있기 때문에) 것, 그 결과로 상호 작용은 대부분의 결정을 일으키거나 제한한다는 것은 문제의 본질에 속한다.

560. 방어자가 지휘할 병력을 남겨 두도록(553번) 특별히 지시를 받는다면, 그가 일반적으로 병력을 사용할 때 유리하다면(557번), 이로부터 다

음과 같은 결론이 나온다. 즉 그는 계획의 상호 작용에서 불리한데, 이 불리함을 지휘의 상호 작용의 우세함으로 다시 보상받을 수 있을 뿐만 아니라 일반적인 상호 작용에서도 우세함에 이를 수 있을 것이다.

561. 하나하나의 경우에 이 점에서 양쪽 사이에 어떤 관계가 되든지 상관없이 어느 정도까지는 자기의 조치로 후수에 이르려는 노력이 있어야 할 것이다. 그러면 이때 적의 후수를 고려할 수 있을 것이다.

562. 이런 노력은 훨씬 더 강력한 예비대에 근거를 두고 있는 본래의 생각이고, 예비대는 최근에 대규모 집단으로 사용된다.

563. 우리는 모든 대규모 집단에서 방어의 제일 유리한 원동력이 지형 다음에 이 수단이라는 것을 의심하지 않는다.

지휘의 성격

564. 우리는 전투의 계획과 지휘를 결정하는 성격에 차이가 있다고 말했다. 그 원인은 지성이 활동하는 상황이 다르기 때문이다.

565. 상황의 이 차이는 세 가지 요소로 되어 있다. 즉 자료의 부족, 시간의 부족, 위험이다.

566. 위치와 대략적인 관계를 완전하게 조망할 때 제일 중요해지는 것은 이 조망이 없을 때 더 이상 중요해지지 않을 수 있다. 구체적으로 말하면 좀 더 가까이 있는 다른 현상이 훨씬 중요해지는데, 이는 저절로 이해할 수 있다.

567. 그래서 전투 계획이 기하학적인 소묘(素描)에 더 가깝다면, 지휘는 시각적인 소묘에 더 가깝다. 전자가 평면도에 더 가깝다면, 후자는 원근법의 풍경에 더 가깝다. 이 잘못을 어떻게 고쳐야 하는지는 아래에서 볼 것이다.

568. 시간의 부족은 조망의 부족을 일으키는 것 외에 생각하는 것에도 영향을 미친다. 비교하고 검토하고 비판하는 판단보다 순수한 재치, 즉 숙련된 판단 능력이 더 효과적일 수 있다. 이것도 명심해야 한다.

569. 심각한 위험 자체와 다른 것에 대한 직접적인 감정이 순수한 지성에 방해가 되는 효과를 일으킨다는 것은 인간의 본질에 속한다.

570. 그래서 지성의 판단이 이런저런 방식으로 좁아지고 약해지면 그 판단은 어디로 도망칠 수 있을까? 오직 용기로 도망칠 수 있다.

571. 여기에서는 분명히 두 가지 종류의 용기가 필요하다. 개인적인 위험에 압도당하지 않는 용기 그리고 불확실성을 계산하고 이에 따라 자기 행동을 준비하는 용기이다.[15]

572. 사람들은 두 번째의 용기를 보통 지성의 용기(courage d'esprit)라고[16] 부른다. 첫 번째의 용기에는 안티테제의 법칙에 맞는 이름이 없다. 그 원인은 그 이름 자체가 맞지 않기 때문이다.

573. 용기가 그 본래의 의미에서 무엇이라고 불리는지 묻는다면, 그것은 위험에 대한 개인적인 희생이다. 그리고 우리도 이 점에서 논의를 시작해야 한다. 결국 모든 것이 이 점에 근거를 두고 있기 때문이다.

574. 그런 희생의 감정은 완전히 다른 종류의 두 가지 원천을 가질 수 있다. 첫째는 위험에 대한 무관심인데, 이 무관심이 개인의 신체 구조에서 또는 생명에 대한 무관심에서 또는 위험에 대한 습관에서 비롯되는지 하는 것은 상관없다. 그리고 둘째는 긍정적인 동기이다. 즉 명예심, 애국심, 여러 가지 종류의 감격 등이다.

575. 첫 번째만 순수하고 타고난 용기 또는 천성이 된 용기라고 간주할 수 있다. 이 용기는 인간과 완전히 동일하고, 그래서 인간에게 결코 없지 않

---

15. 여기부터 아래 577번까지는 『전쟁론』 105~107쪽 참조.
16. courage d'esprit는 정신적인 용기. 『전쟁론』 107쪽 참조.

다는 특징이 있다.

576. 긍정적인 감정에서 나오는 용기는 다르다. 이 감정은 위험의 인상에 대항하고, 이때에는 자연히 위험이 감정에 대해 갖는 관계가 중요하다. 이 감정이 위험에 대한 순수한 무관심보다 훨씬 멀리 미치는 경우가 있고, 다른 경우에는 감정이 무관심에 추월당한다. 후자는 판단을 더 냉정하게 하고 완강함으로 이끈다. 전자는 더 의욕적으로 만들고 대담성으로 이끈다.

577. 위험에 대한 무관심이 그런 자극과 결합되면 제일 완벽한 개인적인 용기가 생긴다.

578. 지금까지 살펴본 용기는 완전히 주관적인 것이다. 이것은 오직 개인적인 희생과 관련되고, 그래서 개인적인 용기라고 부를 수 있다.

579. 하지만 자기 개인의 희생에 큰 가치를 두지 않는 사람이 다른 사람들의 (이들은 그 사람의 지위에 따라 그 사람의 의지에 의존하게 되어 있는데) 희생도 높게 평가하지 않는 것은 자연스럽다. 그는 자기 자신을 처리할 수 있는 것처럼, 희생을 바로 그런 감정에서 처리할 수 있는 물건으로 간주한다.

580. 이와 마찬가지로 그 어떤 긍정적인 감정을 통해 위험으로 들어가게 되는 사람은 이 감정을 다른 사람들에게 빌려줄 것이다. 또는 다른 사람들이 그의 감정에 따르는 것이 정당하다고 생각할 것이다.

581. 이 두 가지 종류에서 용기는 객관적인 활동 범위를 얻게 된다. 용기는 이제 자기 자신의 희생에 더 많은 영향을 미칠 뿐만 아니라 용기를 따르는 전투력을 사용하는 데도 영향을 미친다.

582. 용기가 위험에 대한 모든 살아있는 인상을 영혼에서 배제하면, 용기는 지성의 활동에 영향을 미친다. 이 활동은 자유롭게 되는데, 그 활동이 더 이상 불안의 압력 아래에 있지 않기 때문이다.

583. 물론 존재하지 않는 지성의 힘은 그 때문에 생기지 않을 수 있고,

통찰력은 더욱 생기지 않을 수 있다.

584. 그래서 용기는 지성과 통찰력이 없는 경우에 때로 매우 잘못된 길로 안내할 수 있다.

585. 사람들이 지성의 용기라고[17] 부른 용기는 완전히 다른 원천을 갖고 있다. 그것은 모험의 필요성에 대한 확신에서 또는 더 높은 통찰력에 대한 확신에서도 생기는데, 더 높은 통찰력에서는 모험이 다른 것보다 훌륭하게 보이지 않는다.

586. 이 확신은 개인적인 용기가 없는 인간에게도 생길 수 있다. 하지만 확신이 감성에 다시 영향을 미치고 감성의 더 고상한 힘을 일깨우고 높이면, 확신은 비로소 용기가 된다. 즉 그것은 비로소 인간을 그 순간과 위험의 압력에서 지탱하게 하고 균형을 유지하게 하는 힘이 된다. 그래서 **지성의 용기**라는 표현이 완전히 맞는 것은 아니다. 지성 자체에서는 결코 용기가 생기지 않기 때문이다. 생각이 감정을 만들 수 있다는 것, 그리고 이 감정이 사고 능력의 지속적인 영향을 통해 높아질 수 있다는 것을 모든 사람은 경험으로 알고 있다.

587. 한편으로는 개인적인 용기가 지성의 힘을 지원하고 높이면서, 다른 한편으로는 지성의 확신이 감성의 힘을 일깨우고 감성의 힘에 생기를 불어넣으면서 이 둘은 가까워지고 동시에 활동할 수 있다. 즉 이 둘은 지휘에서 **동일한** 결과를 낼 수 있다. 하지만 이런 일은 드물다. 보통 용기의 행동은 그 기원의 성격에서 무엇인가를 갖고 있다.

588. 훌륭한 개인적인 용기와 훌륭한 지성이 하나로 묶일 때 지휘는 당연히 제일 완전할 것이 틀림없다.

589. 지성의 확신에서 비롯되는 용기가 주로 불확실한 문제나 행운에

---

17. 앞의 572번 참조.

대한 신뢰에 있는 모험과 관련되고, 개인적인 위험과는 별로 관련되지 않는다는 것은 문제의 본질에 속한다. 개인적인 위험은 쉽게 훌륭한 지성 활동의 대상이 될 수 없기 때문이다.

590. 그래서 전투 지휘에서, 즉 그 순간과 위험의 압박에서 감성의 힘은 지성을 지원해야 하고, 지성은 감성의 힘을 일깨워야 한다는 것을 알게 된다.

591. 판단이 전체를 조망하지 못하고 시간의 여유도 없이 현상의 제일 격렬한 압박을 받으면서 적절한 결정을 내려야 한다면, 그렇게 고양된 영혼의 상태가 필요하다. 그런 상태는 전쟁 재능이라고 부를 수 있다.

592. 전투를 크고 작은 많은 부분으로 되어 있는 것으로, 그리고 전투에서 비롯되는 행동으로 살펴보면, 개인적인 희생에서 비롯되는 용기는 낮은 영역에서 지배적이라는 것, 즉 많은 용기는 작은 부분에 더 많이 명령할 것이고 다른 용기는 큰 부분에 더 많이 명령할 것이라는 점이 분명해진다.

593. 이 편제에서 계속 아래로 내려갈수록 행동은 그만큼 더 단순해지고, 그래서 단순한 지성이 그만큼 더 많이 충분해질 수 있다. 하지만 개인적인 위험은 그만큼 더 높아질 것이고, 그 결과로 개인적인 용기는 그만큼 더 많이 요구될 것이다.

594. 위로 올라갈수록 한 사람 한 사람의 행동은 그만큼 더 중요해지고 그만큼 더 많은 효과를 내는데, 그 사람이 결정하는 대상이 어느 정도 전체와 결정적인 관계에 있기 때문이다. 이로부터 훨씬 더 많은 조망이 필요할 것이라는 결론이 나온다.

595. 물론 더 높은 지위는 더 낮은 지위보다 늘 더 먼 시야를 갖고 관계를 훨씬 잘 조망한다. 하지만 전투 중에 있으면 좋겠다고 생각하는 모든 조망이 주로 높은 지위에 없다. 그래서 많은 것이 행운에 의지해서 순수한 판단력으로 수행되어야 하는 곳은 주로 높은 지위이다.

596. 지휘의 이런 성격은 전투가 계속 앞으로 나아갈수록 점점 더 높아진다. 현재 상태가 우리에게 완전히 알려졌던 첫 번째 상태에서 그만큼 더 멀어졌기 때문이다.

597. 전투가 오래 계속될수록 우연, 즉 우리의 계산 밖에 있는 사건이 전투에 그만큼 더 많이 일어나고, 모든 것이 전투 대형의 구성에서 그만큼 더 많이 사라지고, 전투는 이미 이곳저곳에서 그만큼 더 거칠고 혼란스럽게 보인다.

598. 하지만 전투가 계속 앞으로 나아갈수록 결전들은 그만큼 더 많이 쌓이고 그만큼 더 가까이 접근하고, 생각할 시간은 그만큼 더 줄어든다.

599. 그래서 더 높은 부분도 점차로, 특히 하나하나의 지점과 순간에 낮은 영역으로 내려가는 일이 일어나는데, 이 영역에서는 개인적인 용기가 깊은 생각보다 중요시되고 거의 모든 것을 하게 된다.

600. 이런 식으로 모든 전투에서 결합은 점점 더 많이 소진되고, 결국 거의 용기 혼자만 싸우고 영향을 미치게 된다.

601. 그래서 지휘의 행동에 맞서는 어려움을 상쇄해야 하는 것은 용기와 용기에 의해 높아진 지성이라는 것을 알게 된다. 그럼에도 용기와 지성이 그것을 어느 정도로 할 수 있는지 없는지 하는 것은 문제가 아니다. 그것이 적에게도 똑같은 상태에 있는 것처럼 보이고, 그래서 아군의 잘못과 실책은 일반적인 경우에 적의 그것과 상쇄되기 때문이다. 이때 매우 중요하게 보아야 하는 것은 용기와 지성에서, 무엇보다 용기에서 적에게 뒤지지 않는 것이다.

602. 여기에서 매우 중요한 것이 한 가지 더 있다. 그것은 판단력이다. 이것은 타고난 재능을 제외하면 주로 숙련에 속한다. 숙련은 현상과 친해지게 하고 진실의 발견을, 그래서 올바른 판단을 거의 습관이 되게 한다. 여기에 전쟁 경험의 중요한 가치가 있고, 전쟁 경험이 군대에게 줄 수 있는 큰

우세함이 있다.

603. 마지막으로 할 말이 있다. 즉 전투 지휘의 상황이 늘 더 가까이 있는 것을 더 높이 있는 것이나 멀리 있는 것보다 훨씬 중요하게 본다면, 문제에 대한 견해의 잘못은 행동하는 자가 옳았는지 불확실할 때 자기의 행동을 결정적인 것으로 만들려고 하는 것으로만 고칠 수 있다. 이런 일은 그가 거기에서 끌어낼 수 있는 가능한 모든 성공을 얻으려고 정말로 노력할 때 일어난다. 늘 높은 관점에서 지휘해야 하는 전체는 이런 식으로 이 관점을 얻을 수 없을 때 하위의 관점에 의해 어느 일정한 방향으로 휩쓸려 간다.

예를 들어서 이것을 좀 더 알기 쉽게 하려고 한다. 어느 사단장이 대규모 전투로 혼란을 겪는 중에 전체와 맺는 관계를 잃게 된다면, 그리고 그 사단장이 공격의 모험을 해야 하는지 말아야 하는지 불확실하다면, 그럼에도 그가 공격을 하기로 결심한다면, 그 자신과 전체는 오직 이 결심으로만 진정될 수 있을 것이다. 그래서 그는 자기의 공격을 관철하려고 할 뿐만 아니라 성과를 얻으려고 노력하게 되는데, 이 성과는 그동안에 다른 지점에서 일어날 수 있었던 나쁜 일을 다시 보상할 것이다.

604. 그런 행동은 좁은 의미의 결단력이라고 부르는 것이다. 그래서 우리가 여기에서 말하는 견해는 이런 식으로만 우연을 억제할 수 있다는 것이고, 이 견해가 우리를 결단력으로 이끈다. 결단력은 절반의 조치로부터 우리를 보호하고, 대규모 전투를 지휘할 때 제일 빛나는 특성이다.

[그림 6] 『전쟁론』 부록의 마지막 페이지

386

Ganzen gekommen ist und ungewiß ist ob er noch einen Angriff wagen soll oder nicht, so wird er, wenn er sich zum Angriff entschließt, doch allein darin eine Beruhigung für sich und das Ganze finden können, daß er dahin strebt nicht allein mit seinem Angriff durchzudringen, sondern auch einen solchen Erfolg zu erhalten der, was unterdeß auf andern Punkten sich Schlimmes zugetragen haben könnte, wieder gut machen wird.

604. Ein solches Handeln ist das was man im engeren Sinne die Entschlossenheit nennt. Die Ansicht also welche wir hier geben, daß auf diese Weise allein das Ungefähr beherrscht werden kann, führt zur Entschlossenheit; diese bewahrt vor halben Maaßregeln und ist die glänzendste Eigenschaft in der Führung eines großen Kampfes.

출처 http://gallica.bnf.fr/ark:/12148/bpt6k86500f/f394.image.r=hinterlassene%20werke

'전술 연구 또는 전투 이론 연구의 길잡이'는 『전쟁론』 독일어 초판 제3권의 386쪽에서 604번으로 끝난다. 이 386쪽은 '부록'의 마지막 페이지이고, 이와 동시에 『저작집』 제3권의 마지막 페이지이다.

참고 문헌[18]

Carl von Clausewitz, *Vom Kriege*, 3. Teil, Dümmler 1834, 203~386쪽

Carl von Clausewitz, *Vom Kriege*, Hg. von Werner Hahlweg, Dümmler 1991, 1041~1180쪽

Gunter Dill(Hg.), *Clausewitz in Perspektive. Materialien zu Carl von Clausewitz : Vom Kriege*, Frankfurt/M. : Ullstein 1980, 5~125쪽

Hans W. Gatzke, *Principles of War*, Harrisburg, Pennsylvania : The Military Service Publishing Company 1942 (http://www.clausewitz.com/mobile/principlesofwar.htm 참조)

클라우제비츠, 『클라우제비츠의 전쟁 원칙』, 송항섭 번역, 육군대학 1984

클라우제비츠, 『클라우제비츠의 전쟁 원칙과 리더십론』, 정토웅 번역, 육군사관학교 화랑대연구소 1999, 1~66쪽

클라우제비츠, 『전쟁론』, 김만수 번역, 갈무리 2016

김만수, 『전쟁론 강의』, 갈무리 2016

위키피디아(https://wikipedia.org/wiki)의 독어판, 불어판, 영어판

http://gallica.bnf.fr

---

18. 부록의 번역 텍스트, 부록을 번역하고 각주를 다는데 참고한 문헌.

제2부

『전쟁이란 무엇인가』해설

김만수

일러두기

　'독자에게 드리는 글'에서 해설을 『전쟁론 강의』와 같은 방식으로 서술한다고 말한 것은 도표나 그림을 먼저 제시해서 해당 내용을 전체적으로 조망할 수 있게 한 다음에 그 부분의 내용을 서술한다는 것을 말한다. 내용을 도표화할 수 없는 경우에만 바로 글로 해설했다.

　도표와 그림에는 서술의 전부를 담을 수 없고 핵심만 담게 된다. 그래서 모든 개념과 용어를 담지 못하고 핵심 개념과 용어만 담게 된다.

　클라우제비츠가 쓴 알파벳(a, b, c 등)이 여러 번 중복되는데, 해설에서도 클라우제비츠가 쓴 대로 따랐다. 알파벳이 없는 경우에 해설의 필요에 따라 1, 2나 ㄱ), ㄴ) 등을 넣은 경우가 있다.

　그래서 이 해설에서는 (『전쟁론 강의』와 달리) 개념의 위계를 설정하지 않고, 예를 들어 1, 1), (1) 또는 a, a), (a) 등의 구분과 위계를 만들지 않는다. 경우에 따라 그런 표시가 있다고 해도 그것은 클라우제비츠의 서술을 따른 것이거나 편의상 붙인 것에 지나지 않는다. (제4장의 해설에서 예외적인 한두 경우에는 위계를 설정하고 설명하였다.)

　'전술 연구 또는 전투 이론 연구의 길잡이'는 모든 글에 번호가 있고, 그래서 아래의 '제4장 전술 연구 또는 전투 이론 연구의 길잡이'에서도 이점을 고려했다. 즉 제4장에서는 각 서술 부분의 끝에 [번호~번호]를 붙였다. [번호~번호]는 그 앞의 서술이 '전술 연구 또는 전투 이론 연구의 길잡이'의 몇 번에서 몇 번까지 서술한 것인지를 밝힌 것이다.

제1장

가우디 장군에게 제출한 초안

무기 종류와 부대 종류			방어 이론에서
전술, 전투 이론	–	핵심(승패의 결정)	야전 축성술
전략(전투의 결합 이론)	–	판단력의 문제	영구 축성술

　　전쟁사를 이해하려면 무기 종류와 부대 종류에 관한 지식 외에 응용(고급) 전술과 전략에 대해 알고 있어야 한다. 전술 또는 전투 이론이 본래의 핵심이다. 전략 또는 원정의 목적을 위한 하나하나의 전투의 결합에 관한 이론은 천부적이고 성숙한 판단력의 문제이다. 방어 이론에서 야전 축성술의 자리는 전술에, 영구 축성술의 자리는 전략 안에 또는 전략 다음에 있는 것이 목적에 잘 맞는다.

전술	전략과 무관	소규모 부대의 진지와 전투 방식
	전략과 관련	군단과 군대의 행동

전술에는 두 종류의 대상이 있다. 하나는 전체와 맺는 전략적인 관련을 알지 못하는 것이다. 중대, 기병 중대, 여단까지 모든 소규모 부대의 진지와 전투 방식이 여기에 속한다. 다른 하나는 전략의 개념과 관련되는 것이다. 모든 군단과 군대가 전투, 전초, 소규모 전쟁 등에서 하는 행동이 여기에 속한다. 그런 것에서 위치, 대규모 전투, 행군 등의 개념이 생기기 때문이다.

제2장

전쟁 수행의 제일 중요한 원칙

I. 전쟁의 원칙 일반

전쟁 이론은 결정적인 지점에서 어떻게 물리적인 힘과 유리함의 우세를 얻을 수 있는지 하는 것을 주로 다룬다. 이것이 불가능하면 정신적인 요소도 계산한다. 이론은 전쟁에서 일어날 수 있는 모든 상황에 대한 이성적인 고찰에 지나지 않기 때문이다.

전쟁에서는 늘 성공하려고 한다. 하지만 이것이 늘 가능한 것은 아니다. 그래서 더 나은 것을 할 수 없을 때는 성공의 개연성에 반하는 행동을 해야 한다. 성공의 개연성이 낮을 때는 모든 것을 되도록 잘 준비해야 한다. 그런 경우에도 평정심과 단호함을 유지해야 한다. 명예로운 패배에 대한 생각도 받아들여야 한다. 즉 단호한 결단이 있어야 한다.

전쟁에서는 늘 대담성과 신중함 사이에 선택할 수 있는데, 신중함을 선택하는 것은 잘못이다. 결단력 있는 것 또는 대담한 것을 선택해야 한다. 대담성 없이는 위대한 최고 지휘관이 될 수 없다.

II. 전술 또는 전투 이론

전쟁은 전투의 결합이고 전쟁의 성공은 이 결합에 달려 있지만, 우선 전투 자체가 중요하다. 전쟁에서 제일 중요한 것은 전투에서 적에게 승리하는 기술이다.

1. 일반 원칙

A. 방어

---

1 수동적으로 행동하지 말 것, 정면과 측면에서 적에게 반격할 것
2 최고의 에네르기로 모든 힘을 소모하여 큰 목적을 추구할 것

↓

에네르기와 인내심을 갖고 크고 결정적인 목적을 추구할 것

- -

잘못된 신중함 - 위험이 증대되어 목적을 희생하는 것
올바른 신중함 - 목적 달성을 약하게 하지 않는 수단을 찾아내는 것

방어할 때는 자기 부대를 오랫동안 은폐한 상태로 유지해야 한다. 모든 부대를 바로 전투에 보내지 말아야 한다. 배후에 있는 부대는 자유롭게 쓸 수 있으므로 정면의 크기에 대해서는 걱정하지 말아야 한다. 적은 정면의 한 부분을 공격하는 동안에 아군을 추월하고 포위하기 때문에 배후에 있는 아군의 부대는 적을 막는데 적당하다. 배후의 병력 중에 일부를 측면 배후에 배치하면 아군을 우회하는 적의 종대를 측면에서 공격할 수 있다.

1. 이를 종합하면 제일 중요한 원칙은 결코 완전히 수동적으로 행동하지 말 것, 적이 아군을 공격하는 동안에도 정면과 측면에서 적에게 반격을

하는 것이다. 방어는 내가 고른 지역, 내가 아군을 위해 준비한 부대를 미리 배치한 지역에서 유리하게 적을 공격하는 수단이다. 방어에서 하는 공격은 적이 아군을 실제로 공격하는 순간에 또는 적이 아군을 향해 행군하는 중에 할 수 있다. 이때 긴 배치, 즉 자기 군대의 2/3나 절반 또는 그보다 적은 병력만 정면에 두고 나머지 병력을 정면과 측면의 배후에 되도록 은폐하는 배치는 매우 적절하다. 수동적으로 있어야 하는 지점에서는 축성술을 이용해야 한다.

2. 전투 계획에서는 큰 목적, 즉 적의 대규모 종대에 대한 공격과 그 종대에 대한 완전한 승리와 같은 목적을 선택해야 한다. 방어 계획에서 큰 목적을 (적의 종대의 파괴 등) 세웠다면 이를 최고의 에네르기로 마지막 힘까지 소모해서 추구해야 한다.

앞의 두 원칙을 결합하면 오늘날의 전쟁술에서 승리의 첫 번째 원인으로 간주해야 하는 결과를 낳는다. 즉 "에네르기와 인내심을 갖고 크고 결정적인 목적을 추구해야 한다."

물론 이 원칙을 추구하다가 성공하지 못하면 위험이 증대된다. 하지만 목적을 희생하면서 더 신중해지는 것은 기술이 아니고, 전쟁의 본질에 어긋나는 잘못된 신중함이다. 전쟁에서 큰 목적을 이루려면 큰 모험을 해야 한다. 올바른 신중함은 전쟁에서 중요한 모험을 할 때 아군의 목적 달성을 약하게 하지 않는 수단을 찾아내고 사용하는 일을 나태, 둔함, 경솔함으로 중지하지 않는 것이다.

민덴, 로스바흐, 리그니츠, 호엔린덴, 레겐스부르크, 바그람의 방어 전투는 모두 적극적인 방어였다.

B. 공격

1 에네르기와 대담성에서 방어자를 앞설 것
2 부대가 독립성을 갖고 적을 찾아 헌신적으로 공격할 것
3 적에 대해 기습을 할 것

1. 적과 같거나 적보다 적은 병력을 갖고 있을 때는 적의 한 지점을 월등한 우세함으로 공격해야 한다. 즉 결정적인 지점에 아군의 병력이 되도록 많아야 한다. 주된 공격은 적의 날개로 향해야 한다. 아군의 병력이 많아도 하나의 지점을 선택해서 그곳에서 주된 공격을 해야 한다. 적을 전쟁터에서 몰아내고 추격해야 한다. 많은 병력으로 적의 날개를 집중적으로 공격해야 (포위해야) 한다. 적을 포위할 때는 정면에 많은 병력을 전개하게 되는데, 이때 배후에 예비대를 두어야 (긴 배치를 해야) 한다. 적의 군대 중에 어느 부분이 패배하면 아군에게 결정적인 이익이 되는 부분을 공격 대상으로 삼아야 한다. 목적을 이룰 때까지 에네르기와 대담성에서 방어자를 앞서야 승리를 얻을 수 있다.

2. 부대의 선을 길게 연결하는 것은 피해야 한다. 여러 사단과 군단이 공격할 때 그들을 한 지점에서 지휘하려고 하는 것은 잘못된 협력 방식이다. 바람직한 방식은 군단장이나 사단장에게 행군의 주요 방향만 지시하고, 적을 목표로 적에 대한 승리를 목적으로 삼게 하는 것이다. 지휘관은 적을 발견하는 곳에서 자기 부대로 온 힘을 다해 적을 공격해야 한다. 부대의 협력을 확신하려면 모든 군단이 일정한 독립성을 갖고 적을 찾아내서 헌신적으로 공격해야 한다.

3. 공격 전쟁의 제일 중요한 원칙 중의 하나는 적에 대한 기습이다. 방어자는 자기의 조치를 숨기고 부대의 배치를 은폐해서 기습을 할 수 있고, 공격자는 예상치 못한 접근으로만 기습을 할 수 있다. 이런 현상은 최근의 전쟁에서 매우 드물다. 매우 적은 군대로 어떤 행동을 감행하는 데는 본래

의 야간 기습이 최고의 기습이다. 하지만 그것은 방어자보다 그 지역을 잘 알지 못하는 공격자에게는 약간의 우연에 달려 있다. 그런 기습은 상황이 절망적일 때만 쓰는 최후의 수단이다.

2. 부대의 사용 원칙

전투	화기 ➡ 보병과 포병 ➡ 기병
규칙	포병 ➡ 경보병 ➡ 기병
원칙	모든 병력을 한 번에 전부 투입하지 말 것
전투 대형	원정(전쟁) 전체를 고려, 계획을 대신, 방법론이 생겨남

전투는 화기(총기와 대포)로 시작해야 한다. 적이 아군의 보병과 포병으로 많은 피해를 입은 다음에 기병을 사용해야 한다. 그래서 기병은 보병 뒤에 배치해야 한다. 기병으로 전투를 시작할 때 너무 경솔하게 이동해서는 안 된다. 화력에서 포병은 보병보다 훨씬 효과적이다. 그 반대로 포병은 보병처럼 이동하지 못한다. 그래서 포병은 처음부터 제일 중요한 지점에 집결해야 한다.

여기에서 나오는 규칙. 전투는 포병으로 시작하고 그다음에 경보병으로 시작한다. 이 전투로 적을 되도록 많이 지치게 해야 한다. 적이 전투에 많은 병력을 보내면 아군은 물러난다. 기병은 전투 중에 전투하는 부대의 배후에 가까이 둔다.

부대 사용의 원칙. 모든 병력을 한 번에 전부 투입하지 말아야 한다. 얼마 안 되는 병력으로 적을 피로하게 만들고, 중요한 병력은 마지막의 결정적인 순간에 대비해 보존해야 한다. 이 병력을 한 번 투입한다면 그 병력은 최고의 대담성으로 이끌어야 한다.

전투 대형, 즉 전투 전과 전투 중의 부대 배치 방식은 원정이나 전쟁 전체를 생각해서 선택해야 한다. 이 전투 대형은 계획할 시간이 없는 경우에 계획의 자리를 대신한다. 그래서 이것은 주로 방어를 생각해서 만들어진다. 이 전투 대형은 군대의 전투 방식에 일정한 양식을 부여하고, 이 양식은 필요하고 유익하다. 여기에서 일종의 방법론이 생겨나고, 방법론은 기술이 없는 곳에서 기술을 대신한다.

전투 대형에서 기병이 적지 않으면 기병 예비대를 두는데, 이는 배후에 두고 다음과 같은 임무를 맡고 있다. a) 적이 전쟁터에서 후퇴하는 중이라면 적에게 밀고 들어가는 것, 그리고 적이 후퇴를 엄호하는데 사용하는 기병을 공격하는 것. b) 적이 후퇴할 때 적을 더 빨리 추격하는 것. 추격은 전쟁에서 승리 다음으로 제일 중요하다. c) 적을 크게 (전략적으로) 우회하려고 할 때 기병 예비대를 이용하는 것.

부대의 전투 대형은 전투와 관련되고, 전투는 부대의 행군이다. 행군 대형은 다음과 같다. a) 독립된 부대는 그 자체의 전위와 후위를 두고 있고 그 자체의 종대를 편성하고 있다. b) 부대는 일반적인 전투 대형에 따라 행군한다. c) 부대의 대형은 경보병이 전위와 후위를 이루고 1개 기병 연대를 이 경보병에 덧붙인다. 그다음에 보병이 오고 그다음에 포병이 오고 마지막에 나머지 기병이 따른다.

3. 지형의 이용 원칙

1 적의 접근의 장애물	기동성 없었을 때	방어에서
2 아군을 은폐하여 배치	기동성 있을 때도	공격과 방어에서

지형은 전쟁 수행에서 두 가지 유리함을 준다. 첫째는 접근의 장애물

이 되는데, 이는 적이 어느 지점으로 밀고 들어오는 것을 불가능하게 하든 지 적에게 더 천천히 행군하고 종대로 머물도록 강요한다. 둘째는 그 장애물이 아군의 부대를 은폐해서 배치하도록 허락한다.

2의 유리함을 1의 유리함보다 자주 누린다. 단순한 지형도 부대를 은폐해서 배치하도록 허락하기 때문이다. 전에는 1만 알았다. 이제는 모든 군대가 기동성을 갖게 되어 1을 별로 많이 이용할 수 없게 되었고, 그래서 2를 더 자주 이용하게 되었다. 1은 방어에서만 효과를 내고, 2는 공격과 방어 모두에서 효과를 낸다.

1에서	a) 측면의 보호	지형을 통과할 수 없을 때
	b) 정면의 강화	지형을 통과할 수 있을 때
	고립되어 유지되어야 하는 지형 장애물	

1에서 지형은 a) 측면의 보호, b) 정면의 강화로 나타난다. a) 측면을 보호하려면 지형이 큰 강, 호수, 습지처럼 전혀 통과할 수 없어야 한다. 그런데 이런 대상을 발견하는 일은 드물다. b) 접근의 장애물이 통과할 수 없는 것이 아니라면 그것은 정면의 강화 지점에 지나지 않는다. 그러면 부대는 그 배후에 배치해야 한다.

a) 측면을 안전하게 하면 이 지점에서 약간의 병력만 사용해도 된다. 그러면 병력을 다시 길게 배치하게 된다. 측면을 안전하게 보호할 수 있는 일이 적을수록 배후에 그만큼 많은 부대를 두어야 한다. 정면에서 통과할 수 없는 모든 종류의 지형, 예를 들어 마을, 많은 울타리와 도랑으로 둘러싸인 토지, 습지와 초지, 많은 노력을 들여 올라가야 하는 산은 이런 종류의 지형 장애물에 속한다. 숲은 울창하게 자라고 습지대일 때만 이 경우에 넣을 수 있다. 그래서 한쪽 측면에서는 얼마 안 되는 병력으로 비교적 강력

한 저항을 수행하려고 지형 장애물을 이용하고, 다른 쪽 측면에서는 공격을 수행한다.

b) 또한 모든 장애물은 정면에 대한 접근의 장애물로서 큰 가치를 갖는다. 산은 이런 이유로 점령하는 것이다. 아군의 정면을 강화하도록 되어 있는 모든 접근 장애물은 아군의 제일 효과적인 화력으로 점령해야 한다. 또한 장애물을 정면으로부터 약간 멀리 있게 해서 그 장애물을 대포의 효과적인 포격 아래에 두어야 한다. 그러면 지형 장애물은 적극적으로 방어하려는 의도로 쓰이고, 이런 방어는 정면에서 수행된다.

a)와 b)의 장애물은 주로 대규모의 진지들을 연결하는 선으로 간주된다. 그런데 고립되어 유지되어야 하는 지형 장애물도 있다. a) 고립되어 있는 가파른 고지. b) 험한 길, 즉 적이 한 지점에서만 접근할 수 있는 모든 좁은 길을 말한다. 다리, 둑, 수직의 암석 협곡이 여기에 속한다. c) 동네, 마을, 소도시 등. 이 고립된 초병은 대규모 작전에서 부분적으로는 전초로 쓰이고 부분적으로는 중요한 지점에서 쓰인다.

고립된 지점의 배후에 있는 부대는 후퇴하는 파견대를 받아들일 준비를 해야 한다. 또한 그런 방어 임무를 맡은 파견대는 최악의 상황에서도 목적을 이루려고 노력해야 한다.

2. 아군의 배치와 행군을 보호하는 수단으로 지형을 이용하는 것에 대해. 산을 방어하려면 산의 배후에 있어야 한다. 숲에서는 숲속이나 숲의 배후에 있어야 한다. 부대를 종대로 유지해서 자기 부대를 더 쉽게 은폐한 상태로 배치할 수 있게 해야 한다. 마을, 작은 숲, 활 모양의 모든 지형을 이용해서 자기 부대를 그 배후에 은폐해야 한다. 적에게 진격할 때는 끊어진 지역을 선택해야 한다. 자기 부대를 은폐하려고 지형을 이용한다면 이를 자기가 설정한 목적이나 조합과 일치되도록 해야 한다. 그래서 무엇보다 전투대형을 무너뜨리지 않는 것이 중요하다.

1과 2를 요약하면 방어자에게, 즉 진지를 선택하는데 제일 중요한 것은 다음과 같다. a) 한쪽 또는 양쪽의 측면에 의지하는 것. b) 정면과 측면을 자유롭게 조망하는 것. c) 정면에 대한 접근을 방해하는 것. d) 부대를 은폐하여 배치하는 것. 여기에 속하는 것으로는 e) 배후에 끊어진 지형을 두는 것.

공격자가 지형에서 고려해야 하는 것은 첫째로 너무 험한 지형을 공격 지점으로 선택하지 말 것, 둘째로 되도록 적이 아군을 최소한으로 조망할 수 있는 지역으로 전진할 것이다.

지형의 이용에 관한 이 언급을 하나의 원칙으로 마칠 수 있다. 이 원칙은 방어에서 최고로 중요하고 모든 방어 이론의 아치를 완성하는 마지막 돌이라고 간주할 수 있다. 즉 "모든 것을 결코 지형의 강력함으로 얻으려고 하지 말 것. 그래서 강력한 지형 때문에 결코 소극적인 방어에 빠져들지 말 것."

지형이 강력해서 공격자가 아군을 몰아내는 것이 불가능해진다면 공격자는 그 지형을 우회할 것이다. 그러면 제일 강력한 지형도 쓸모없게 된다. 모든 지형 장애물은 부분적인 방어를 하는 데만 이용해야 한다. 그래서 얼마 안 되는 병력으로 비교적 강력한 저항을 수행하고, 공격하는데 필요한 시간을 벌고, 이 공격으로 다른 지점에서 진정한 승리를 얻으려고 노력해야 한다.

III. 전략

전략은 전쟁을 이루는 하나하나의 전투의 결합이고, 원정이나 전쟁의 목적을 달성하려고 한다.

1. 일반 원칙

a) 적의 무장 병력을 무찌르고 섬멸하는 것	주력 군대
b) 적의 죽은 전투력과 다른 자원을 점령하는 것	수도, 창고, 요새
c) 여론을 얻는 것	승리와 수도의 점령

전쟁 수행의 중요한 목적은 a) 적의 무장 병력을 무찌르고 섬멸하는 것, b) 적의 군대의 죽은 전투력과 다른 자원을 점령하는 것, c) 여론을 얻는 것이다.

a)를 이루려면 중요한 작전을 늘 적의 주력 군대나 중요한 부분으로 향해야 한다. a)를 해야 b)와 c)를 할 수 있다. b)를 이루려면 죽은 전투력이 제일 많이 집결해 있는 지점, 즉 수도, 식량 창고, 대규모 요새로 작전 방향을 잡아야 한다. c)는 대규모의 승리와 수도의 점령으로 이루게 된다.

1 최고의 노력으로 모든 힘을 쏟아 붓는 것

2 주요 공격 지점에 병력을 최대한 집결하는 것

3 시간을 허비하지 않는 것(신속한 행동)

4 아군의 성공을 최고의 에네르기로 이용하는 것(추격)

1. 앞의 목적을 이루는 첫 번째의 제일 중요한 원칙은 최고의 노력으로 아군에게 주어진 모든 힘을 쏟아 붓는 것이다. 이런 준비가 주는 정신적인 인상은 매우 크다. 2. 두 번째 원칙은 중요한 공격이 일어나야 하는 곳에 병력을 되도록 많이 집결하는 것이고 다른 지점의 불리함을 감수하는 것이다. 3. 세 번째 원칙은 시간을 허비하지 않는 것이다. 되도록 신속하게 행동하면 여론도 아군 편으로 돌아선다. 기습이 신속성의 예이다. 4. 네 번째 원

칙은 아군이 획득한 성공을 최고의 에네르기로 이용하는 것이다. 패배한 적을 추격하는 것만이 승리의 열매를 준다.

1이 2~4의 토대이다. 1을 지켰다면 모든 것을 위험에 빠뜨리지 않으면서 2~4에서 최고의 모험을 할 수 있다. 아군의 배후에 예비대를 두면 새로운 힘으로 불리한 경우를 보상받을 수 있다. 예비대를 두는 것이 현명한 신중함이다. 겁먹은 발걸음으로 전진하는 것은 신중함이 아니다.

늘 새로운 병력으로 등장하려고 자기의 모든 힘을 쏟아 붓는 자, 생각해 낼 수 있는 모든 준비 수단을 제대로 찾는 자, 자기 병력을 중요한 지점에 집결하는 자, 결단력과 에네르기로 무장하고 큰 목적을 추구하는 자, 그런 자는 대체로 전쟁을 전략적으로 지휘하는데 할 수 있는 모든 것을 한 것이다. 결국 1~4에서 작전을 수행하는 형태는 별로 중요하지 않다.

형태 중에 제일 중요한 것에 대해. 그것은 포위와 우회이다. 전술에서는 늘 중요한 공격 방향에 있는 적을 포위하려고 노력한다. 전략에서 적의 전쟁터와 (그래서 적의 식량 조달 문제에도) 관련하여 적을 포위해야 하는 종대나 군대는 대부분 멀리 떨어져 있게 될 것이고, 그래서 그들은 하나의 동일한 전투에 참여할 수 없다. 그런데 전투가 중요하고 결정적인 것이기 때문에 집중적으로 행동하는 쪽은 결정적으로 우세하지 않다면 전투를 하면서 포위가 그에게 보장했을 모든 유리함을 잃을 것이다. 식량 조달에 미치는 영향은 천천히 나타나고, 전투의 승리는 빠르게 나타나기 때문이다.

적을 후퇴 지점에서 차단하려면 전략적인 우회와 포위가 매우 효과적이다. 그런데 이 목적은 경우에 따라 전술적인 우회로도 이룰 수 있기 때문에 전략적인 우회는 (물리적으로나 정신적으로) 우세하여 중요한 지점에서 충분히 강력한 상태에 있고, 그래서 파견 부대 없이 지낼 수 있는 경우에만 유리할 것이다.

앞의 원칙, 즉 중요한 지점에 병력을 되도록 많이 집결한다는 원칙 때문에 전략적인 포위라는 생각에서 벗어나게 되고, 아군 전투력의 배치는 이미 여기에서 나오게 된다. 그래서 이 배치 형태는 별로 가치가 없다.

부대의 식량 조달은 전쟁 수행에 필요한 조건이고, 그래서 작전에 큰 영향을 미친다. 부대의 식량 조달은 그 지방이 허락하는 곳에서 그 지방의 부담으로 징발을 통한 이루어진다. 작전을 할 때는 제일 비옥한 지방을 선택한다. 식량 조달의 용이함이 행동의 신속성을 높이기 때문이다. 식량 조달보다 중요한 곳은 아군이 찾아가는 적의 주력 군대의 진지, 점령하려고 하는 수도와 무기 창고의 위치 등이다. 이 새로운 식량 조달 방식에도 불구하고 현명한 최고 지휘관은 배후에 반드시 창고를 설치할 것이다. 그러면 예상치 못한 경우에 대비하게 되고 하나하나의 지점에 병력을 더 많이 집결할 수 있다.

2. 방어

| 방어 전쟁 | 정치적 | – | 독립을 지키려고 수행하는 전쟁 |
| | 전략적 | – | 전쟁터에서 적과 싸우는 원정 |

방어 전쟁은 정치적으로 독립을 지키려고 수행하는 전쟁을 말한다. 전략적으로는 아군이 적과 싸울 목적으로 준비한 전쟁터에서 아군의 행동을 적과 싸우는 것으로 제한하는 원정을 말한다. 이 전쟁터에서 아군이 전투를 공격적으로 하는지 방어적으로 하는지는 상관없다.

전략적 방어	적이 (병력의 수에서) 우세한 경우
	식량 조달 문제로 작전이 어려운 경우
	적이 전쟁 수행에서 아군보다 우세한 경우

전략적인 방어는 주로 적이 우세할 때 선택한다. 또한 아군의 전쟁터를 둘러싸고 있는 지방이 식량 조달 문제 때문에 작전을 특히 어렵게 하는 경우, 적이 전쟁 수행에서 아군보다 우세한 경우에도 방어 전쟁을 선택한다. 아군이 알고 있고 준비한 전쟁터에서는 모든 부수적인 상황이 아군에게 유리하고 전쟁을 더 쉽게 수행할 수 있다.

방어 전쟁에서도 공격 전쟁처럼 큰 목적을 추구해야 한다. 이 목적은 적의 군대를 피로하게 만드는 것일 수밖에 없다. 이런 상황에서 적은 큰 손실에 노출될 수밖에 없다. 그래서 방어 전쟁은 사건을 한가하게 기다리는 것이 아니다. 기다리는 것은 그것으로 분명하고 결정적인 이익을 얻을 때만 해야 한다.

요새	적의 병력을 요새 공격에 묶어둔다
강	천연의 방어선, 적이 도하할 때 적을 공격한다
산	훌륭한 방어선, 국민 무장 투쟁에 적절하다

요새는 적의 많은 부대를 요새의 포위 공격에 묶어두는 임무를 띠고 있다. 그래서 이 순간은 적의 나머지 부대를 공격하는데 이용해야 한다. 물론 요새가 점령당하는 것을 한가하게 바라보기만 해서는 안 된다.

큰 강, 즉 도나우 강과 라인 강 하류처럼 많은 번거로움을 겪어야만 다리를 놓을 수 있는 강은 천연의 방어선을 이룬다. 적이 도하하는 곳에서, 그리고 적이 강 근처의 좁은 지역에 묶여 있는 순간에 모든 방향에서 적을 습격할 수 있다.

산은 훌륭한 방어선을 이루는 지형 장애물이다. 산을 군대의 앞에 두든지 또는 스스로 산에 병력을 배치할 수 있다. 산의 형태가 중앙에 높은 평지가 있고 평지 끝에 있는 측면이 가파른 계곡으로 꺾이는 성질을 갖고 있을 때만 산은 좋은 방어를 허락한다. 산악 전쟁에서는 모든 것이 병사들의 정신에 많이 달려 있다. 그래서 특히 국민 무장 투쟁은 산악 전쟁을 할 때 고려하게 된다.

전략적 방어에 대해. 전략적인 방어에서 늘 방어 상태에 머물려고 해서는 안 된다. 반격하지 않고 적의 공격에 노출되면 그 나라는 쓰러질 것이다. 전쟁은 방어로 시작해서 반격(공격)으로 끝낼 수 있도록 해야 한다.

3. 공격

전략적 공격	전쟁의 목적을 직접적으로 수행
전략적 방어	전쟁의 목적을 부분적, 간접적으로 수행

전략적인 공격은 전쟁의 목적을 직접적으로 따르고 직접적으로 적의 전투력의 파괴로 향하는 반면에, 전략적인 방어는 이 목적을 부분적으로 간접적으로만 이루려고 한다. 그래서 공격의 원칙은 이미 전략의 일반 원칙에 포함된다. 전략적 공격에서 두 가지 문제를 언급해야 한다.

1 병력과 무기를 보충해야	군대 정류장 마련
2 불리해질 경우를 예상해야	보루 진지, 큰 강 이용, 예비대 마련

1. 첫째는 병력과 무기의 끊임없는 보충이다. 이는 공격자보다 방어자에게 더 쉬울 것이다. 공격자는 신병의 징집, 무기의 수송 등을 해야 한다. 신속한 수송을 촉진하는 군대 정류장을 지어야 한다.

2. 공격자는 크게 불리한 경우를 당할 가능성을 예상해야 한다. 타격을 받은 군대를 데리고 올 수 있는 지점(보루 진지를 갖춘 요새)을 만들어

야 한다. 큰 강은 추격하는 적을 막을 수 있으므로 큰 강의 도하를 안전하게 해야 한다. 이런 지점을 점령하고 제일 중요한 도시나 요새를 점령하려면 예비대를 남겨 두어야 한다.

IV. 전쟁에서 주어진 원칙의 준수

전쟁술의 원칙	극히 단순하고 상식에 가깝다
전쟁 수행 자체	(원칙의 충실한 수행이) 매우 어렵다

전쟁술의 원칙은 극히 단순하고 상식에 매우 가까이 있다. 전략보다 전술에서 특별한 지식에 약간 더 많이 의존하지만, 박식함과 심오한 과학은 필요하지 않고 지성의 고상한 특성도 필요하지 않다. 훈련된 판단력 외에 필요한 지성은 책략이나 교활함이다.

전쟁 수행 자체는 매우 어렵다. 하지만 그 어려움은 전쟁 수행의 원칙을 이해하는 특별한 박식함이나 위대한 천재성이 필요할 것이라는데 있지 않다. 모든 어려움은 자기가 만든 원칙을 충실히 수행하는데 있다. 이 어려움에 주의를 기울이는 것, 분명하고 확실한 인상을 갖는 것이 제일 중요하다.

전쟁 수행은 엄청난 마찰을 갖는 복합적인 기계의 작동과 같다. 그래서 자유 의지, 즉 최고 지휘관의 정신은 활동하는 모든 순간에 방해를 받는다. 이런 저항을 극복하려면 한편으로 자신의 영혼과 지성의 힘이 필요하지만, 다른 한편으로는 이런 마찰 때문에 많은 좋은 생각이 사라진다.

마찰의 원인 중에 중요한 것은 다음과 같다.

마찰의 원인과 극복 방안

1 적의 상황과 조치를 잘 모른다 ➡ 의심 ➡ 위험

2 적의 수를 모르고 과장하게 된다 ➡ 정보의 비교 분석

3 문제의 모든 상황이 불확실하다 ➡ 불안 ➡ 의심 ➡ 지체 ➡ 신뢰

4 극복할 수 없는 어려움을 겪을 것이다 ➡ 굴복 ➡ 단호함

5 기대하는 효과는 정확하지 않다 ➡ 냉혹함과 같은 엄격함

6 군대의 상태가 계획했던 때와 다르다 ➡ 대담성, 의지, 명예심

7 식량 조달 문제 ➡ 결핍과 희생에 익숙한 군대

1. 사람들은 적의 상황과 조치에 대해 조금밖에 알지 못한다. 결심을 수행하려는 순간에 의심이 위험으로 닥친다. 불안감이 밀려든다. 불안에서 우유부단함으로, 우유부단함에서 절반의 조치로 넘어가게 한다.

2. 적의 수에 대해 확실히 알지 못하고 소문도 적의 수를 과장한다. 많은 무리의 인간은 두려움의 대상이고, 그래서 늘 위험을 과장하는 일이 생긴다. 들어오는 정보를 비판적으로 바라보고 몇 개의 정보들을 비교하고 새로운 정보를 찾아내야 한다. 그러면 잘못된 정보는 그 자리에서 부정되고 때로 처음의 정보만 진실로 증명된다.

3. 어느 문제의 모든 상황은 불확실하다. 이때 불안에 빠지면 새로운 의심이 생길 것이고, 그래서 기다리려고 하고 전체 활동은 지체된다. 그래서 군대의 준비가 예상한 효과에 부합할 것이라는 신뢰를 가져야 한다. 목적에 맞게 준비를 하고 예상되는 불리한 경우를 고려했다면 불확실성의 밤을 뚫고 용감하게 전진해야 한다.

4. 전쟁을 수행할 때 하급 지휘관들과 병사들은 극복할 수 없을 것 같은 어려움을 겪을 것이다. 이 어려움에 굴복하게 되고, 힘과 에네르기로 행동하는 대신에 약해지고 하는 일 없이 지낼 것이다. 이 모든 것을 극복하려

면 자신의 통찰력과 확신에 대한 신뢰가 필요하다. 이 신뢰는 지성과 성격의 힘이고 단호함이라고 불린다.

5. 전쟁에서 기대하는 효과는 정확하지 않다. 행군은 늦어지고 장애물이 나타나고 자원은 충분하지 않다. 많은 노력을 들여야 이 모든 지체를 만회할 수 있다. 이 노력은 엄격함으로만 얻을 것이고, 이는 냉혹함에 가깝다. 가능한 것은 늘 성취된다는 확신을 통해서만 이 어려움이 작전에 큰 영향을 미치지 않는다는 것을 확신할 수 있다.

6. 어느 군대는 작전을 따르는 자가 작전실에서 전제하고 있는 상태에 있지 않다. 군대는 상상할 수 없을 정도로 줄어들고, 기병과 포병은 쓸모없게 된다. 원정을 시작할 때는 가능하고 쉽게 보이는 것이 원정을 수행할 때는 어렵고 불가능하게 된다. 대담성과 강력한 의지를 갖고 높은 명예심에 자극을 받아 목적을 추구하면 목적을 이룰 것이다. 또한 대부분 적의 군대도 비슷한 상태에 있다는 것을 인식해야 한다.

7. 부대의 식량 조달은 늘 어렵다. 그것은 병력을 제일 효과적으로 결합하는데 방해가 되고, 승리와 빛나는 성공을 따르고 싶은 곳에서 식량을 따르라고 강요한다. 자기 부대에게 극한의 노력과 최대의 결핍을 요구하는 장군, 오랜 전쟁으로 이런 희생에 익숙한 군대는 많이 앞서고 목표를 빨리 추구할 것이다.

전쟁 수행에서는 감각적으로 생생한 인상이 심사숙고를 통해 얻은 것보다 생동감이 있다. 하지만 그것은 문제의 첫 번째 겉모습에 지나지 않고, 이 겉모습이 본질과 일치하는 경우는 드물다. 첫 번째 겉모습이 두려움과 신중함을 일으키는 것은 인간의 공포심 때문이고, 이 공포심은 모든 것을 일면적으로 바라보게 한다. 그것에 맞서 무장해야 하고 이전의 심사숙고의 결과를 신뢰해야 한다. 그러면 그 순간의 인상에 맞서 강해진다.

전쟁 수행의 어려움에서는 자신의 신념에 대한 확신과 단호함이 중요하다. 그래서 전쟁사 연구가 중요하다. 이를 통해 문제 자체를 알게 되고 그경과도 살펴보기 때문이다. 전쟁사를 읽으면서 전쟁 수행의 원칙을 검토해야 한다. 또한 전쟁 경험이 부족할 때는 전쟁사 연구만이 기계의 마찰에 대한 생생한 인상을 얻는데 적당하다.

전쟁사 연구에서는 중요한 결과를 아는 것으로 멈추어서는 안 되고, 역사 저술가들의 추론에 의지해서는 더욱 안 된다. 되도록 상세한 내용까지 들어가야 한다. 역사 저술가들이 역사 서술에서 최고의 진실을 목적으로 삼는 일은 드물다. 그들은 역사를 쓰는 것이 아니라 역사를 만든다. 몇 개의 개별적인 전투에 대한 자세한 지식이 많은 원정에 대한 포괄적인 지식보다 유용하다. 그런 보고서의 본보기는 샤른호스트 장군의 『회상록』에 있는 1794년의 메닌 방어에 관한 서술이다. 세상의 어느 전투도 이 전투만큼 확신을 주지 않았다. 그 확신이란 전쟁에서는 마지막 순간까지 성공을 의심해서는 안 된다는 것, 훌륭한 원칙의 효과는 제일 불리한 경우에도 예기치 않게 다시 나타난다는 것이다.

위대한 감정(명예심, 적에 대한 증오심, 영광스러운 패배에 대한 자부심)이 최고 지휘관에게 큰 힘을 불어넣어야 한다. 계획을 세울 때는 대담하고 주도면밀하게, 행동할 때는 확고하고 끈기 있게, 영광스러운 패배를 찾을 만큼 단호하게 행동해야 한다.

제3장

전투력의 유기적인 분할

철학적	한 사람이 직접 명령할 수 있는 병사들의 수의 제한
전술·전략적	독립된 전체와 같은 고립된 집단은 3~8개로 분할

철학적으로 볼 때 집단을 부분으로 나누는 이유는 무엇인가? 한 사람이 일정한 수의 사람들에게만 직접 명령할 수 있기 때문이다. 최고 지휘관은 50,000명의 병사 하나하나에게 그들이 무엇을 해야 하는지 일일이 명령할 수 없다. 최고 지휘관의 명령은 하위 부대로 전달되면서 힘과 정확성을 잃는다. 또한 명령은 목표를 이루는데 상당히 많은 시간이 필요해진다. 그래서 명령의 단계가 생기는 분할과 하위 분할은 필요악이다.

전술·전략적으로 보면, 적에 맞서 독립된 전체처럼 배치되어 있는 고립된 집단은 3개의 핵심적인 부분(a 전진, b 주력, c 배후)으로 되어 있다. 주력부대를 더 많이 두려고 하면 4개의 (a 전진, b c 주력, d 배후) 대형이 된다. 오른쪽 날개, 왼쪽 날개, 중심에 대한 필요가 생기면 5개의 부분이 (a 전진, b c d 주력, e 배후) 제일 자연스럽다. 강력한 예비대를 두려고 하면 배후에 전체 병력의 1/3을 두는 (a 전진, b c d 주력, e f 배후) 대형이 된다. 많은 병력을 갖고 있는 군대는 오른쪽이나 왼쪽에 병력의 일부를 파견해야 하는 일이 생기는데, 그러면 2개의 부분을 더 받아들여서 8개의 부분이 (a 전진, b c d e f 주력, g h 배후) 된다. 그래서 하나의 전체는 3개보다 적어도 안 되고 8개보다 많아도 안 된다.

분할과 결합은 동전의 양면과 같다. 분할할 때는 병력을 분할하고, 결합할 때는 병과(보병, 포병, 기병)를 결합한다. 3개의 병과의 결합이 부대의 독립성을 구성하고, 그래서 전쟁에서 자주 고립될 수밖에 없는 부대에게는 병과를 결합하는 것이 바람직하다. 결합에서는 3개의 병과의 결합만 고려해서는 안 되고 2개의 병과(포병과 보병)의 결합도 고려해야 한다.

예를 들어 군대에서 1000명당 3문의 대포를 두고 이 중에 1문의 대포를 예비 포병 중대에 두면 부대에 2문의 대포를 분배할 수 있고, 이는 8문의 대포를 갖고 있는 1개 포병 중대에 4000명의 보병 집단이 될 것이다. 이 비율이 제일 많이 통용되고 있는 비율이다. 이것으로 1개 여단의 규모를 결정할 수 있는데, 이에 따르면 1개 여단은 3000명에서 5000명으로 구성될 것이다.

하나의 군대가 2개의 주력 부대로 구성되어 있고 각각의 부대가 개별적인 지휘관을 두고 있으면 최고 지휘관은 무력화된다. 군대가 3개의 부대로 분할되어 있으면 훨씬 좋지 않다.

부분의 수가 많을수록 최고 지휘권의 권력과 전체 집단의 민첩함은 그만큼 커진다. 하나의 군대는 8~10개로 분할하는 것이 좋다. 1개 사단이 절대적인 인원에서 적고, 그래서 군단의 일부라고 전제할 수 있으면, 그 사단은 3~4개로 분할하는 것이 좋다.

1개 군대	♔	200,000명
10개 사단	♔♔♔♔♔♔♔♔♔♔	20,000명
5개 여단	♔♔♔♔♔	4,000명
50개 여단	A	부대별

1개 군대	♔	200,000명
5개 군단	♔♔♔♔♔	40,000명
4개 사단	♔♔♔♔	10,000명
4개 여단	♔♔♔♔	2,500명
80개 여단	B	부대별

두 분할 중에 A가 더 좋은 것 같다. 배열 단계에서 한 단계 더 적고, 그래서 명령이 더 빨리 전달된다. B의 5개 군단은 군대에게 너무 적고 둔하다. 1개 군단에 4개의 사단도 마찬가지이다. 2500명은 1개 여단으로는 적은 편이다. 이런 식으로는 여단이 80개나 되는 반면에 A에서는 50개밖에 안 되고 더 단순하다. 이 유리함을 희생하는 것은 10명의 장군(A의 10명의 사단장) 대신에 5명의 장군에게만(B의 5명의 군단장) 명령을 내리려고 하기 때문이다.

이것은 일반적인 고찰이고 개별적인 경우에 따라 분할을 하기도 한다. 10개의 사단은 평지에서는 쉽게 지휘할 수 있지만 넓은 산악 진지에서는 이것이 불가능해질 수 있다. 큰 강은 군대를 나누고 그 강의 건너편에 또 다른 지휘관을 임명하지 않을 수 없게 한다. 이런 예를 제외하면 분할은 대개 일반적인 이유에 의해 수행한다.

제4장

전술 연구 또는 전투 이론 연구의 길잡이

부록에서 '전술 연구 또는 전투 이론 연구의 길잡이'는 'I. 전투의 일반
이론' 아래에 28개의 차례가 있다. 그런데 I. 전투의 일반 이론은 그것 하나
뿐이어서 (즉 II 이하가 없어서) 제외하고 28개의 차례만 고려하면, 이 28개
의 차례는[1] 아래와 같이 6개로 재구성할 수 있다.

　1. 전투의 목적, 수단, 원리

　2. 백병전과 화력전

　3. 파괴 행동과 결전 행동

　4. 전투 계획

　5. 전투의 시간, 공간, 방식

　6. 전투의 계획과 지휘

이것은 『전쟁론 강의』 2편 1~2장에서 한 『전쟁론』의 재구성 방식에 따
른 것이다. 이 장의 해설은 이 6개의 재구성 순서에 따른다.

---

1. 다음 쪽에서 표를 한 페이지에 넣으려고 28개의 차례의 제목을 약간 수정하거나 줄였다.

전투의 목적
승리의 이론
승리의 수단은 전투이다 ➡ 1. 전투의 목적, 수단, 원리
하나하나의 전투란 무엇인가?
전투의 원리

백병전과 화력전
두 전투 형태와 공격/방어의 관계
두 전투의 유리한 조건 ➡ 2. 백병전과 화력전
전투의 개별화

파괴 행동과 결전 행동
파괴 행동
결전 행동 ➡ 3. 파괴 행동과 결전 행동
결전의 시간적인 분리

전투 계획의 정의
계획의 목표
성공의 크기와 확실성 ➡ 4. 전투 계획
성공과 희생의 크기

하나하나의 부대의 전투 방식
공격과 방어
화력전과 백병전
시간과 공간의 결정
시간 ➡ 5. 전투의 시간, 공간, 방식
전투력의 점차적인 사용
배치의 길이
동시적/점차적인 사용의 양극성
공간 결정

상호 작용
지휘의 성격 ➡ 6. 전투의 계획과 지휘

1. 전투의 목적, 수단, 원리

전투의 목적	a) 적의 전투력의 파괴 b) 어느 대상의 점령 c) 단순한 승리(군대의 명예) d) a)~c) 중 몇 개 또는 전부	전투 내부
목적의 수단	승리(= 전쟁터에서 적의 후퇴)	
적의 후퇴 전투의 포기 (지휘관의 의지)	a) 너무 큰 손실 b) 대형에서 방해받음 c) 지형의 불리함 d) 전투력의 배치 형태의 불리함 e) 기습 또는 습격 f) 상대의 수의 우세 g) 상대의 정신력의 우세	
(의지 없이)	a) 용기 또는 의지의 부족 b) 공포	
(전략적)	정보 ➡ 전투의 중지	전투 외부
승리의 표시	승리의 크기, 중요성, 광채	
승리의 수단	전투	

전투의 목적은 a) 적의 전투력의 파괴, b) 어느 대상의 점령, c) 단순한 승리를 통해 군대의 명예를 얻는 것, d) 이 세 가지 중에 몇 개 또는 전부를 합친 것이다. 이 목적은 승리를 통해서만 달성된다. 승리는 적이 전쟁터에서 후퇴하는 것이다.

후퇴는 적이 a) 자기의 손실이 너무 큰 경우, α. 그래서 아군의 우세함을 두려워하는 경우 또는 β. 전투의 목적이 그에게 너무 많은 것을 요구할 것이라고 생각하는 경우, b) 적이 자기 대형에서, 그래서 전체의 효과에서 너무 많은 방해를 받는 경우, c) 적이 지형의 불리함에 빠지는 경우, 그래서 전투를 계속할 때 너무 큰 손실을 입게 되는 것을 두려워하는 경우(진지의 손실 포함), d) 전투력의 배치 형태에 너무 많은 불리함이 따르는 경우, e) 적이 기습을 받거나 심지어 습격을 당하는 경우, 그래서 명령을 내리고 적절한 조치를 취할 시간이 없는 경우, f) 적이 상대의 수가 너무 우세하다는 것을 알아채는 경우, g) 적이 상대의 정신력이 너무 우세하다는 것을 알아채는 경우, 즉 a)~g)의 경우에 할 것이다. 이때 최고 지휘관은 전투를 포기할 수 있다. a)~g)가 없다면 후퇴할 이유는 없다.

후퇴는 a) 부대가 용기나 훌륭한 의지의 부족 때문에 달아나는 경우, b) 공포가 부대를 쫓아내는 경우에 그의 의지 없이도 (그리고 전투에서 유리한 결과를 내고도) 할 수 있다. a)~b)의 경우는 작은 무리에서 자주 일어날 수 있고, 큰 집단에서는 일어날 수 없을 것이다. 제일 앞의 a)~d)의 불리한 상황은 중요한 부대가 좁은 공간에서 상당한 정도로 불리할 때 나타난다. 그러면 후퇴를 결심하게 된다.

전투 외부에 있는 이유 (예를 들어 정보) 때문에 전투를 포기하고 후퇴할 수 있다. 새로운 정보가 목적을 철회하게 하고 전략적인 상황을 변경하게 만드는 것이다. 이것은 전투의 중지이고 전략적인 차원의 행동이다.

전투의 포기는 상대의 우세함을 인정하는 것이고 상대의 의지에 굴복하는 것이다. 이것이 승리의 정신적인 효과이다. 후퇴는 이 인정의 표시이고 군대의 깃발을 내리는 것이다.

승리의 표시가 되는 것은 승리의 크기, 중요성, 광채이다. 승리의 크기는 패배한 집단의 크기 및 전리품의 규모에 달려 있다. 승리의 중요성은 목적의 중요성에 달려 있다. 승리의 광채는 전리품이 승리하는 군대에게 갖는 상대적인 규모이다.

승리의 수단은 전투이다. 앞의 a)~g)의 대상이 승리의 조건이기 때문에 전투도 그 대상으로 향하게 된다. [1~22]

하나하나의 전투는 부분 전투이고, 부분 전투의 합은 전체 전투이다. 전쟁터에는 많은 부분 전투가 서열을 이루어 동시에 일어나는 전체 전투도 있고, 한 부분 전투 다음에 다른 부분 전투가 일어나는 식으로 부분 전투가 연속해서 일어나는 전체 전투도 있다. 한 사람의 최고 지휘관의 의지에 따르는 전투만 하나의 전체 전투에 속한다. [23~29]

	지성	의도한 행동	지성	천재	
	+	⇑	⬇		정신
싸움 ⇔	적대감	의도하지 않은 본능	감성		

싸움은 적대감의 표현이고, 적대감은 본능적으로 싸움으로 넘어간다. 적을 공격하고 파괴하려는 본능이 전쟁의 본래 요소이다. 적대감의 충동은 순수한 본능이 아니다. 이 충동에 지성이 덧붙여지고, 의도하지 않은 본능에서 의도한 행동이 된다. 이런 식으로 감성의 힘은 지성에 종속된다.

감성의 힘은 제거되지 않고 싸움에서 다시 불붙는다. 오늘날의 전쟁에는 개인 대 개인의 적대감이 없는 것처럼 보이지만, 집단적인 증오는 없지 않다. 전투에서는 감성의 힘이 많은 효과를 낸다. 싸움이 위험의 영역에서 움직이기 때문이다.

싸움을 이끄는 지성은 순수한 지성의 힘이나 순수한 계산의 대상이 될 수 없다. 싸움이 살아있는 힘의 충돌이기 때문인데, 이 힘은 어림잡을 수만 있고 계산할 수 없다. 또한 감성의 힘이 싸움을 열광과 더 높은 판단의 대상으로 만들 수 있기 때문이다. 그래서 싸움은 재능과 천재의 대상이 될 수 있다.

싸움에 나타나는 감성의 힘과 천재는 독특한 정신적인 요소로 간주해야 한다. 이 요소를 고려하는 것이 전쟁술의 이론과 실천의 임무이다. 기술과 부대의 사용 원칙은 타고난 본능을 더 효과적으로 사용하도록 이끌어야 한다. 감성의 힘을 도구로만 만들면 감성의 힘에서 활력과 능력을 빼앗게 된다. 감성의 힘에는 어느 정도의 자유 재량을 허락해야 한다. 이론에서는 높은 관점과 많은 신중함이, 실천에서는 훌륭한 판단력이 자유 재량에 속한다. [30~45]

2. 백병전과 화력전

무기	전투	목적	현실의 목적	본래의 목적
베고 찌르고	백병전	(확실한) 파괴	추방(파괴)	파괴
화기	화력전	(개연적) 파괴	파괴	추방(파괴)

위험	파괴력	일반적 목적		부분 전투
추방	↓	(추방)	결전의 도구	결전 행동
개연적	↑	파괴	준비의 도구	파괴 행동

무기에서 베고 찌르는 무기와 화기의 구분이 눈에 띈다. 전자로는 백병전을, 후자로는 화력전을 수행한다. 그래서 백병전과 화력전이 생겨난다. 둘 다 적의 파괴를 목적으로 삼는다. 백병전의 파괴는 전혀 의심할 바 없는 파괴이고, 화력전의 파괴는 개연적인 파괴에 지나지 않는다.

백병전에서는 유리함이나 용기에서 약간 우세한 것이 결정적이고, 불리하거나 용기가 약한 쪽이 곧바로 도망친다. 이는 모든 백병전에서 일어나고, 전투의 효과는 적을 파괴하는 것보다 추방하는데 있다. 즉 현실 세계에서 백병전의 효과를 보면 백병전의 목적은 파괴가 아니라 추방에 두어야 한다. 파괴는 수단이 된다.

백병전에서는 본래 적의 파괴가 목적이었던 것처럼, 화력전에서는 본래 적의 추방이 목적이고 파괴는 단지 그 수단에 지나지 않는다.

화력전의 위험은 불가피한 위험이 아니라 개연적인 위험에 지나지 않는다. 그래서 양쪽 중에 어느 한쪽이 위험에서 벗어나려고 할 필요가 없다. 어느 한쪽이 추방당하는 일은 일어나지 않는다. 이런 경우에는 화력전이 끝날 때 백병전을 적을 추방하는데 사용해야 한다.[2]

화력전의 파괴력은 지속 시간이 늘수록 증대되지만, 백병전의 파괴력은 신속한 결전을 통해 없어진다. 그래서 화력전의 일반적인 목적을 추방이 아니라 파괴에 두는 일이 생긴다. 집단 전투에 적용하면 적의 전투력의 파괴나 무력화에 두는 일이 생긴다.

백병전이 적의 전투력의 추방을, 화력전이 파괴를 목적으로 삼고 있다면, 전자는 본래 결전의 도구로, 후자는 준비의 도구로 간주할 수 있다. 그럼에도 백병전에도 파괴하는 힘이 없지 않고, 화력전에도 추방하는 힘이 없지 않다.

백병전의 파괴력은 대부분 극히 하찮다. 그래서 화력전 없는 백병전도 하찮은 파괴력을 갖게 될 것이다.

화력전의 파괴력은 지속 시간을 통해 극단으로까지 높아질 수 있다. 그래서 적의 전투력을 파괴하는 일은 주로 화력전이 맡는다. 화력전에서 적이 무력해지면 적은 a) 후퇴하든지 b) 백병전을 준비한다.

본래의 승리는 백병전에서 의도한 적의 추방으로(몰아내는 것으로) 얻

---

2. 앞의 두 표는 지면 관계상 위아래로 되어 있지만, 실제로는 옆으로 길게 이어진 하나의 표로 이해해야 한다. 그래야 백병전과 화력전의 비교가 일관된다.

는데, 전쟁터에서 적을 몰아내는 것이 승리이기 때문이다. 매우 작은 부대에서는 이 승리가 전체 부대의 성공을 결정할 수 있다. 그렇지 않다면 그 승리는 a) 지역의 획득, b) 정신력을 꺾는 것, c) 적의 대형의 파괴, d) 물리적인 전투력의 파괴 중의 하나이다.

그래서 부분 전투에서는 화력전을 파괴 행동으로, 백병전을 결전 행동으로 간주해야 한다. [46~72]

공격	적극적 의도	추방		백병전
방어	소극적 의도	유지	적극적 반작용	화력전

전투는 공격과 방어로 이루어져 있다. 공격은 적극적인 의도를 갖고, 방어는 소극적인 의도를 갖는다. 전자는 적을 몰아내려고 하고, 후자는 단지 유지하려고 한다.

유지하는 것은 단지 고통을 견디기만 하는 것이 아니다. 그것은 적극적인 반작용에 달려 있다. 이 반작용은 공격하는 전투력의 파괴이다. 적이 후퇴하는 것은 방어자에게도 승리의 표시이다.

백병전은 본래 공격의 요소이지만, 백병전만 사용하는 공격자는 불리한 도박을 하게 될 것이다. 작은 무리에서 또는 기병이 있을 때만 백병전이 전체 공격이 될 수 있다. 공격도 필요한 만큼 화력전을 받아들여야 한다. 백병전에 비해 화력전의 비율이 높아질수록, 공격과 방어 사이의 본래의 차이는 그만큼 많이 줄어든다. 화력전은 방어자에게 자연스러운 요소이다. [73~85]

유리함의 조건	1 화력전	2 백병전
a) 무기 사용의 우세	X	무기 X, 용기!
b) 편성, 전술의 우세	X	중요, 기병!
c) 병력의 수	X ➡ 병력의 절약	결정적, 제일 중요
d) 배치의 형태	a) 직선, 같은 넓이 b) 직선, 넓은 넓이 c) 포위	결정적
e) 지형	a) 엄호 b) 아군의 은폐 c) 접근의 장애물	a) 접근의 장애물 b) 은폐 ➡ 기습

　두 전투에 우세함을 주는 문제를 알려면 두 전투의 성질을 살펴보아야 한다. 그것은 a) 무기 사용의 우세함, b) 편성과 하급 전술의 우세함, c) 병력의 수, d) 배치의 형태, e) 지형이다.

　1. 화력전에서 훈련받은 전투력의 사용만 다룰 때는 a)와 b)를 살펴볼 수 없다.

　c) 수의 우세는 화력전에서 우세한 효과를 내지 않는다. 화력전의 성공은 수의 우세와 보조를 맞추는 일이 거의 없고 수의 우세로부터 거의 영향을 받지 않는다. 그러면 처음부터 많은 병력을 쓸 필요가 없고 병력을 절약하게 된다. 병력의 절약은 확실하게 승리하는 수단의 하나로 간주할 수 있다.

　d) 배치의 형태는 a) 직선의 정면으로 그리고 같은 넓이로 할 수 있고, b) 직선의 정면으로 그리고 더 넓은 넓이로 할 수도 있고, c) 포위하면서 할 수도 있다.

e) 지형은 a) 흉벽과 같은 엄호를 통해, b) 적에게 아군을 은폐해서, c) 접근의 장애물로서 화력전에서 유리하게 작용한다.

2. 백병전에서 a) 무기를 사용할 때의 우세함은 화력전만큼 큰 차이를 낼 수 없고, 용기가 매우 결정적인 역할을 맡는다. b) 편성과 하급 전술의 우세함은 백병전의 대부분을 맡는 기병 때문에 특히 중요해지고 있다.

c) 병력의 수는 화력전보다 백병전에서 훨씬 더 결정적이다. 백병전에서는 그것이 거의 제일 중요한 문제이기 때문이다.

d) 배치의 형태도 화력전보다 백병전에서 훨씬 더 결정적이다.

e) 지형은 백병전에서 a) 접근의 장애물로 쓰이고, b) 은폐를 통해 기습을 하는데 유리하게 작용한다. [86~96]

구령	단계 X	실행	의지 X	명확함	소규모 전투	계획대로
명령	많은 단계	지시	독자성	막연함	대규모 전투	의지로

각각의 전투는 많은 부분으로 이루어진 하나의 전체이다. 각각의 전투에서 구령으로 지휘를 받는 것은 한 부분으로 간주할 수 있다. 구령으로 충분하지 않은 곳에서는 명령을 한다. 명령은 구두나 문서로 할 수 있다.

구령은 단계로 나눌 수 없고 실행의 일부이다. 명령에는 구령에 가까운 최고의 명확함부터 최고의 막연함까지 많은 단계가 있다. 명령은 실행이 아니라 지시에 지나지 않는다.

구령을 받는 것은 자기 의지가 없다. 구령대로 실행해야 한다. 명령이 나타나면 각 부분에 어느 정도 독자성이 나타난다. 명령은 막연하기 때문에 명령으로 충분하지 않을 때 지휘관의 의지가 명령을 보완해야 한다.

전투 계획은 모든 부분과 사건을 미리 정확히 결정하고 조망할 수 없다. 전사들은 의지 없는 기계가 아니다. 전쟁터도 완전한 평지가 아니다. 그래서 모든 효과를 미리 계산할 수 없다.

작은 무리의 전투는 계획할 수 있고 계획대로 되지만, 큰 집단의 전투는 계획대로 되지 않고 지휘관의 의지가 계획을 보완해야 한다. 큰 부대에는 작은 부대보다 많은 자유 재량을 허락해야 한다.

| 전체 전투 ➡ | 의도한 분할 | ➡ 부분 전투 ➡ | 백병전 ⇔ 화력전 |
| | 의도하지 않은 분할 | | 공격 ⇔ 방어 |

전체 전투는 의도적으로 또는 의도하지 않았는데도 분할될 수 있다. 후자는 예상할 수 없었던 상황에서 비롯된다. 이 때문에 각 부분에 변화의 필요가 생긴다. 그러면 이 변화를 전체 계획에 맞추어야 한다. 이것은 전체 전투를 부분 전투로 개별화하는 것이다. 개별화는 전체 전투 내에서 백병전과 화력전뿐만 아니라 공격과 방어에서도 전투 형태에 교체를 일으킨다. [97~114]

3. 파괴 행동과 결전 행동

			작은 집단	큰 집단
파괴 원리	화력전	파괴 행동	단순한 화력전	일련의 화력전
추방 원리	백병전	결전 행동	단순한 백병전	약간의 백병전

파괴 원리를 띠는 화력전과 추방 원리를 띠는 백병전에서 파괴 행동과 결전 행동이 나온다. 집단이 작을수록 두 행동은 하나의 단순한 화력전과 백병전으로 구성될 것이다. 집단이 커질수록 두 행동은 그만큼 집단적으로 이루어져야 할 것이다. 그래서 파괴 행동은 몇 개의 화력전으로, 결전 행동

도 몇 개의 백병전으로 이루어진다. 전투 집단이 커질수록 전투의 분할은 계속될 뿐만 아니라 점점 더 확대된다.[115a~117]

| 물리적 파괴
(전체가 클 때) | a) 지도자의 영향력 ↓
b) 정신력의 차이 ↓
c) 예비대 ↑ | 결전의 준비 | 우세할 때
아닐 때 |

전체가 클수록 물리적인 파괴는 그만큼 더 중요해진다. a) 지도자의 영향력이 그만큼 더 약하기 때문에, b) 정신력의 차이가 적기 때문에, c) 배치가 그만큼 더 길기 때문에, 즉 많은 예비대가 전투를 재개하려고 남아 있기 때문이다. 그래서 전투에서 첫 번째 순간의 영향력은 줄어든다.

전체가 클수록 물리적인 파괴는 결전을 그만큼 더 많이 준비해야 한다. 이 준비는 양쪽 전사들의 집단이 줄어들지만 그 비율이 아군에게 최선의 상태로 변하는 것이다. 아군이 우세하면 양쪽 병사들의 집단이 똑같이 줄어들어도 되지만, 그렇지 않은 경우에는 아군의 집단이 덜 줄어들어야 한다.[118~121]

| 적의 전투력의 파괴 | = | a) 물리적인 전투 불능 |
| | | b) 물리적·정신적 피로 |

나머지 병력 = 다 타버린 재	←	a) 육체적인 피로
		b) 총의 난사
		c) 화약 찌꺼기
		d) 부상병의 수송
		e) 의무 완수 및 위험 회피
		f) 용기 감소 및 투쟁심 충족
		g) 조직과 대형의 일부 파괴

| 결과 | → | 1 병력의 절약 |
| | | 2 무력화 및 파괴의 광범위함 |

　　적의 전투력의 파괴는 a) 물리적으로 전투를 못하게 하는 것, 즉 사망자, 부상자, 포로를 얻는 것이고, b) 물리적·정신적으로 적을 지치게 하는 것이다.

　　몇 시간의 화력전에서 한 부대가 막대한 손실을 입으면 나머지 부분은 거의 다 타버린 재처럼 간주할 수 있다. 그 이유는 a) 사람들이 육체적으로 지칠 대로 지치고, b) 그들이 아무데나 총을 쏘고, c) 총이 점액으로 막히고, d) 많은 이들이 자신이 부상을 입지 않았는데 부상병을 수송하느라고 부상병과 함께 떠나고, e) 나머지 병사들이 이날 자기 의무를 다했다고 느끼고, 위험의 영역에서 벗어나면 다시 그곳에 가는 것을 달가워하지 않고, f) 본래의 용기의 감정이 무디어지고 투쟁심이 충족되었고, g) 본래의 조직과 대형이 일부 깨졌기 때문이다.

　　여기에서 다음의 결과가 나온다. 첫째, 화력전에서 적보다 적은 전투력을 사용하는 데서 생기는 병력의 절약이다. 둘째는 적의 무력화, 그래서 적의 전투력의 파괴가 사망자, 부상자, 포로들의 수보다 훨씬 넓은 범위에 걸쳐 있다는 것이다. 남아 있는 병력 중에 예비대를 제외한 병력은 사용할 수 없는 병력으로 간주해야 한다. [122~125b]

파괴 행동	➡	집단을 줄이는 것 우세함을 마련	➡	결전

활동하는 집단(적의 병력)을 줄이는 것이 파괴 행동의 첫 번째 의도이다. 결전은 작은 집단으로만 할 수 있기 때문이다. 결전에서 방해가 되는 것은 집단의 절대적인 크기가 아니라 상대적인 크기이다. 50명은 적 50명에게 결전을 할 수 있지만, 50,000명은 적 50,000명에게 결전을 할 수 없다. (병력이 너무 많아서 한 공간에서 결전을 수행할 수 없다.)

또한 파괴 행동의 중요한 의도는 파괴 행동에서 결전 행동을 위한 우세함을 마련하는 것이다. 이 우세함은 적의 물리적인 전투력의 파괴로도, 적을 후퇴하게 하는 것으로도 이룰 수 있다. 그래서 파괴 행동에서 생기는 유리함을 잘 이용하려고 노력하게 된다. [126~130]

파괴 행동	{ 화력전 백병전	➡	병력의 절약	➡	준비	➡	결전 행동

양쪽 최고 지휘관은 각자 파괴 행동에서 결전의 유리함을 마련하려고 노력한다. 파괴 행동에서는 화력전이 지배적이기 때문에 병력을 최대한 절약하려고 노력한다. 백병전에서에서도 병력을 절약해야 한다. 파괴 행동은 하나하나의 지점에서 결전 행동으로 넘어가는 자연스러운 노력이다.

각각의 지점에서 지휘관의 판단과 일반적인 경우에 최고 지휘관의 판단은 기회가 결전을 하는데 유리한지 아닌지를 결정해야 한다.

결전에 앞선 준비 또는 전투의 준비와 관련해서 보면, 전투의 지휘는 화력전과 넓은 의미의 파괴 행동을 배치하는 것이고, 파괴 행동에 적절한 지속 시간을 주는 것이다. 즉 파괴 행동이 충분한 효과를 냈다고 생각할 때 비로소 결전을 해야 한다.

파괴 행동에서 결전을 하려는 경향이 매우 약하다면 승리를 기대할 수 없을 것이다. 이런 경우에는 대부분 결전을 하지 않고 적의 결전을 받아 들일 것이다. [131~155]

결전	후퇴를 결심하게 하는 사건		
후퇴의 이유	ㄱ) 파괴 행동에서 점차로	결전 X	
	ㄴ) 하나의 사건에서 갑자기	사건 = 결전	
결전의 성격	a) 공격 √	백병전 √	동시적
	b) 예비대의 전진	화력전	점차적
결전의 수단	1 후퇴로에 영향을 미치는 것		
	2 대형의 파괴(충격과 무력화)		

결전은 한쪽 최고 지휘관에게 후퇴에 대한 결심을 불러일으키는 사건이다. 후퇴의 이유는 파괴 행동에서 작은 불리함에 다른 불리함이 쌓이면서, 결정적인 사건 없이 후퇴를 결심하게 되면서 점차로 생길 수 있다. 이런 경우에는 특별한 결전 행동이 일어나지 않는다. 하지만 후퇴에 대한 결심은 중대한 불리함이 되는 단 하나의 사건을 통해서 갑자기 생길 수도 있다. 이런 경우에 그 사건을 일으킨 적의 행동은 주어진 결전으로 간주해야 한다. 보통의 경우에는 ㄱ) ➡ ㄴ)의 흐름으로 전투가 진행된다.

결전은 적극적인 행동이어야 한다. 결전은 a) 공격일 수도 있고, b) 예비대의 전진일 수도 있다. 작은 무리, 큰 집단, 더 큰 집단, 모든 병과로 이루어진 대규모 집단으로 갈수록 한 번의 순수한 백병전으로 충분하던 결전이 화력전이 개입하는 결전으로 바뀐다. 화력전은 폭발의 성격을 띠면서 본래의 폭발의 준비로서 사용될 것이다.

결전이 두 가지 종류(백병전, 화력전)의 동시적이고 점차적인 전투로 이루어져 있다면, 결전은 전체 전투에 고유한 행동이 될 것이다. 전체 전투의 행동에서는 백병전이 지배적일 것이다. 백병전이 지배적이 되는 바로 그만큼 공격이 지배적일 것이다.

전투의 마지막에는 후퇴로에 대한 고려가 점점 더 중요해진다. 그래서 후퇴로에 영향을 미치는 것이 결전의 중요한 (첫 번째) 수단이 된다. 승리를 하는 또 다른 중요한 (두 번째) 수단은 대형의 파괴이다. 전투 집단은 인위적인 구조에서 전투를 하게 되는데, 이 구조는 오랜 시간의 파괴 전투에서 충격을 받고 무력화된다. 집결된 집단으로 하는 한쪽의 신속한 돌진은 다른 쪽의 전투선을 큰 혼란에 빠뜨릴 수 있다. [156~173]

준비 행동	병력을 최대한 절약	인내심, 완강함, 냉정함
결전 행동	병력의 수로 적을 압도	대담성, 열정

지금까지 말한 것에서 나오는 결론. 준비 행동(또는 파괴 행동)에서는 병력을 최대한 절약하는 것이 지배적이라면, 결전 행동에서는 병력의 수를 통해 적을 압도하는 것이 지배적이어야 한다. 준비 행동에서는 인내심, 완강함, 냉정함이 지배적이어야 한다면, 결전 행동에서는 대담성과 열정이 지배적이어야 한다. [174~175]

한쪽 최고 지휘관	⇔	다른 쪽 최고 지휘관
결전을 하는		결전을 받아들이는

균형 O	a) 공격자 b) 방어자	후퇴 또는 전투의 계속	
균형 X	a) 유리한 b) 불리한	계속?	a) 시간을 벌려고 b) 승리의 희망

양쪽 최고 지휘관 중에 대개 한쪽 최고 지휘관만 결전을 하고(주고), 다른 쪽 최고 지휘관은 결전을 받아들인다(맞이한다). 양쪽이 균형 상태에 있다면 결전은 a) 공격자도, b) 방어자도 할 수 있다. 적극적인 목적을 갖고 있는 공격자가 결전을 하는 것이 제일 자연스럽다. 균형이 깨졌다면 결전은 a) 유리한 쪽도, b) 불리한 쪽도 할 수 있다. 유리한 쪽이 결전을 하는 것이 자연스럽다.

aa(유리한 공격자)가 결전을 하는 것이 훨씬 자연스럽다. ba(유리한 방어자)가 결전을 할 수도 있다. 그래서 상황이 공격과 방어 자체보다 중요하다. ab(불리한 공격자)의 결전은 공격자의 마지막 노력이다. bb(불리한 방어자)의 결전은 문제에 본질에 어긋나고 절망에 빠진 행동이다.

결전이 균형 상태에서 자연스러운 상황으로부터 생긴다면 성공은 대개 결전을 하는 쪽에 있게 된다.

결전을 맞이하는 쪽은 후퇴를 할 수도 있고 전투를 계속할 수도 있다. 전투를 계속하는 것은 a) 대책을 마련할 시간을 벌면서 후퇴하려고, 또는 b) 아직 승리의 희망을 품을 수 있을 때만 하게 된다. 결전을 받아들이는 쪽이 매우 유리하다면 그는 방어 상태에 머물 수도 있다. 결전이 결전을 하는 쪽의 유리한 상황에서 비롯되면 결전을 받아들이는 쪽도 어느 정도 적극적인 방어로 넘어가야 할 것이다. 즉 상대의 공격에 공격으로 맞서야 할

것이다. [176~188a]

공격 ➡	순수한 안티테제	⬅ 방어
전진만	X	저항만

사람들은 공격과 방어의 대립을 순수한 안티테제로 생각한다. 공격자
는 초지일관 전진만 하고, 최고의 에네르기로 돌격하고, 전진할 때는 화기
를 쓰지 않는다고 생각한다. 이는 불합리한 생각이다. 경솔하게 돌진하면
손실을 입고 전투를 포기해야 한다. 그래서 섞이지 않은 공격(전진과 화기
의 사용을 섞지 않는, 그래서 분리하는 공격)이 있다는 생각은 잘못이다.
[188b~200]

결전의 준비	파괴 전투		
		시간적인 분리	
결전 자체	결전 전투		예비대

대규모 전투를 백병전과 결전으로 시작하지 않는다면 화기를 통한 결
전의 준비와 결전의 분리가 생겨난다. 소규모 전투에서는 분리되겠지만,
일정한 규모 이상의 전투에서는 분리되지 않는다. 그래서 파괴 전투와 결
전 전투를 하는 데는 어느 정도의 시간 분할이 생긴다. 그리고 파괴 행동
을 할 때와 달리 결전을 할 때는 새로운 부대, 다른 부대, 즉 예비대를 쓴다.
[201~205]

부분이	{ 크면 { 작으면	{ 군단 { 여단	{ 전체를 결정 { 전체를 결정?	{ 분리된 결전 { 공동의 결전

전체가 클수록 전체의 일부도 더 독립적으로 되고, 부분 전투 내에서 점점 더 많은 결전 행동이 일어날 수 있고 일어날 것이다. 그래서 작은 부분의 결전은 단 하나의 전체로 통합되지만, 큰 부분의 결전은 그 정도로 통합되지 않을 것이다. 그런 부분은 그 자체에 전투의 전체 유기체를 거의 완전히 통합하고 있다. 결전이 클수록 그 결전은 이미 전체의 결전을 그만큼 더 많이 결정할 것이다. 즉 그 부분의 결전에 이미 전체의 결전이 들어 있게 된다. 전체의 일부가 커지면 화력전과 백병전의 대조는 덜 강력해진다.

1개 여단이 어느 마을을 점령한다고 결전을 결말짓지는 않는다. 하지만 전체 병력 중에 절반의 군단이 적의 진지의 어느 중요한 부분을 점령한다면, 이 부분은 전체에 대해 결정할 만큼 매우 중요한 부분일 수 있다. 이런 식으로 공동의 결전 행동은 완전히 없어질 수 있고, 몇 개의 큰 부분의 분리된 결전 행동으로 분해될 수 있다.

또한 파괴를 먼저 충분히 수행해야 결전을 승리로 이끌 수 있다. 파괴를 충분히 수행하여 결전이 무르익었는데도 결전을 수행하지 않으면 일을 놓치고 힘을 낭비하게 된다. (좋은 기회를 기다리는 긍정적인 불리함의 경우에는 예외.) [206~219]

4. 전투 계획

전투 계획	➡	전투의 통일성(=전투의 목적)	공동 행동
계획	=	목적 및 목적에서 비롯되는 결정 확립 전투에 주어지는 모든 결정	지성의 영향
➡ 결정	{	미리 주어지는 결정 – 계획 그 순간이 낳는 결정 – 지휘	편성 상호 작용

전투 계획은 전투의 통일성을 가능하게 한다. 공동 행동에는 통일성이 필요하다. 이 통일성이 전투의 목적이다. 목적에서 모든 부분에 필요한 결정이 나오고, 이 결정으로 목적에 최고의 방식으로 도달하게 된다. 목적을 확립하고 목적에서 나오는 결정을 확립하는 것이 계획이다. 계획은 전투에 주어지는 모든 결정이다. 그래서 물질에 미치는 지성의 영향이다.

한편으로 미리 주어져야 하고 미리 주어질 수 있는 결정과 다른 한편으로 그 순간이 낳는 결정 사이에는 본질적인 차이가 있다. 전자가 본래 의미의 계획이고, 후자는 지휘라고 할 수 있다. 그 순간이 낳는 결정의 근원은 두 적대자의 상호 작용에 있다. 계획의 일부는 전투력의 편성에 이미 주어져 있다.

편성은 전체 전투보다 부분 전투에서 더 중요하다. 부분 전투에서는 편성이 때로 전체 계획을 결정한다. 하지만 전체 전투에서는 편성이 전체 계획이 되는 일이 드물다.[220a~224]

전투의 목적	계획의 목표, 승리, 승리를 낳는 것, 4번의 대상
4번의 대상	← 적의 전투력의 파괴
파괴	{ 목적 자체(1번의 a) – 되도록 많이 파괴 { 수단으로(1번의 b~d) – 충분한 만큼만 파괴
파괴 없이	– 기동으로 O, 전투로 X, 승리 X
목적	적의 전투력의 파괴
전투 계획	목적을 위해 전투력을 효과적으로 사용하는 것

전투의 목적이 계획의 통일성을 만든다. 전투의 목적은 계획의 목표로 간주할 수 있다. 전투의 목적은 승리이고, 그래서 승리를 낳는 모든 것이고 4번에서 열거한 모든 것이다.

4번에서 말한 대상은 전투에서 적의 전투력의 파괴를 통해서만 이룰수 있고, 그래서 파괴는 모든 대상에서 수단으로 보인다. 하지만 파괴는 대부분의 경우에 중요한 목적 자체이다. 파괴가 목적인 경우에 계획은 적의 전투력을 되도록 많이 파괴하는 것으로 향한다. 파괴가 수단으로서 부차적인 자리를 차지하면 적의 전투력의 충분한 파괴만 요구한다.

적의 전투력을 전혀 파괴하지 않고 적이 후퇴하도록 할 수 있다. 그러면 적에게 전투가 아니라 기동으로 이긴 것이다. 하지만 이것은 승리가 아니다. 이 경우에도 전투력의 사용은 여전히 전투의 개념, 그래서 적의 전투력의 파괴의 개념을 전제로 할 것이다. 하지만 개연성이 아니라 가능성으로만 전제로 할 것이다. 결론. 적의 전투력을 크게 파괴하는 것이 승리의 조건이 되는 곳에서는 그것도 계획의 중요한 대상이 되어야 한다.

그래서 적의 전투력을 파괴하는 것이 모든 경우에 목적이다. 일반적인 전투 계획은 적의 전투력을 파괴하려고 자기의 전투력을 제일 효과적으로 사용하는 것과 관련될 수밖에 없다. [225~237]

우연	➡	불확실성	➡	모험	➡	성공의 크기 ⬆
						성공의 확실성 ⬇

보통 의미 – 개연성 X

넓은 의미 – 확실성 X

전쟁과 전투에서는 계산할 수 없는 정신적인 힘이나 효과와 관계가 있기 때문에 수단의 성공에 대해 늘 불확실성이 있다. 불확실성은 전쟁 행동의 많은 우연으로 증대된다. 불확실성이 있을 때는 모험을 하는 것이 중요하다. 모험은 보통의 의미에서 개연성이 없는 것에 토대를 두고 있지만 넓은 의미의 모험은 확실하지 않은 것을 전제로 한다. 여기에서는 모험을 후자의 의미로 받아들여야 한다.

그런데 싸움은 깊은 생각의 행동일 뿐만 아니라 격정과 용기의 행동이기도 하다. 모험을 많이 할수록 성공은 그만큼 더 크고 성공의 확실성은 그만큼 더 낮아진다. 성공의 크기와 확실성은 똑같은 수단에서 반비례 관계에 있다. 첫 번째 질문은 성공의 크기와 확실성 사이에 어느 쪽에 더 큰 가치를 둘 것이냐 하는 것이다. 최고의 모험이 필요할 때도 있다. 하지만 지휘관이 자기 수단과 상황을 전문 지식으로 판단했다면, 그가 자기의 용기로 무엇을 달성하려고 하는지는 그에게 맡겨야 한다. [238~248]

성공의 크기 ≈ 희생의 크기 $\begin{cases} \text{아군의 희생} \langle \text{적의 희생} \\ \text{전투력을 최대한 소중히 여기는 것 X} \\ \text{전투력을 무자비하게 소비하는 것 X} \end{cases}$

두 번째 질문은 성공과 희생의 크기 사이에 어느 쪽에 더 큰 가치를 둘 것이냐 하는 것이다. 즉 성공과 그것을 얻는데 지불하려고 하는 희생의 관계이다. 적의 전투력의 파괴에서는 아군의 희생보다 적의 희생이 더 많은 것을 보통이라고 생각한다. 이 경우에도 희생의 크기는 늘 문제 된다. 아군의 전투력을 최대한 소중하게 여기는 것도, 그것을 무자비하게 소비하는 것도 법칙이 될 수 없다. [249~252]

5. 전투의 시간, 공간, 방식

전투 계획 ➡ 시간, 공간, 방식 ➡ 순수한 개념 ━━━━━━ 개별적인 경우 ➡ 문제의 본질 ┄┄┄┄┄ 다양성

전투 계획은 전투의 시간, 공간, 방식을 결정한다. 여기에서도 순수한 개념에서 나오는 상황과 개별적인 경우에서 비롯되는 상황을 구분해야 한다. 전자는 문제의 본질과 관련되기 때문에 결과를 내는데 매우 중요하다. 전투 계획의 다양성은 후자에서 나온다. [253~256]

적극적 의도	–	공격	
소극적 의도	–	방어	방패?

싸움　승리 = 목적

무기의 본질	{	화력전
		백병전

전투의 방식에는[3] 두 가지의 차이만 있다. 하나는 적극적인 의도와 소극적인 의도에서 비롯되고 공격과 방어를 낳는다. 다른 하나는 무기의 본질에서 비롯되고 화력전과 백병전을 낳는다.

엄밀히 말하면 방어는 순전히 충격을 막는 것이고, 그래서 방패만 방어에 어울릴 것이다. 하지만 이것은 순수한 소극성이고 절대적인 고통일 것이다. 전쟁 수행은 고통을 견디기만 하는 것이 아니다. 그래서 방어는 결코 일관된 수동성의 개념을 토대로 삼을 수 없다.

정확히 살펴보면 제일 수동적인 무기, 즉 화기도 적극적인 것이고 능동적인 것이다. 방어는 공격할 때와 같은 무기를 사용하고, 화력전이나 백병전과 동일한 전투 형태를 사용한다.

그래서 공격을 싸움이라고 간주해야 하는 것처럼, 방어도 싸움이라고 간주해야 한다. 이 싸움은 승리를 얻을 생각으로만 수행할 수 있고, 그래서

---

3. '5. 전투 계획의 시간, 공간, 방식' 부분에서 클라우제비츠는 전투의 방식부터 서술하고 있다. 그다음에 시간, 공간 순으로 서술한다. 그래서 해설도 이 순서를 따른다.

승리는 공격의 목적인 것처럼 방어의 목적이다. 방어자의 승리를 소극적인 것처럼 생각할 권리는 누구에게도 없다. 방어자가 하나하나의 경우에 약간 소극적이라면 그것은 개별적인 조건 때문이다. 그것을 방어의 개념에 받아들여서는 안 된다. [257~263]

| 공격 | 전투를 원한다 | 목적 달성 - 적극적 | 수단 - 승리 | ← 목적에서 |
| 방어 | 기다린다 | 현상 유지 - 소극적 | | ← 전투에서 |

그럼에도 공격과 방어 사이에는 본질적인 차이가 있다. 즉 공격자는 전투를 원하고 불러일으키지만, 방어자는 전투를 기다린다. 이 원리에서 공격과 방어 사이의 모든 차이가 흘러나온다.

행동을 하려는 자는 그것으로 어떤 목적을 이루어야 하고, 이 목적은 적극적인 것이어야 한다. 그래서 공격자는 적극적인 의도를 갖고 있어야 한다. 승리는 수단이기 때문에 적극적인 의도가 될 수 없다.

승리하려는 의도는 방어자와 공격자가 공동으로 갖고 있어야 하지만, 그 의도는 다른 원천에서 나온다. 공격자에게는 목적에서 나오고, 방어자에게는 전투에서 나온다. 전자의 의도는 위에서 아래로 내려오고, 후자의 의도는 아래에서 위로 형성된다.

방어자는 공격자의 적극적인 의도를 허용하지 않으려고 하기 때문에 전투를 한다. 즉 그는 현상을 유지하려고 한다. 그래서 방어자의 의도는 소극적이다. [264~270]

| 결전을 찾으려고 | 공격적으로 행동 |
| 결전을 막으려고 | 방어적으로 행동 |

방어자가 소극적이라면 그는 행동하지 않고 적이 행동할 때까지 기다린다. 하지만 적이 행동하는 순간부터 방어자는 단순히 기다리기만 하지 않는다. 이제 그는 자기의 적과 마찬가지로 행동을 하고, 그래서 차이는 끝난다. 이것을 전체 전투에 적용하면 공격과 방어 사이의 모든 차이는 후자가 전자를 기다린다는 것에 있을 것이다.

전투가 공격 전투이어야 하는지 방어 전투이어야 하는지는 전체를 생각해서 결정해야 한다. 공격과 방어의 선택에 대한 일반적인 법칙은 다음과 같다. 결전을 막으려고 하는 곳에서는 방어적으로 행동하고, 결전을 하려고 하는 곳에서는 공격적으로 행동한다. [271a~281]

화력전	
백병전	개념을 통해, 편성과 연병장을 통해

전투 계획은 화력전과 백병전의 선택에서 결정해야 할 것이다. 두 형태는 공동으로 활동할 때 비로소 완전한 전투 능력을 형성한다. 하지만 이 두 요소를 분리하고 하나를 다른 것 없이 사용하는 것은 가능할 뿐만 아니라 매우 자주 일어나기도 한다. 이 둘의 일체성은 개념을 통해, 편성과 연병장을 통해 일반적으로 확정되어 있다. 그래서 편성처럼 계획의 틀에 박힌 일부에 속한다. [282~287]

전체 전투	부분 전투	
공간 결정 – 방어	방어 전투 계획	– 공간, 시간 결정
시간 결정 – 공격	공격 전투 계획	

시간과 공간. 전체 전투에서 공간 결정은 방어에만 속하고, 시간 결정

은 공격에만 속한다. 하지만 부분 전투에서는 공격 전투의 계획뿐만 아니라 방어 전투의 계획도 둘 모두를 결정해야 한다. [288~289]

동시성(시간적 통합) – 부분의 승리를 전체 전투의 승리로	
1 병력의 수에 최대한 X	2 동일한 전투력의 사용에 한계 X
공간의 제한	
화력전의 본질	1) 힘의 소모, 악화
개별 상황, 지형, 정신력 등	2) 승리 직후의 손실과 약화
⬇	⬇
최대한을 넘는 것은 힘의 낭비	1) – 새 전투력의 내적인 우세함
	2) – 전투력의 점차적인 사용

시간. 부분 전투의 시간 결정은 전투를 동시에 사용하느냐 또는 점차로 (조금씩) 사용하느냐 하는 문제를 말한다.

병력의 공동 행동에서 동시성은 근본 조건이다. 즉 모든 전투력을 동시에 사용하는 것, 전투력을 시간상으로 최대한 통합하는 것이 승리를 이끌 것이다. 그것도 적이 사용한 전투력 중에 맨 먼저 사용한 전투력의 일부에 대해 승리할 것이다. 그런 부분 승리는 전체 전투에서 승리의 원인이 되기도 한다.

하지만 이 결론은 존재하지 않는 두 가지 조건, 즉 병력의 수가 최대한이 될 수 없으리라는 것(1), 그리고 하나의 동일한 전투력을 사용하는 것이 한계를 갖지 않으리라는 것을(2) 전제로 한다.

1을 보면 첫째로 이미 공간의 크기가 전사들의 수를 제한한다. 그래서 동시에 활동하도록 정해진 전사들이 배치되는 길이와 너비는 제한되고, 전사들의 수도 제한된다. 둘째로 병력의 수는 화력전의 본질 때문에 제한된다. 더 많은 병력이 힘을 강화했는데, 이것이 유리함이 되지 않으면 그 강화는 쉽게 최대한에 이른다. 셋째로 병력의 수는 개별적인 경우에, 지형에, 부대의 정신력의 상태에, 화력전의 좀 더 자세한 목적에 따라 결정된다. 그래서 동시에 사용해야 하는 전투력의 수에는 최대한이 있고, 이를 넘으면 낭비가 생길 것이다.

2를 보면 하나의 동일한 전투력을 사용하는 데도 한계가 있다. 화력전에서도, 백병전에서도 전투력은 점차로 (물리적으로나 정신적으로) 쓸모없게 된다. 전투력이 경험하는 이 악화를 통해 전투에 새로운 원리가 나타난다. 즉 이미 사용한 전투력에 대해 새로운 전투력의 내면적인 우세함이 나타난다.

백병전에서 승리한 부대의 정신적인 힘은 올라가지만, 물리적인 힘과 대형의 힘은 약해진다. 정신적인 힘과 대형을 잃지 않은 다른 적이 나타나면 적이 승리자를 공격할 것이다. 화력전에서 화기로 승리하고 적을 물리친 쪽도 그 순간에는 대형과 힘에서 눈에 띄게 약해진다. 즉 승리자는 전투의 승리 직후에 손실을 입고 약해질 수 있다. 승리자에게 전투의 위기가 지속되는 한, 패배자에게도 전투를 회복할 수단이 있다. 패배자가 적절한 수의 새로운 부대를 데리고 오는 것이다. 이를 통해 두 번째 수단으로 전투력의 점차적인 사용이 효과적인 원리로서 도입된다. [290~306]

| 동시적인 사용 X
점차적인 사용 O | ➡ | 전투의 지속 시간 ⬆
예상하지 못한 사건
우연 | ➡ | 예비대 |

동시적인 사용에서 활동하지 않는 병력은 점차적인 사용에서 활동할 수 있다. 잇달아 일어나는 부분 전투 때문에 전체 전투의 지속 시간은 훨씬 늘어난다. 이 지속 시간은 예상하지 못한 사건을 고려하게 한다. 그리고 우

연도 고려하게 한다. 예상하지 못한 사건은 일반적인 고려로서 적당한 병력을 예비대로 배후에 배치하도록 요구한다. [307~312]

점차적인 전투	정면
▬ ‥ ▬ ‥ ▬ ‥ ▬	소총 및 산탄총 사격
새 전투력 { 사용하지 않은 휴식으로 회복된	배후(예비대)

점차적으로 해야 하는 전투는 새로운 전투력을 필요로 한다. 이 전투력은 완전히 새로울 (사용한 적이 없을) 수도 있고, 이미 사용했지만 휴식을 통해 무력화의 상태에서 회복되었을 수도 있다. 이 두 가지는 전투력을 배후에, 즉 병력을 파괴의 범위 밖에 배치하는 것을 전제로 한다. 소총 사격과 산탄총 사격 밖에 있는 부대는 새로운 병력이라고 간주할 수 있다.

전투력을 배후에 배치하는 데는 세 가지 이유가 있다. a) 지친 전투력을 교체하거나 보강하려고, b) 승리자가 성공의 바로 다음에 놓이게 되는 위기를 이용하려고, c) 예상하지 못한 사건에 대비하려고 배치한다. 이 병력은 세 병과 중에 어느 병과이든 상관없고, 제2선이나 예비대로 불릴 수 있고, 군대의 일부나 전체에 속할 수 있다. [313~320]

동시적 사용	➡	양극성	⬅	점차적 사용
		A 동일한 정면		
제한된다	-	a) 화력전	-	없어도 되는 병력
매우 유리하다	-	b) 백병전	-	배제된다
		B 더 넓은 정면		
더 많은 병력 투입	-	1 적의 정면 확대		
		2 적의 정면 포위		

전투력의 동시적인 사용과 점차적인 사용은 대립되고 각각 유리하기 때문에 한 쌍의 극으로 간주할 수 있다. 이 양극성의 법칙(두 가지의 유리함, 조건, 관계)을 아는 것이 중요하다.

전투력의 동시적인 사용은 A. 동일한 정면에서, 그것도 a) 화력전에서, b) 백병전에서, B. 더 넓은 정면에서, 즉 포위할 때 증대될 수 있다.

A. 같은 시간에 효과를 내는 것만 동시적인 사용으로 간주할 수 있다. 그래서 그것은 동일한 정면에서 활동하게 되는 가능성 때문에 제한된다.

a) 예를 들어 화력전에서 3개의 부대는 동시에 활동할 수 있지만, 6개의 부대는 불가능하다. 시간을 얻으려고 하는 쪽(보통 방어자), 수에서 크게 열세인 쪽도 화력전의 파괴력을 되도록 많이 완화하는데 관심을 갖는다. 이런 식으로 화력전에서 전투력의 동시적인 사용은 유리함의 부족 때문에 제한되고, 없어도 되는 병력은 점차적으로 사용하게 된다.

b) 백병전에서는 수의 우세가 결정한다. 병력의 동시적인 사용은 점차적인 사용보다 유리해서 점차적인 사용은 순수한 개념으로는 거의 완전히 배제된다. 백병전은 결전이고, 그것도 일체의 지속 시간이 거의 없는 결전이다. 이는 힘의 점차적인 사용을 배제한다.

하지만 백병전의 위기는 병력을 점차적으로 사용하는데 유리하게 작용한다. 또한 하나하나의 백병전의 결전은 그것이 부분 전투라면 절대적인 결전이 아니다. 그래서 앞으로 있을 전투도 고려해야 한다. 즉 백병전에서도 지금 필요한 것보다 많은 병력을 동시에 사용하지 말아야 한다.

백병전에서 병력의 동시적인 사용은 성공하는데 충분해야 하고, 점차적인 사용은 불충분함을 결코 보상할 수 없고, 충분한 정도에 이르렀다면 더 많은 병력의 동시적인 사용은 낭비가 될 것이다.

B. 넓은 정면의 너비에서 일어나는 전투에 많은 전투력을 동시에 데리고 가는 것은 두 가지 방식으로만 생각할 수 있다. 즉 1. 넓은 정면을 통해 적에게도 그의 정면을 넓히도록 강제하면서. 이 경우에는 양쪽에서 더 많은 병력이 동시에 투입된다. 2. 적의 정면을 포위하면서.

1에 대해. 양쪽이 당장 사용하려고 더 많은 병력을 보내는 효과는 어느 한쪽에만 가치를 가질 수 있을 것이다. 적이 정면의 확장을 받아들이지 않으면, 아군의 일부는 하는 일 없이 시간을 보내거나 아군의 정면에서 남는 병력을 적을 포위하는데 사용해야 한다. 포위에 대한 두려움만이 적을 아군과 똑같은 정도로 넓히도록 움직이게 할 수 있을 것이다. 적을 포위해야 한다면 처음부터 그것을 준비하는 것이 좋다.[321~344]

---

2 포위 형태의 유리함과 불리함

1 동시에 활동하는 병력의 합 ↟
2 집중 사격의 강력한 효과
3 후퇴로의 차단

1 병력의 분산
2 병력 활동의 약화

앞의 2에 대해. 포위 형태의 첫 번째 유리함은 양쪽이 동시에 사용하는 전투력의 합이 증대될 뿐만 아니라 적보다 많은 전투력을 활동하도록 허락하기도 한다는 것이다. 두 번째 유리함은 집중 사격이 더 강력한 효과

를 낸다는 것이다. 세 번째 유리함은 후퇴로의 차단이다. 세 유리함은 정면이 커질수록 줄고, 정면이 작을수록 늘어난다. 1의 유리함은 매우 적다. 2의 유리함도 마찬가지이다. 3의 유리함도 정면이 클수록 줄어든다.

포위 형태에는 불리함도 있다. 1. 병력이 더 넓은 공간에 분산되고, 그래서 2. 두 가지 점에서 병력의 활동이 약해진다. 첫째로 어느 공간을 통과하는데 사용하는 시간은 적을 물리치는데 사용할 수 없다. 둘째로 정보와 명령이 지나야 하는 공간이 더 넓어지면서 전체의 통일성도 약해진다. 정면이 넓어지면서 포위의 이 두 가지 불리함은 늘어난다.

정면이 좁을 때 포위의 유리함이 매우 크고 불리함이 매우 적다면, 정면이 넓어지면서 유리함이 줄어들고 불리함이 늘어난다면, 유리함과 불리함이 균형을 이루는 지점이 있을 것이다. 이 지점을 넘으면 정면의 확대는 병력의 점차적인 사용에 더 이상 유리함으로 대항할 수 없고 불리함이 생긴다. [345~368]

사격의 집중 효과를 보면 (유리함 2) 이 효과가 절대적으로 끝나는 정면의 길이가 있다. 하지만 모든 배치의 배후에는 사격을 당하지 않은 공간도 필요한데, 이는 배후에 있는 예비대나 지휘관 등을 고려한 것이다. 포위 형태의 다른 유리함, 즉 동시에 활동하는 병력의 우세함은 (유리함 1) 정면의 길이와 함께 줄어든다. 대규모 전투력의 동시적인 효과는 주로 소총 사격과 관련된다. 또한 대규모 전투력을 동시에 사용할 때 매우 넓은 정면의 유리함이 나타나야 하는 곳은 주로 보병 사격전이다.

이 두 유리함에서 작은 집단은 적절한 정면의 길이를 만드는데 고생하고, 편성의 틀에 박힌 대형에서 벗어나서 대형을 훨씬 더 넓히도록 강요받는다는 결론이 나온다. 대규모 집단은 편성 대형에서 벗어날 필요가 없고 부대를 배후에 배치할 수 있다. [369~385]

1 동시에 활동하는 병력의 합 ↑	성공의 확실성 성공의 개연성 ↑
2 집중 사격의 강력한 효과	
3 후퇴로의 차단	- 병사들의 용기 성공의 크기 ↑

　1, 2의 유리함은 아군의 병력을 늘리면서 성공의 확실성에 영향을 미친다. 3은 병사들에게 후퇴로를 잃었다는 생각을 하게 하면서 적의 정면에서 전투를 하고 있는 병사들의 용기에 영향을 미친다.

　3에서 포위하는 자가 갖는 차단의 유리함은 그 자체로 더 이상 성공의 확실성, 즉 개연성을 높이는 것으로 간주할 수 없고, 이미 일어난 성공의 크기를 늘리는 것으로 간주해야 한다. 그러면 성공은 전사들의 상황과 의도에 따라 완전히 다른 가치를 갖게 된다. [386~397]

동시적 사용	너비	강한	포위하는	공격자	신속한 결전
점차적 사용	길이	약한	포위되는	방어자	시간을 얻는

　병력의 동시적인 사용과 점차적인 사용, 너비와 길이의 두 극 사이에 차이가 없다는 점은 작은 집단보다 큰 집단에서 다를 뿐만 아니라 양쪽 부대의 상황과 의도에 따를 때도 다르다. 더 약하고 조심스러운 쪽은 병력의 점차적인 사용에서, 더 강하고 대담한 쪽은 병력의 동시적인 사용에서 유리함을 얻어야 한다. 대개 공격자가 더 강하거나 더 대담한 자이다.

　전투의 포위 형태, 그래서 아군과 적에게 병력을 최대한 동시에 사용할 것을 요구하는 형태는 공격자에게 자연스러운 것이다. 포위되는 형태, 즉 병력을 최대한 점차적으로 사용하려고 하고, 그래서 포위에 노출되는 형태는 방어의 자연스러운 형태이다. 전자는 신속한 결전을 하려는 경향이 있고, 후자는 시간을 얻으려는 경향이 있다. 이 두 경향은 양쪽의 전투 형태

의 목적과 조화를 이룬다. [398~403]

방어의 본질에서 방어가 더 긴 배치를 하려고 하는 또 다른 이유가 생긴다. 더 긴 배치의 제일 중요한 유리함 중의 하나는 지형의 도움을 받는 것이다. 이 도움 중에 지역 방어는 중요한 요소를 이룬다. 지역 방어는 정면을 되도록 길게 만든다.

공격자가 너무 작은 정면을 받아들이면 방어자는 공격자를 공격적으로 포위한다. 방어자가 너무 큰 정면의 불리함에 빠지지 않으려면 상황이 그에게 허락하는 제일 작은 정면을 차지할 것이다.

방어자가 작은 정면으로 만족하고 긴 길이를 찾으려고 하는 한, 공격자는 정면 확장을 되도록 크게 하려는 경향, 즉 적을 되도록 넓게 포위하려는 경향을 갖고 있다. 하지만 이것은 법칙이 아니라 경향이다. 이런 포위의 유리함은 정면의 크기가 늘면서 줄어든다. [404~415]

적이 아군을 포위하면 적은 아군과 어디에서나 정면을 두고 대치해야 하고, 그래서 똑같이 큰 정면에서 전투를 해야 한다. 여기에서 네 가지 대상을 살펴보게 된다. 첫째, 전투가 넓고 신속하게 결정되는 지역으로부터 집중적이고 오래 계속되는 지역으로 넘어가는 것은 늘 방어자의 유리함이다. 둘째, 방어자가 적에게 포위될 때 방어자는 그 부대를 측면과 배후에서 공격할 수 있다. 셋째, 정면을 짧게 하고 배후에 많은 병력을 배치하면 그 병력을 이용하여 이익을 얻을 수 있다. 넷째, 방어자는 정면 부분을 공격받지 않음으로써 힘의 낭비라는 잘못을 막을 수 있다. 이것이 긴 배치, 즉 병력의 점차적인 사용의 유리함이다. [416~432]

공격자가 자기의 정면을 얼마만큼 줄여도 되는지는 a) 집단의 규모에,

b) 적의 정면의 넓이에, c) 반격하려는 준비에 달려 있다. 이 모든 유리한 상황, 즉 적의 많은 집단, 너무 긴 정면, 많은 지역 방어가 합쳐지면, 공격자는 자기의 병력을 집결하는 데서 유리함을 제일 많이 찾을 것이다.

병력의 동시적인 사용과 점차적인 사용 사이에 차이가 없다는 점은 일부의 규모, 병력의 비율, 상황과 의도, 대담성과 신중함에 따라 크게 다르다. 지형도 영향을 미친다.[433~449]

공간 결정		전체와 부분이 어디에서 전투를 해야 하는지
전체의 장소	–	전략적인 결정
일반적 장소	–	적의 군대(공격), 아군이 기다리는 곳(방어)
부분의 결정	–	기하학적인 도형
➡ 기하학		직선의 원
		동심원(다각형) – 포위하고 포위되는 형태

공간.[4] 공간 결정은 군대 전체와 일부 부대가 어디에서 전투를 해야 하는지에 답한다. 전체의 전투 장소는 전략적인 결정이고 우리와 무관하다. 여기에서는 전투의 구조와 관계를 맺을 뿐이고, 그래서 전투의 일반적인 장소는 적의 군대가 있는 장소이든지 (공격에서) 또는 아군이 적의 군대를 기다려도 되는 장소일 (방어에서) 것이다.

일부에 대한 공간 결정에는 기하학적인 도형이 포함되어 있다. 전체의 기하학적인 형태는 직선의 원과 동심원으로 환원할 수 있다. 양쪽이 전투

---

4. 분량 면에서 전투 계획의 '공간'은 '방식'보다 약 2배 많고, '시간'은 '방식'보다 약 5배 많다. 이를 통해 간접적으로 클라우제비츠가 공격과 방어, 화력전과 백병전이나(방식) 장소와 위치보다(공간) 전투력을 동시에 쓰느냐 점차적으로 쓰느냐 하는 문제를(시간) 훨씬 중요하게 생각한 것으로 추론할 수 있다.

를 할 때는 평행의 기준선에서 생각해야 한다. 한쪽 군대가 다른 쪽 군대의 기준선에 수직으로 행군하면, 후자는 자기의 정면을 완전히 바꾸고 전자와 평행으로 배치되어야 한다. 적어도 일부분으로 그렇게 해야 한다. 그래서 동심원 조각이나 다각형 조각의 배치가 생긴다. 동심원 (또는 다각형) 조각의 형태는 포위하고 포위되는 형태이다.

일부를 위한 공간 결정에서 생기는 질문. 적의 전투력의 모든 부분을 물리쳐야 하는가, 아닌가? 후자의 경우라면 어느 부분을 물리쳐야 하는가? 적의 전투력의 일부를 물리치지 않고 내버려 둘 수 있다면 다른 일부를 아군의 전체 병력으로 무찌르게 된다. 그러면 이 지점은 전체를 위한 지점이고, 적의 병력의 일부는 전체라고 간주할 수 있다. 작은 집단에서는 대부분 그러하지만 큰 집단에서는 그렇지 않다.

일부의 상태가 후퇴의 원인이 되는 경우에 그 일부는 전체에서 중요한 부분이어야 한다. 그 부분은 패배한 부분으로 불린다. 패배한 부분은 옆으로 나란히 놓여 있든지, 전체 전투력에 어느 정도 균등하게 분배되어 있을 수 있다. 패배한 부분이 옆으로 나란히 놓여 있으면 그 부분은 공동으로 하나의 전체로 간주할 수 있다. [450~472]

공격해야 하는 부분	위치와 크기에 따라 결정
1 크기(공간 집결)	아군을 적의 한 부분에 집결하고 1) 나머지 부분에 전혀 대항하지 않음 2) 나머지 부분에 약간의 병력으로 대항함
2 위치	날개, 측면, 배후, 중심 중심은 부분들을 분할 = 돌파 ⇔ 포위

지형을 제외하면 공격해야 하는 부분은 위치와 크기에 따라 결정해야

한다. 1. 먼저 크기를 살펴본다. 이때 두 가지 경우를 구분해야 한다. 첫째는 아군의 병력을 적의 병력의 한 부분에 집결하고 나머지 부분에 전혀 대항하지 않는 경우이다. 둘째는 나머지 부분에 단지 얼마 안 되는 병력으로 대항하는 경우이다. 둘 다 병력의 공간적인 집결이다. 첫째에서 그 부분이 얼마나 많은지 하는 것은 아군의 정면이 얼마나 작아도 되는지 하는 질문과 같다. 둘째의 경우에서 아군이 아군 전체의 더 많은 부분으로 적 전체의 더 적은 부분을 공격한다면 적도 똑같이 행동한다는 결론이 나온다.

한 지점에 병력을 엄청나게 집결해서 그 지점에서 우세해지려고 하는 것은 늘 적에게 기습을 하려는 희망을 갖고 하게 된다. 그러면 적은 그 지점에 많은 병력을 보낼 시간도 없고 보복을 준비할 시간도 없다. 이 기습이 성공하는 것은 먼저 결단하기 때문이다. 즉 주도권이 있기 때문이다. 물론 그 주도권이 절대적인 유리함은 아니다. 주도권이 없을 때는 행운에 기대어 기습을 할 수도 있다. 전쟁은 도박이고, 도박에서 행운과 모험을 배제하는 것은 불가능하기 때문이다. 이 기습이 어느 한쪽에 성공하면 다른 쪽에게는 무능력이 따를 것이고, 이것은 보복으로 갚아야 할 것이다.

2. 전투를 해야 하는 위치에서는 장소의 특징을 갖고 있는 날개, 측면, 배후, 중심만 장소로서 구분할 수 있다. 날개는 적의 전투력을 포위할 수 있는 곳이다. 측면은 그곳에서 적의 어느 지역을 공격하고 그에게 후퇴를 어렵게 만들 수 있다. 배후에서는 후퇴를 어렵게 만들거나 완전히 차단할 수 있다. 중심은 정면에서 날개가 아닌 부분이다. 중심은 부분들을 분할하게 하는 특징이 있고, 이것은 보통 돌파라고 불린다. 돌파는 포위의 반대이다. 이 둘은 승리하는 경우에 적의 병력에 매우 파괴적인 영향을 미치지만 각자 다르게 영향을 미친다.

a) 포위는 적의 용기를 약하게 만들면서 포위의 정신적인 효과를 통해 성공을 확실하게 하는데 이바지한다. b) 중심에서 돌파하는 것은 아군의

병력을 더 많이 집결하게 하면서 성공을 확실하게 하는데 이바지한다. c) 매우 우세한 병력으로 포위를 수행하고 성공한다면 포위는 직접적으로 적의 군대의 파괴로 이어질 수 있다. 이것이 승리를 이끈다면 첫날의 성공은 어느 경우이든 돌파보다 크다. d) 돌파는 간접적으로만 적의 군대의 파괴로 이어질 수 있고, 첫날부터 쉽게 큰 효과를 나타내지 않고, 다음날에 전략적으로 더 큰 효과를 나타낸다. [473~507]

6. 전투의 계획과 지휘

계획	시작	위험의 영역 밖	높은 관점과 먼 시야	미리
지휘	과정	그 순간의 압박	가까운 관점과 개별적인 시야	그때

이제 계획과 행동의 상호 작용을 살펴보아야 한다. 계획은 행동할 때 예상할 수 있는 것만 밝힐 수 있기 때문에 계획은 대부분 세 가지 문제로 제한된다. 대략적인 윤곽, 준비, 시작할 때의 세부 사항.

계획으로는 시작만 완전히 확립되고, 과정은 상황에서 비롯되는 새로운 결정과 명령, 즉 지휘를 통해 확립되어야 한다. 계획 행동은 위험의 영역 밖에서 완전한 여유를 갖고 하고, 지휘 행동은 늘 그 순간의 압박 속에 놓여 있다. 계획은 늘 더 높은 관점과 더 먼 시야를 갖고 결정한다. 지휘는 제일 가까운 관점에서 극히 개별적인 시야를 갖고 결정한다. 결정한다기보다 휩쓸려 간다. 지성의 이 두 활동은 다른 시기에 속한다. [508~513]

배치	일반적인 원칙	편성, 기본 전술		
	개별적인 상황	지형에 관한 지식	지역 방어 ■	계획

적의 배치를 모르면 각자 이론의 일반적인 원칙에 따라 배치를 할 수밖에 없을 것이다. 그것의 대부분은 편성이고 이른바 군대의 기본 전술이다. 그럼에도 개별적인 상황을 고려해야 전투를 제대로 배치할 수 있다. 이때 지형에 관한 지식이 필요하다.

지형에 관한 지식은 주로 방어자에게 있다. 방어자만 어느 지역에서 전투가 일어날지 정확히 미리 알고 있고, 그 지역을 적절하게 조사할 시간이 있기 때문이다. 여기에 진지에 관한 모든 이론이 (이 이론이 전술에 속하는 한) 뿌리박고 있다. 공격자는 전투 지역을 불완전하게만 알게 된다.

방어자가 지역을 지역 방어에 이용하려고 하면, 적은 그것을 알게 되고 그의 계획에서 그것을 고려하게 된다. 이것이 적이 하는 첫 번째 고려 사항이다. 대부분의 경우에 이 단계는 양쪽의 계획이 끝나는 단계로 간주해야 한다. 그다음에 일어나는 것은 이미 지휘에 속한다. [514~522]

공격자와 방어자의 구분이 없는 (둘 다 상대에게 전진하고 공격하는) 소규모 전투에서는 편성, 전투 대형, 기본 전술이 계획의 자리를 대신한다. 하지만 공격과 방어로 분리되면 공격자가 유리한 상태에 있다. 방어자가 방어 시설을 공격자에게 드러낼 수밖에 없기 때문이다. 그래서 공격이 좀 더 유리한 (좀 더 강력한) 전투 형태로 간주된다. 하지만 이는 오류이다. 이 오류는 공격자의 주도권을 과대평가한다. 또한 방어자는 지형을 보조 수단으로 쓴다. 공격자에게는 후수의 유리함밖에 없다. [523~529]

지성 ➡	계획		세부적 결정 X	
	지휘	과정	병력의 점차적 사용	예비대

지성의 영향은 계획으로 끝나지 않는다. 지휘의 영역은 전투의 과정 또

는 지속 시간이다. 지속 시간은 병력의 점차적인 사용을 더 많이 할수록 그만큼 더 늘어난다. 그래서 많은 것을 지휘에 의지하려고 하면 배치는 길어진다. 계획할 때는 이미 존재하는 사실을 고려해야 한다. 이 계획이 충분할 수 없을 때만 지휘의 영역이 시작된다.

전투 과정에서 너무 세부적인 것을 결정하는 계획은 잘못이다. 세부적인 것은 일반적인 것뿐만 아니라 개별적인 것에도 달려 있기 때문인데, 개별적인 것을 미리 알 수 있다는 것은 불가능하다. 그래서 계획을 부당하게 확장하는 대신에 많은 것을 지휘에 맡기는 것이 낫다. 이것은 긴 배치, 즉 대규모의 예비대를 전제로 한다. [530~541]

공격	계획(의 상호 작용)		상급 부대
방어	지휘(의 상호 작용)	예비대와 지형(지역)	하급 부대

공격 계획이 방어 계획보다 멀리 미친다. 방어자는 지형을 통해 전투 과정을 결정한다. 그러면 방어자의 계획이 공격자의 계획보다 훨씬 철저하고, 공격자는 지휘에 훨씬 많은 것을 맡겨야 할 것이다.

하지만 방어자의 이런 우위는 겉으로만 존재하고 실제로는 존재하지 않는다. 즉 지형과 관련되는 배치는 단지 준비에 지나지 않는다. 이 준비는 전제 조건에 근거하고 있고 적의 실제 조치에 근거하고 있지 않다. 방어자가 그 조건으로 지나치게 행동하면 그에게 병력의 낭비가 생긴다. 진지를 너무 넓게 하고 지역 방어를 너무 자주 사용하는 것이 여기에 속한다. 방어자는 매우 강력한 진지로만 넓은 지역을 차지할 수 있다. 그렇지 않으면 방어자는 지휘에 더 많이 의지해야 할 것이다. 그러면 방어자는 병력의 점차적인 사용을 하지 않을 수 없다.

그래서 전투의 지속 시간, 즉 강력한 예비대를 두고 이 예비대를 되도록 점차적으로 사용하는 것은 지휘의 첫 번째 조건이다. 이 점에서 우세하면 지휘에서도 우세해질 것이다. 지휘에 우세함을 주는 두 번째의 객관적인 조건은 오직 방어자 쪽에 있고, 그것은 지역을 잘 알고 있다는 것이다.

계획의 결정은 상급 부대에 더 잘 맞고, 지휘의 결정은 하급 부대에 더 잘 맞는다. 적과 하는 상호 작용이 지휘의 본래 영역인데, 이는 양쪽이 상대를 보고 있기 때문이다.

방어자는 계획의 상호 작용에서 공격자보다 불리한데, 이 불리함을 지휘의 상호 작용의 우세함으로 다시 보상받을 수 있을 뿐만 아니라 일반적인 상호 작용에서도 우세함에 이를 수 있을 것이다. 적의 후수를 고려하려면 스스로 후수에 이르려고 노력해야 할 것이다. 그런 노력은 강력한 예비대를 두는 것과 지형을 이용하는 것이다.[542~563]

상황의 차이	자료의 부족, 시간의 부족, 위험				
1 자료의 부족	계획	–	기하학적 소묘	–	평면도
	지휘	–	시각적 소묘	–	원근법
2 시간의 부족	생각	➡	숙련된 판단 능력		
3 위험	지성에 방해가 되는 효과			➡	용기

계획과 지휘를 결정하는 성격에 차이가 있는데, 그 원인은 지성이 활동하는 상황이 다르기 때문이다. 상황의 차이는 자료의 부족, 시간의 부족, 위험이다.

1. 위치와 대략적인 관계를 조망할 때 제일 중요해지는 것은 이 조망이 없을 때 중요해지지 않을 수 있다. 구체적으로 말하면 좀 더 가까이 있는 다른 현상이 훨씬 중요해진다. 계획이 기하학적인 소묘에 더 가깝다면, 지휘는 시각적인 소묘에 더 가깝다. 전자가 평면도에 더 가깝다면, 후자는 원

근법의 풍경에 더 가깝다.

2. 시간의 부족은 조망의 부족 외에 생각하는 것에도 영향을 미친다. 비교하고 검토하고 비판하는 판단보다 순수한 재치, 즉 숙련된 판단 능력이 더 효과적일 수 있다.

3. 심각한 위험 자체와 다른 것에 대한 직접적인 감정은 순수한 지성에 방해가 되는 효과를 일으킨다. 지성의 판단이 좁아지고 약해지면 오직 용기로 극복할 수 있다. [564~570]

용기	1 개인적 위험에 압도당하지 않는	-	개인적 용기
	2 불확실성의 계산, 행동의 준비	-	지성의 용기
1 용기	위험에 대한 무관심	-	타고난 용기
	긍정적인 동기와 감정		
	긍정적 감정 〉 위험에 대한 무관심	-	의욕적, 대담성
	긍정적 감정 〈 위험에 대한 무관심	-	냉정함, 완강함
2 지성	모험의 필요성에 대한 확신		
	더 높은 통찰력에 대한 확신		

여기에서는 두 종류의 용기가 필요하다. 개인적인 위험에 압도당하지 않는 용기와 불확실성을 계산하고 이에 따라 자기 행동을 준비하는 용기이다. 사람들은 두 번째 용기를 지성의 용기(정신적인 용기)라고 부른다.

1. 용기는 본래 위험에 대한 개인적인 희생이다. 희생의 감정은 두 종류의 원천을 가질 수 있다. 첫째는 위험에 대한 무관심인데, 이 무관심은 개인의 신체 구조에서 또는 생명에 대한 무관심에서 또는 위험에 대한 습관에서 비롯될 수 있다. 둘째는 긍정적인 동기이다. 즉 명예심, 애국심, 여러 가지 종류의 감격 등이다. 첫 번째만 순수하고 타고난 용기 또는 천성이 된 용기

라고 간주할 수 있다.

긍정적인 감정에서 나오는 용기는 다르다. 이 감정은 위험의 인상에 대항한다. 이 감정이 위험에 대한 순수한 무관심보다 훨씬 멀리 미치는 경우가 있고, 다른 경우에는 감정이 무관심에 추월당한다. 후자는 판단을 더 냉정하게 하고 완강함으로 이끈다. 전자는 더 의욕적으로 만들고 대담성으로 이끈다. 위험에 대한 무관심이 그런 자극과 결합되면 제일 완벽한 개인적인 용기가 생긴다. 이 용기는 완전히 주관적인 것이고 오직 개인적인 희생과 관련되고, 그래서 개인적인 용기라고 부를 수 있다.

2. 자기 개인의 희생에 큰 가치를 두지 않는 사람은 다른 사람들의 희생도 높게 평가하지 않는다. 또한 긍정적인 감정을 통해 위험으로 들어가는 사람은 다른 사람들도 그 감정에 따르는 것이 정당하다고 생각할 것이다. 이 두 종류에서 용기는 객관적인 활동 범위를 얻게 된다. 용기는 이제 용기를 따르는 전투력을 사용하는 데도 영향을 미친다.

용기가 위험에 대한 인상을 배제하면, 용기는 지성의 활동에 영향을 미치고 지성의 활동은 자유로워진다. 물론 위험 때문에 지성의 힘이 생기지 않을 수 있고, 통찰력은 더욱 생기지 않을 수 있다. 그래서 지성과 통찰력이 없는 경우에 용기는 때로 매우 잘못된 길로 안내할 수 있다.

지성의 용기는 모험의 필요성에 대한 확신에서 또는 더 높은 통찰력에 대한 확신에서 생긴다. 이 확신은 개인적인 용기가 없는 인간에게도 생길 수 있다. 그래서 지성의 용기라는 표현이 완전히 맞는 것은 아니다. 지성 자체에서는 결코 용기가 생기지 않기 때문이다. [571~586]

훌륭한 개인적 용기			감성의 힘	판단력
훌륭한 지성	}	완전한 지휘	⬆⬇	결단력
			지성의 확신	

훌륭한 개인적인 용기와 훌륭한 지성이 하나로 묶일 때 지휘는 제일 완전해질 것이다. 지성의 확신에서 비롯되는 용기는 주로 불확실한 문제나 행운에 대한 신뢰에 있는 모험과 관련되고, 개인적인 위험과는 별로 관련되지 않는다. 그래서 전투 지휘에서는 감성의 힘이 지성을 지원해야 하고, 지성은 감성의 힘을 일깨워야 한다. 급박한 전투 상황에서는 영혼이 이처럼 지성과 감성으로 높이 고양된 상태가 필요하다. 이런 상태가 전쟁 재능이다.

개인적인 희생에서 비롯되는 용기는 낮은 영역, 즉 하급 부대에서 지배적이다. 높은 지위에서는 한 사람 한 사람의 행동이 그만큼 더 중요해지는데, 그의 결정이 전체와 관련되어 있기 때문이다. 하지만 높은 지위에 전체를 보는 조망 능력이 없는 경우가 있고, 그래서 많은 것이 행운에 의지해서 순수한 판단력으로 수행되어야 한다.

전투가 계속될수록 전투는 더 거칠고 혼란스럽게 보인다. 그래서 높은 지위에서도 점차로 개인적인 용기가 깊은 생각보다 중요해진다. 결국 전투에서 거의 용기 혼자만 싸우고 영향을 미치게 된다. 그래서 지휘의 행동에 맞서는 어려움을 상쇄해야 하는 것은 용기와 용기에 의해 높아진 지성이다. 이때 매우 중요한 것은 용기와 지성에서, 무엇보다 용기에서 적에게 뒤지지 않는 것이다.

여기에서 판단력이 매우 중요하다. 그것은 주로 숙련에 속하고, 숙련은 올바른 판단을 거의 습관이 되게 한다. 그래서 전쟁 경험이 중요하다.

또한 어느 행동이 옳았는지 불확실할 때는 자기의 행동을 결정적인 행동으로 만들어야 한다. 즉 그 행동에서 끌어낼 수 있는 모든 성공을 얻으려고 노력해야 한다. 그런 행동은 좁은 의미의 결단력이다. 결단력은 절반의 조치로부터 우리를 보호하고, 대규모 전투를 지휘할 때 제일 빛나는 특성이다. [587~604]

　　　　　　　＊　　＊　　＊

　제4장의 내용 전체의 핵심을 아래와 같이 하나의 그림으로 표현하고 요약한다. 하나의 그림에 4장의 모든 내용을 담을 수도 없고 많은 내용을 하나의 그림에 담는 것도 무리이지만, 그럼에도 아래의 그림은 4장 전체의 핵심을 개략적으로 조망할 수 있게 할 것이다.

대담성	너비가 넓다	적은 예비대	계획	신속한 결전
강자 적극적 많은 병력	공격자	⇧⇧⇧⇧ ⇧⇧⇧⇧ ⇧⇧⇧⇧	시간	병력의 동시적 사용
추방	백병전	⬇ 돌파 ⬇	포위	결전 행동
· · · · · · · · · ·	· · · · · · ·	정면	날개	· · · · · · · ·
파괴	화력전	⬆ 반격 ⬆	저항	파괴 행동
약자 소극적 적은 병력	방어자	⇧⇧ ⇧⇧ ⇧⇧ ⇧⇧	공간	병력의 점차적 사용
완강함	길이가 길다	많은 예비대	지휘	시간을 벌기

　그림 중앙에서 공격자의 많은 병력이 (병력을 ⇧로 표현하고 ⇧ 하나를 1000명으로 가정한다.) 방어자의 적은 병력을 정면에서 돌파하든지 날개에

서 포위하려고 한다. 각각의 배후에 예비대를 두는데, 대개 방어자의 예비 병력이 공격자의 예비 병력보다 많다.

전투의 방식에는 두 가지의 차이만 있다. 하나는 적극적인 의도와 소극적인 의도에서 비롯되고 공격과 방어를 낳는다. 다른 하나는 무기의 본질에서 비롯되고 화력전과 백병전을 낳는다. 공격자는 행동을 (전투를) 원하고 불러일으키지만, 방어자는 그것을 기다린다. 결전을 막으려고 하는 곳에서는 방어적으로 행동하고, 결전을 하려고 하는 곳에서는 공격적으로 행동한다.

대체로 공격자는 강자이고 많은 병력을 갖고 있고, 방어자는 약자이고 적은 병력을 갖고 있다. 전자는 적을 몰아내려고(추방) 하고, 후자는 유지하려고 한다. 유지하는 것은 적극적인 반작용에 달려 있고, 이 반작용은 공격하는 전투력의 파괴이다. 그래서 공격과 방어의 대립을 순수한 안티테제로 생각하는 것은 잘못이다.

약하고 조심스러운 쪽은 병력의 점차적인 사용에서, 강하고 대담한 쪽은 병력의 동시적인 사용에서 유리함을 얻어야 한다. 대개 공격자가 더 강하거나 대담하다.

백병전은 본래 공격의 요소이지만 백병전만 사용하면 불리하다. 공격도 필요한 만큼 화력전을 받아들여야 한다. 화력전은 방어자에게 자연스러운 요소이다. 부분 전투에서는 화력전을 파괴 행동으로, 백병전을 결전 행동으로 간주해야 한다. 파괴 원리를 띠는 화력전과 추방 원리를 띠는 백병전에서 파괴 행동과 결전 행동이 나온다.

파괴 행동에서는 병력을 최대한 절약하는 것이 중요하고, 결전 행동에서는 병력의 수로 적을 압도하는 것이 중요하다. 준비 행동에서는 인내심, 완강함, 냉정함이 중요하고, 결전 행동에서는 대담성과 열정이 중요하다.

전체 전투에서는 공간 결정이 방어에만 속하고, 시간 결정이 공격에만 속한다. 하지만 부분 전투에서는 공격 전투의 계획뿐만 아니라 방어 전투의 계획도 둘 모두를 결정해야 한다.

포위하는 자는 병력을 최대한 동시에 사용할 것을 요구하고, 이는 공격자에게 자연스러운 것이다. 포위되는 형태는 병력을 최대한 점차적으로 사용하려고 하고, 그래서 방어의 자연스러운 형태이다. 포위하는 자는 신속한 결전을 하려는 경향이 있고, 포위되는 자는 시간을 벌려는 경향이 있다.

방어자는 병력을 앞뒤로 길게 배치하려고 한다. 이 배치의 제일 중요한 유리함 중의 하나는 지형의 도움을 받는 것이다. 공격자는 병력을 좌우로 넓게 배치하려고 한다.

미리 주어져야 하고 미리 주어질 수 있는 결정은 본래 의미의 계획이고, 그 순간이 낳는 결정은 지휘라고 할 수 있다. 계획으로는 시작만 밝혀지고, 과정은 상황에서 비롯되는 새로운 결정과 명령, 즉 지휘를 통해 밝혀진다. 계획 행동은 위험의 영역 밖에서 완전한 여유를 갖고 하고, 지휘 행동은 늘 그 순간의 압박 속에 놓여 있다. 계획의 결정은 상급 부대에 더 잘 맞고, 지휘의 결정은 하급 부대에 더 잘 맞는다.

제3부

『전쟁론』관련 논문

일러두기

　여기에는 『전쟁론』과 관련되는 논문 두 편을 싣는다.

　첫 번째 논문(1장)은 전쟁의 삼중성과 4세대 전쟁 이론을 다루고 있다. 전쟁의 삼중성은 클라우제비츠의 이론에서 핵심이 되는 주제이고, 4세대 전쟁 이론은 요즘 유행(논의, 논쟁, 논란)이 되고 있는 주제이다. 냉전의 종식으로 비정규 전쟁(테러, 반군 등)이 등장했고, 근대 국민 국가는 전쟁의 주체로서 쇠퇴했고, 이에 따라 클라우제비츠의 전쟁 이론도 설득력을 잃고 있다는 주장이 있다. 이 논문은 이른바 4세대 전쟁 이론을 클라우제비츠의 전쟁 이론으로부터 추론하는 연구이다.

　이 논문은 원래 『원광군사논단』 11호에 실린 글이다. 그런데 여기에 논문을 실으면서 오타를 수정하고 부족한 부분을 보완하고 문장과 표현을 크게 고쳤다. 차례의 제목도 일부 수정했고 논문에 필요한 여러 개의 그림을 찾아서 실었다. 그래서 원래의 논문과 많이 달라졌다.

　두 번째 논문(2장)은 마르크스주의 시각에서 본 전쟁에 관한 글이다. 이 논문의 수준이 매우 탁월하고 이런 논문이 우리 나라 군사학계에 잘 소개되지 않아서 많은 독자들이 이 글을 읽었으면 하는 바람으로 여기에 실었다. 이 자리를 빌려 발리바르 논문의 전재를 허락한 임필수 님에게 깊이 감사드린다.

　발리바르의 글은 내 번역이 아니어서 번역 원문을 (한 군데를 제외하고) 수정 없이 실었다. 띄어쓰기와 문장 부호에서 어색한 부분을 최소한의 범위에서 수정했다. 명백한 오기와 잘못된 조사를 바로잡았고, 구어체를 문어체로 바꾸었다.

　두 논문의 원래 출처는 각 논문 끝에 밝혔다.

제1장

클라우제비츠의
전쟁의 삼중성과 4세대 전쟁 이론

1. '순수한 금속'

2. 클라우제비츠의 전쟁의 삼중성

3. 클라우제비츠의 4세대 전쟁 이론

4. 영어권의 삼위일체 이론

5. 우리 나라의 삼위일체 이론

6. '삼위일체'에서 삼중성으로

1. '순수한 금속'

클라우제비츠는 1816년 코블렌츠에서 또는 늦어도 1818년 베를린 일반 군사 학교의 교장으로 임명되었을 때 다른 사람이 『전쟁론』의 원고 "전체를 불순물 없는 순수한 금속으로 주조"할 (클라우제비츠, 54쪽) 것이라고 생각했다. 『전쟁론』은 미완성 유고이지만, 『전쟁론』을 전체로서 통합적으로 읽으면 『전쟁론』을 '순수한 금속'이라고 여길 만한 논리적인 일관성을 발견할 수 있다. 전쟁의 정의, 전쟁의 본질, 전쟁의 삼중성, 두 가지 종류의 전쟁이 순수한 금속을 이루는 요소이다.

전쟁이 "우리의 의지를 실현하려고 적에게 굴복을 강요하는 폭력 행동"이라는 (클라우제비츠, 60쪽) 것은 전쟁의 정의이다. "전쟁은 다른 수단으로 정치를 계속하는 것에 지나지 않는다."는 『전쟁론』 1편 1장 24절의 제목, 그리고 "전쟁은 정치의 수단"이라는 8편 6장 B의 제목은 전쟁의 본질이다. 전쟁과 정치의 관계는 전쟁의 정의보다 전쟁의 본질에 좀 더 분명하고 극적으로 표현되어 있다. 논리적으로는 전쟁의 정의에서 전쟁의 본질과 전쟁의 삼중성을 추론할 수 있다.

『전쟁론』을 전체로서 보면, 전쟁의 정의와 본질은 현실 전쟁과 절대 전쟁에 모두 해당되고 현실 전쟁과 절대 전쟁을 모두 포괄한다. 그래서 현실 전쟁도 우리의 의지를 실현하려고 적에게 굴복을 강요하는 폭력 행동이고, 절대 전쟁도 우리의 의지를 실현하려고 적에게 굴복을 강요하는 폭력 행동이다. 또한 현실 전쟁도 정치의 수단이고, 절대 전쟁도 정치의 수단이다.

이 해석과 달리 우리 나라에서는 일부 클라우제비츠 전문가들이 아롱의 해석을[1] 받아들여 클라우제비츠의 이론을 일원론(절대 전쟁)에서 출발하여 이원론(절대 전쟁과 현실 전쟁)으로 발전되고 '삼위일체'로 종결되는 단계로 이해한다(류재갑, 강진석). 또는 클라우제비츠의 전투 경험(예나, 모스크바, 워털루)을 중심으로 『전쟁론』을 해석하는 헤어베르크-로테(Herberg-Rothe 2001 및 2006)의 견해를 받아들여 이를 바탕으로 클라우제비츠의 이론을 이해한다(김태현 2012 및 2015). 이런 '단계론'과 '경험론'은 『전쟁론』 전체를 통합적으로 이해하는 우리의 견해와 다르고, 그래서 이 논문에서는 중요한 것으로 간주하지 않는다.

---

1. Aron, 104쪽 참조.

2. 클라우제비츠의 전쟁의 삼중성

주로 18세기의 7년 전쟁과 19세기 초반의 나폴레옹 전쟁(프랑스 혁명 전쟁 포함)을 자세히 다룬 『전쟁론』을 전체로서 통합적으로 이해할 때 우리는 전쟁의 정의, 전쟁의 본질, 전쟁의 삼중성, 두 가지 종류의 전쟁을 아래와 같은 하나의 그림에 모두 담을 수 있다.

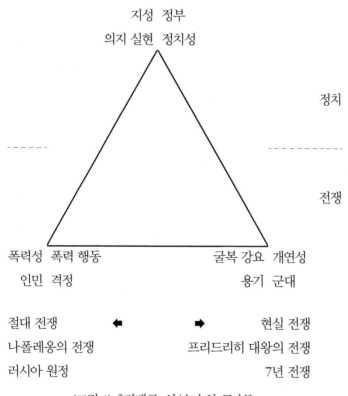

〈그림 1〉『전쟁론』의 '순수한 금속'[2]

---

2. 김만수, 30쪽과 423쪽 참조.

〈그림 1〉을 설명한다. '전쟁은 우리의 의지를 실현하려고 적에게 굴복을 강요하는 폭력 행동이다.' 우리의 의지를 실현하려는 것은 목적이고, 적에게 굴복을 강요하는 것은 목표이고, 폭력 행동은 수단이다. 목적은 정치적 특징을, 목표는 군사적 특징을, 수단은 물리적 특징을 띤다.

전쟁의 본질은 전쟁이 정치의 수단이라는 관점이다. 이는 군대를 삼각형의 아래에 두고 정부를 삼각형의 위에 두는 것으로, 그래서 삼각형 오른쪽에 전쟁을 정치 아래에 두는 것으로 표현할 수 있고, 이를 통해 전쟁에 대한 정치의 우위성과 군대에 대한 정부의 우위성을 표현할 수 있다.[3]

전쟁은 정치성, 개연성, 폭력성의 세 가지 성질(삼중성)을 띤다. 전쟁에서 타오르는 격정은 이미 그 인민의 마음에 들어 있어야 한다. 용기와 재능이 얼마만큼 활동할 것인지는 최고 지휘관과 군대의 특성에 달려 있다. 전쟁은 정치의 수단이라는 종속적인 성질을 갖는데, 이 때문에 전쟁은 지성의 영역에 속하게 된다. 폭력성은 주로 인민과, 개연성은 주로 최고 지휘관과 군대와, 정치성은 주로 정부와 관련되어 있다.

전쟁의 두 가지 종류는 절대 전쟁과 현실 전쟁이다. 절대 전쟁과 현실 전쟁은 화살표의 방향으로 표현할 수 있다. 인민이 전쟁에 많이 참여할수록 전쟁은 절대 전쟁에 가깝게 된다. 인민이 전쟁에서 멀어질수록, 즉 전쟁이 정부와 군대에 의해서만 수행될수록 전쟁은 현실 전쟁에 가깝게 될 것이다. 나폴레옹의 러시아 원정이 절대 전쟁의 예라면, 프리드리히 대왕의 7년 전쟁은 현실 전쟁의 예이다(김만수, 23~24, 29~33, 422~423쪽 참조).

우리는 〈그림 1〉의 화살표를 좌우로 움직여서 아래와 같은 여러 개의 삼각형 그림을 만들 수 있다.

---

3. 이 우위성은 클라우제비츠가 의도하지 않았더라도(Herberg-Rothe 2006) 존재한다. 전쟁이 정치의 수단이라면 그 목적은 정치이고 정치에 우위성이 존재한다.

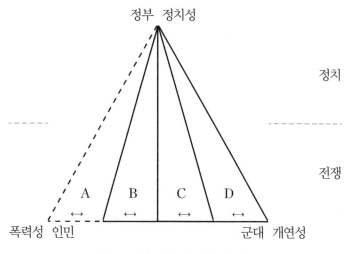

〈그림 2〉 여러 형태의 현실 전쟁

　〈그림 2〉에서는 네 개의 삼각형을 설정했다. ABCD, BCD, CD, D이다. 화살표가 A에서 D의 방향으로 이동할수록 삼각형의 면적도 줄어들고 (4/4, 3/4, 2/4, 1/4로), 그에 따라 인민의 폭력성이 전쟁에서 차지하는 역할도 줄어든다. 이와 반대로 화살표가 D에서 A의 방향으로 이동할수록 삼각형의 면적도 늘어나고(1/4, 2/4, 3/4, 4/4로), 그에 따라 인민의 폭력성이 전쟁에서 차지하는 역할도 늘어난다. 화살표의 좌우 방향에 따라, 그래서 삼각형의 크기에 따라, 즉 인민이 전쟁에서 얼마나 많은 (또는 적은) 역할을 하느냐에 따라 여러 가지 형태의 현실 전쟁을 생각할 수 있다.

　〈그림 1〉의 화살표를 다른 방향으로, 즉 오른쪽 위로 움직이면 아래와 같은 삼각형을 만들 수도 있다.

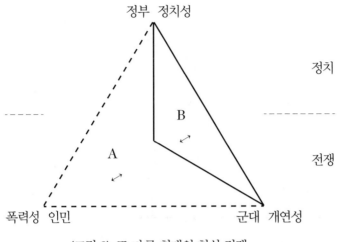

정부 정치성

정치

B

전쟁

A

폭력성 인민　　　　　　　　　　　군대 개연성

〈그림 3〉 또 다른 형태의 현실 전쟁

　〈그림 3〉에서는 두 개의 삼각형만 설정했다. AB의 정삼각형과 B의 이등변삼각형이다. 화살표가 A에서 B의 방향으로 이동할수록 삼각형의 면적도 줄고(3/3에서 1/3로), 그에 따라 인민의 폭력성이 전쟁에서 차지하는 역할도 줄어든다. 이와 달리 화살표가 B에서 A의 방향으로 이동할수록 삼각형의 면적도 늘고(1/3에서 3/3으로), 인민의 폭력성이 전쟁에서 차지하는 역할도 늘어난다. 즉 〈그림 3〉에서도 여러 가지 형태의 현실 전쟁을 생각할 수 있다.[4]

　그러면 인민이 전쟁에 전혀 참여하지 않는 순수한 형태의 현실 전쟁은 어떻게 표현할 수 있을까? 아래 〈그림 4〉에서 왼쪽 그림과 같이 표현할 수 있다.

---

4. 〈그림 2〉와 〈그림 3〉에서는 화살표를 더 많이 움직여서 삼각형을 더 많이 나눌 수 있고, 그래서 더 많은 삼각형을 설정할 수 있다. 여기에서는 4개〈그림 2〉와 2개(그림 3)의 삼각형만 설정한다. 〈그림 1〉~〈그림3〉의 화살표와 여러 모양의 삼각형으로 우리는 전쟁의 카멜레온적인 성질을 시각적으로 표현할 수 있다.

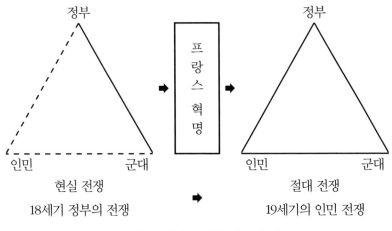

〈그림 4〉 현실 전쟁과 절대 전쟁[5]

왼쪽 그림은 역사에서 정부의 전쟁(Kabinettskrieg)으로 불린 것을 표현한다. 왕조 간의 전쟁(war between princes)으로 알려져 있기도 하다. 이 시대에 정부는 대부분 용병으로 전쟁을 수행했다. 이 시대에는 전쟁에서 인민이 제외되었고 정부와 군대만 전쟁을 수행했고 세 주체가 일체를 이루지 않았다. 그래서 인민과 정부, 인민과 군대를 점선(…)으로 표현했다. 이와 달리 오른쪽 그림은 프랑스 혁명 이후 정부, 군대, 인민이 긴밀한 관계를 갖고 수행한 절대 전쟁을 나타낸다. 그래서 정부, 군대, 인민을 모두 실선(ㅡ)으로 연결하여 표현했다(김만수, 368~369쪽 참조).

3. 클라우제비츠의 4세대 전쟁 이론

우리는 〈그림 4〉에서 영감을 얻어 점선과 실선의 여러 가지 경우를 설

---

5. 김만수, 368쪽.

정할 수 있고, 그래서 아래와 같은 그림을 만들 수 있다. 그러면 클라우제비츠로부터 1~4세대의 전쟁이 추론된다.

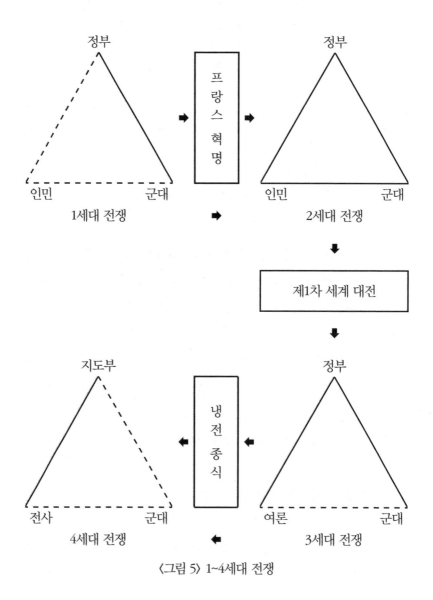

〈그림 5〉 1~4세대 전쟁

린드 등의(Lind 외) 구분에 의하면 베스트팔렌 평화 조약 이후 17세기와 18세기의 현실 전쟁은 1세대 전쟁이다. 전쟁은 정부의 일이었고 인민과 무관했다. 정부와 군대만 긴밀한 연결을 유지하여 정부-군대만 실선으로 표현했다. 프랑스 혁명으로 생긴 절대 전쟁은 2세대 전쟁이다. 전쟁은 인민 모두의 일이 되었고, 유럽에 엄청난 규모의 군사력이 등장했다. 그래서 정부-군대-인민을 모두 실선으로 연결했다. 1차 대전 이후의 전쟁은 3세대 전쟁으로 간주된다. 이때에는 과학 기술의 발달에 의한 대규모의 효율적인 화력과 기동으로 전쟁을 수행했고, 그것은 주로 전쟁을 계획하는 정부와 군대에 의해 이루어졌다. 인민은 전쟁을 직접 수행하지 않고 여론의 역할을 맡았다.[6] 그래서 정부-군대, 정부-여론만 실선으로 연결했다(김만수, 428~429쪽 참조).

동서 냉전이 종식된 이후의 전쟁에서 전쟁의 정치적인 목적을 수행하는 주체는 더 이상 근대의 국민 국가라고 할 수 없다. 전쟁의 정치적인 목적을 설정하는 조직이나 지도부라고 할 수 있다. 혁명군, 반군, 시민군, 농민군의 지도부가 여기에 해당한다.[7] 4세대 전쟁에서는 상비군이나 정규군이 (거의) 존재하지 않는 상황에서 지도부와 전사(戰士)들이 정부군이나 적의 정규군 또는 적의 인민을 상대로 전쟁을 수행한다(김만수, 426쪽 참조). 그래서 지도부-전사만 실선으로 연결했다.

이른바 '새로운 전쟁'의[8] 출현으로 린드(Lind 1989), 크레벨드(van Creveld 1991), 키건(1993), 함메스(Hammes 2004)는 클라우제비츠의 이론을 비판한다. 이제 우리는 이론적으로 이 비판을 넘을 수 있게 되었다. 앞

---

6. 함메스의(Hammes 참조) 세대 구분은 린드와 약간 다른데, 이 논문에서는 린드의 구분을 따른다.
7. 조한승, 161~162쪽; 루퍼트 스미스, 87~88쪽; 그레이, 469~505쪽 참조.
8. 뮌클러(2002 및 2015) 및 캘도어 참조.

의 〈그림 1〉에서 〈그림 5〉로 이어지는 분석을 통해 클라우제비츠의 이론으로 4세대 전쟁을 설명할 수 있게 된 것이다.

우리는 클라우제비츠의 삼중성으로 (그리고 삼중성에서 정치성, 개연성, 폭력성을 수행하는 정부, 군대, 인민의 연결을 어떻게 설정하느냐에 따라) 1세대 전쟁에서 4세대 전쟁을 추론할 수 있다. 달리 말해 전쟁의 정의, 본질, 삼중성, 두 가지 종류의 전쟁은 오늘날의 4세대 전쟁 개념도 수용할 수 있게 한다.[9] 클라우제비츠가 바로 4세대 전쟁 이론가이다.

4. 영어권의 삼위일체 이론

영어권에서는 많은 연구자들이 클라우제비츠의 삼중성을 삼각형으로 분석했고, 그 결과로 매우 많은 종류와 형태의 삼각형을 볼 수 있다. 그것을 여기에서 모두 다룰 수는 없고, 그중에 우리 나라 연구자들에게 영향을 미친 연구를 중심으로 제한하여 다루도록 한다. 그래서 한델(1986), 에드먼즈(1998), 휴 스미스(2005), 미국 국방부(2007)의 분석만 살펴본다.

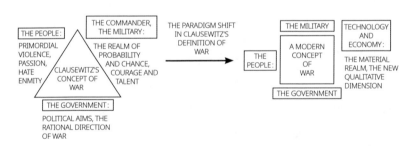

〈그림 6〉 한델의 삼위일체와 그 변형[10]

---

9. 『전쟁론』 6편 25장은 '나라 안으로 하는 후퇴'를 다루고, 26장은 '인민 무장 투쟁'을 다루고 있다. 이는 오늘날 4세대 전쟁의 전략이라고 할 수 있다.
10. Handel, 59쪽. 정삼각형 안 Clausewitz's concept of war : 클라우제비츠의 전쟁 개념 / 화살

한델은 삼각형과 사각형을 옆으로 나란히 늘어놓은 그림(△ → ▯)을 제안했다. 왼쪽의 삼각형 그림에는 좌변에 인민, 우변에 군대, 밑변에 정부를 두었다. 이 그림에는 정부가 삼각형의 아래에 있어서 정치의 우위성이 드러나지 않는다. 그리고 오른쪽의 사각형 그림에는 윗변에 군대, 좌변에 인민, 밑변에 정부를 두고, 우변에 기술을 새로 설정했다. 기술을 강조하여 삼각형을 사각형으로 변형했는데, 이는 일종의 기술 결정론이다. 한델은 사각형 그림에 물질의 영역을 추가하여 정부, 군대, 인민을 '비물질'이라고 규정하게 되었고, 그래서 세 주체를 '비-주체' 또는 '비-존재'로 격하했다. 한델은 사각형에 '물질'과 '비물질'(주체)의 상이한 범주를 한데 섞어서 클라우제비츠의 삼중성을 이상한 혼합물로 만들었다.[11]

표 위 The paradigm shift in Clausewitz's definition of war : 클라우제비츠 전쟁 개념의 패러다임 변화 / 정사각형 안 A modern concept of war : 현대의 전쟁 개념 / 삼각형 왼쪽 The people : 인민 / Primordial violence : 원시적 폭력 / Passion : 격정 / Hate Enmity : 증오 적대감 / 삼각형 오른쪽 The commander, The military : 지휘관, 군대 / The realm of probability and chance : 개연성과 우연의 영역 / Courage and talent : 용기와 재능 / 삼각형 아래 The government : 정부 / Political aims : 정치적 목적 / The rational direction of war : 합리적 전쟁 목표 / 사각형 오른쪽 Technology and economy : 기술과 경제 / The material realm : 물질적 영역 / The new qualitative dimension : 새로운 질적 차원.

11. 김경영(1997, 263쪽), 김덕기(2002, 26쪽), 조상제(2004, 133쪽)가 우리 나라에서 한델을 수용하고 인용한 연구자들이다.

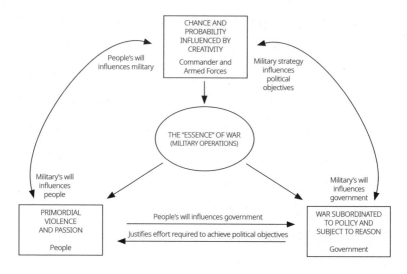

<그림 7> 에드먼즈의 삼위일체[12]

위의 그림은 에드먼즈가 그린 삼위일체 이론이다. 세 주체의 관계를 화살표로 표현하고 설명한 점은 한델의 그림보다 구체적으로 보인다. 하지만 군대가 삼각형의 위에 있어서 이 그림에서도 군대에 대한 정부의 우위성을 볼 수 없다.[13] 이 점은 가운데 원에서 전쟁의 본질을 '군사 작전'으로 이해한 것으로도 알 수 있다. 전쟁을 군사주의적으로 파악하고 있다.

---

12. Edmonds, 6쪽. 가운데 원 The "essence" of war(Military operations) 전쟁의 본질(군사 작전) / 사각형 Chance and probability influenced by creativity : Commander and Armed Forces : 우연과 개연성은 독창성의 영향을 받는다 : 지휘관과 군사력 / Primordial violence and passion : People : 원시적 폭력성과 격정 : 인민 / War subordinated to policy and subject to reason : Government : 전쟁은 정치에 종속되어 있고 이성의 대상이다 : 정부 / 화살표 People's will influences military : 인민의 의지가 군대에 영향을 미친다 / Military's will influences people : 군대의 의지가 인민에 영향을 미친다 / Military strategy influences political objectives : 군사 전략이 정치적 목적에 영향을 미친다(이 부분은 '정치적 목적이 군사 전략에 영향을 미친다'고 해야 맞을 것 같다. 에드먼즈의 오류로 보인다.) / Military's will influences government : 군대의 의지가 정부에 영향을 미친다 / People's will influences government : 인민의 의지가 정부에 영향을 미친다 / Justifies effort required to achieve political objectives : 정치적 목적을 달성하는데 필요한 노력을 정당화한다.
13. 이수훈(2012, 46쪽)과 장승훈(2015, 27쪽)이 에드먼즈를 받아들였다.

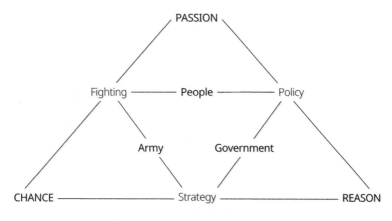

〈그림 8〉 스미스의 삼위일체의 삼위일체[14]

　스미스는 안에 있는 삼각형 바깥에 이 삼각형보다 큰 역삼각형을 그리고, 이 역삼각형 바깥에 더 큰 삼각형을 그려서 크기가 다른 세 개의 삼각형을 만들었다. 스미스의 '삼위일체의 삼위일체' 그림은 불필요하게 복잡하고, 군대에 대한 정부의 우위성도 드러나지 않는다.[15] 스미스는 안에 있는 삼각형의 제일 위에 인민을 두어서 (한델이나 에드먼즈와 달리) 인민을 제일 중요하게 간주한 것으로 보인다.

---

14. Smith, 121쪽. 안쪽 삼각형 People : 인민 / Army : 군대 / Government : 정부 / 역삼각형 Fighting : 전투 / Policy : 정책 / Strategy : 전략 / 바깥 삼각형 Passion : 격정 / Chance : 우연 / Reason : 이성.

15. 남경중(2009, 31쪽), 문성준(2011, 13쪽), 강진석(2013, 178쪽)이 스미스를 인용했다. 이 세 사람은 스미스 책의 인용 쪽수를 121쪽이 아니라 111쪽이라고 잘못 쓴 점에서 공통된다.

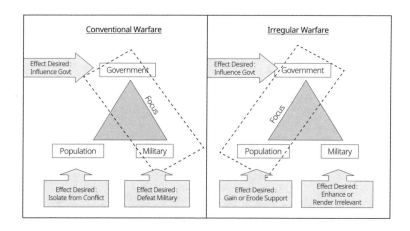

〈그림 9〉 미국 국방부의 삼위일체 그림[16]

　　미국 국방부의 삼위일체 그림은 한델, 에드먼즈, 스미스와 달리 정부를 삼각형의 위에 두어서 정치의 우위성을 잘 인식하고 있다. 또한 정부-군대 중심의 재래식 전쟁과 정부-인민[17] 중심의 비정규 전쟁의 두 삼각형 그림은 (앞의 〈그림 5〉와 다르지만) 클라우제비츠의 이론에 대한 적절한 이해라고 할 수 있다.[18]

5. 우리 나라의 삼위일체 이론

---

16. The U. S. Department of Defense, 8쪽. 왼쪽 제목 Conventional Warfare : 재래식 전쟁 / 오른쪽 제목 Irregular Warfare : 비정규 전쟁 / 양쪽 그림 Government : 정부 / Population : 인구(주민) / Military : 군대 / focus : 초점 또는 중심 / Effect Desired : Influence Govt : 바라는 효과 : 정부의 영향력 / 왼쪽 Isolate from Conflict : 분쟁에서 격리 / Defeat Military : 적의 군사력 파괴 / 오른쪽 Gain or Erode Support : 지원의 획득 또는 약화 / Enhance or Render Irrelevant : 강화 또는 무관.

17. 미국 국방부가 이 그림에서 인민(국민)을 People이 아니라 Population이라고 이해한 것은 부적절하다. 클라우제비츠는 전쟁의 삼중성에서 인구(Bevölkerung)나 주민(Einwohner)이 아니라 명확히 인민(Volk)이라고 썼다.

18. 문성준(2011, 28쪽), 신종필(2011, 29쪽), 하헌식(2015, 23쪽)이 미국 국방부 연구를 인용했다. 문성준은 여러 사람의 그림을 받아들여서 삼위일체 그림이 약간 혼란스럽다.

우리 나라에서 클라우제비츠의 삼중성을 처음 그림으로 표현한 사람은 조상제(2004)와 허남성(2005)이다.

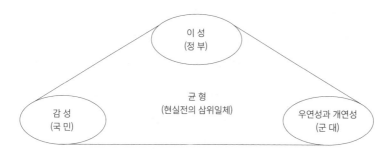

〈그림 10〉 조상제의 삼위일체[19]

조상제는 정부를 삼각형의 위에 두어서 군대에 대한 정부의 우위성을 잘 인식하고 있는 것으로 보인다. 그런데 이 그림 중앙에 '현실전의 삼위일체'라고 썼다. 현실 전쟁에서는 주로 정부와 군대만 전쟁 수행의 주체인데, 위의 삼위일체 그림이 절대 전쟁의 삼위일체가 아니라 현실 전쟁의 삼위일체라는 것은 의아하다. '현실전의 삼위일체'는 형용 모순이다.

전쟁의 삼중성은 정치성, 개연성, 폭력성인데, 조상제는 이를 이성, 개연성, 감성으로 이해하고 있다. 이는 예를 들어 얼음-물-수증기와 봄-여름-가을-겨울의 범주에서 봄-얼음-가을-수증기의 범주를 쓰는 것과 같다. 다른 범주를 한데 섞어서 전쟁의 삼중성을 이해할 수 없게 만들었다.

정치성을 이성으로 대체할 수 없고 격정을 감성으로 볼 수도 없다. 이성의 개념을 쓸 것이라면 이성, 용기, 격정으로 이해해야 한다. 개연성의 범주를 쓸 것이라면 세 가지 성질을 정치성, 개연성, 폭력성의 범주로 이해해

---

19. 조상제 2004, 115쪽.

야 한다. 조상제는 전쟁의 세 가지 성질과 그 성질의 영역을 잘못 이해했다. 즉 전쟁의 성질에 해당하는 정치성, 개연성, 폭력성과 이 성질에서 주로 활동하는 이성, 용기, 격정의 영역을 혼동했다.[20] 조상제는 삼중성의 세 주체, 즉 정부, 군대, 국민만 명확히 이해했다.[21]

조상제의 '감성'에 대해 한마디 언급한다. 우리 나라에서 많은 연구자들이 감성이라고 쓰고 있기 때문이다. 『전쟁론』 1편 3장의 '전쟁 천재'에서 클라우제비츠는 천재를 탁월한 업적을 내는 지성과 감성의 특별한 소질이라고 정의하고 있다(김만수, 42쪽 참조). 『전쟁론』에서 감성은 여러 가지로 쓰이는데, 『전쟁론』 전체에서 감성은 아래의 〈표 1〉과 같이 이해하는 것이 일관되고 적절하다.

지성	지혜	통찰력	완강함	필요성	프리드리히 대왕
감성	용기	결단력	단호함	대담성	알렉산드로스 대왕

〈표 1〉 지성과 감성[22]

본능적인 폭력을 드러내는 행동, 인민의 폭력성에 해당하는 행동은 감성보다 '격정'이 적절하다. 열정이라고 쓰기도 하는데, 열정은 '학문과 예술에 대한 열정'처럼 전쟁과 다소 거리가 있어 보인다. 이런 이유에서 감성의

---

20. 이 혼동은 우리 나라의 거의 모든 연구자들에게서 볼 수 있다. 여기에서 '지성'은 해석에 따라 이성으로 번역할 수도 있다는 점에서 '이성'은 문제 삼지 않는다. 하지만 『전쟁론』을 전체로 볼 때 이성보다 지성이 적절하다는 것은 분명하다.
21. 조상제의 오류는 이후 조상제(2005, 178쪽과 192쪽), 김규빈(2006, 11쪽), 황성칠(2008, 33쪽), 신종필(2011, 26쪽), 양승모(2012, 12쪽), 석승규(2012, 37쪽과 39쪽), 성윤환(2016, 102쪽)에서 계속 이어진다. 황성칠은 그의 논문 41~50쪽에서 삼위일체의 여러 가지 변형 모델을 보여 주었다. 석승규는 지성이나 이성 대신에 '오성'의 개념을 써서 이종학의 용어를 받아들였고 허남성의 그림을 모방했다.
22. 클라우제비츠, 1편 3장과 3편 6장과 4편 3장 참조.

개념을 삼중성 중에 인민의 격정이 활동하는 영역으로 쓰는 것은 부적절하다.[23]

두 번째로 허남성은 (조상제의 그림을 참고하지 않고) 독자적으로 삼각형의 그림을 그린 것으로 보인다.

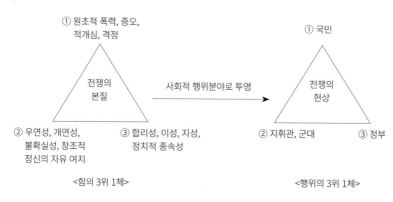

〈그림 11〉 허남성의 삼위일체[24]

이 삼위일체 그림의 특징은 매우 복잡하다는 것이다. 삼각형을 우리가 보통 그리는 방식에 따라 위로부터 시계 반대 방향으로 그려서 1극, 2극, 3극을 설정했다. 그래서 오른쪽 아래에 정부가 있다. 삼각형의 아래에 있는 정부의 그림으로는 군대에 대한 정부의 우위성을 표현할 수 없고, 전쟁에 대한 정치의 우위성을 드러낼 수 없다.

또한 힘의 삼위일체와 행위의 삼위일체를 구분한 이유도 이해하기 어렵다. 허남성은 '편의상' 그렇게 불렀다고 말한다. 논리성이 결여된다. 허남

---

23. 독일어의 Leidenschaft를 영어에서 대부분 passion으로 번역하고 있다는 점에서도 '감성'은 부적절해 보인다.

24. 허남성 2005, 318쪽. 허남성은 이 그림의 아이디어를 한델(2000, 161)에게 얻은 것으로 보인다. 오른쪽에 있는 삼각형 그림이 한델의 그림과 동일하기 때문이다.

성이 행위라고 말한 것은 행위가 아니라 주체이다. 정부, 군대, 국민은 힘을 수행하는 '주체'이다. 격정, 용기, 지성의 영역에서 용기가 나타나지 않는다. 정치성, 개연성, 폭력성은 매우 혼란스럽게 나타난다. 전쟁의 삼중적인 성질과 그 삼중성이 발휘되는 영역을 명확히 구분하지 않고, 이것을 '힘'이라고 말하고 있다.[25]

조상제와 허남성 이후 언급할 만한 연구로는 정재학(2008)과 김태현(2015)을 들 수 있다.

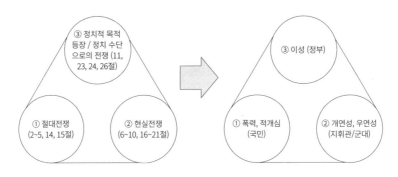

〈그림 12〉 정재학의 삼위일체[26]

정재학은 (조상제의 삼각형 그림을 바탕으로) 두 가지 종류의 전쟁과 삼위일체를 같이 보여 주었다. 그 모습은 삼각형 두 개를 옆으로 나란히 늘어놓은 형태이다. 왼쪽 삼각형에 정치 수단으로의 전쟁, 절대 전쟁, 현실 전쟁을 표현하고, 오른쪽 삼각형에 삼위일체를 표현했다. 두 그림은 전체적으로 클라우제비츠의 삼중성과 두 종류의 전쟁에 대한 적절한 이해로 보인

---

25. 허남성의 오류는 정관영(2006, 100쪽), 이정웅(2008, 21쪽), 이해수(2014, 10쪽), 구용회(2014, 331쪽), 임익순(2016, 352쪽), 손직현(2016, 9쪽), 김규빈(2017, 131쪽)으로 이어지고 있다. 영어권의 네 개 연구와 한국의 두 개(조상제, 허남성) 연구를 인용한 우리 나라 연구자들 중에는 삼각형 그림의 출처를 밝히지 않은 사람들이 적지 않다.

26. 정재학 2008, 55쪽.

다. 오른쪽 그림의 ①에 있는 '폭력, 적개심'도 조상제의 그림에 있는 '감성'보다 정확한 이해이다. 그렇다면 오른쪽 그림 ③에 있는 '이성'도 정치성(전쟁이 정치에 종속되어 있다는 성질)으로 바꾸어야 할 것이다.

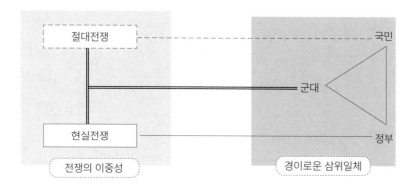

〈그림 13〉 김태현의 삼위일체[27]

김태현은 왼쪽에 두 개의 사각형을 위아래로 두어서 절대 전쟁과 현실 전쟁을 표현하고, 오른쪽에 삼각형을 시계 반대 방향으로 90도 기울인 모양을 만들었다. 이 형태는 클라우제비츠의 삼중성 이론을 표현한 많은 삼각형 중에 매우 그로테스크한 형태이다. 삼각형의 위에 국민을, 아래에 정부를, 왼쪽 중간에 군대를 두었는데, 이 그림으로는 전쟁이 정치의 수단이라는 점을 표현할 수 없다. 국민은 절대 전쟁과 약하게(…) 연결되어 있고, 정부는 현실 전쟁과 강하게(–) 연결되어 있다. 이와 달리 군대는 삼각형의 왼쪽 가운데 있으면서 두 종류의 전쟁(절대 전쟁과 현실 전쟁)과[28] 매우 강

<hr>

27. 김태현 2015, 223쪽.
28. 김태현은 〈그림 13〉에서 절대 전쟁과 현실 전쟁을 '전쟁의 이중성'이라고 했다. 그런데 절대 전쟁과 현실 전쟁은 (클라우제비츠가 언급하고 있는 것처럼) 두 가지 종류의 전쟁(doppelte Art des Krieges) 또는 (김태현 스스로 앞에서 언급한 것처럼) '두 가지 유형의 전쟁'이다. 전쟁의 이중성(두 가지의 성질)이라고 할 수 없다.

하게(≡) 연결되어 있다. 이는 전쟁을 군대 중심으로 보는 사고 방식으로서 클라우제비츠의 이론과 동떨어진 견해이다.[29]

이 견해가 (무)의식적으로 함의하는 바는 〈그림 13〉을 아래와 같이 변형하면 분명해진다.

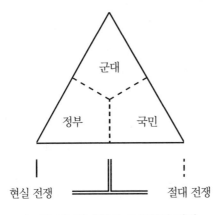

〈그림 14〉 김태현의 삼위일체 변형

〈그림 14〉는 〈그림 13〉의 오른쪽에 있는 삼각형을 다시 시계 방향으로 90도 돌려서 바로 세우고, 두 개로 나뉜 이중성과 삼위일체 그림을 하나로 합친 것이다. 김태현은 정부, 군대, 국민이 삼위일체에서 "동등하게 중요한 구성요소"이고 전쟁에서 정확히 '1/3의 비중'을 차지하는 것으로 이해하고 있는데(김태현 2012, 82쪽), 이는 삼각형의 내부를 동일한 면적의 세 부분으로 나누는 것으로 시각화했다. 국민과 절대 전쟁, 정부와 현실 전쟁, 군대와 두 전쟁의 관계를 나타낸 선도 〈그림 13〉에 준해서 (군대와 두 전쟁의 관계를 나타내는 선은 가운데에) 만들었다. 김태현은 (뮌클러를[30] 따른) 헤

---

29. 조상제, 허남성, 정재학, 김태현의 삼각형 그림 중에는 정재학의 그림이 클라우제비츠의 삼중성 이론을 그나마 좀 더 잘 표현하고 있다고 평가할 수 있다.
30. Münkler, 92~110쪽 참조. 뮌클러는 여기에서 클라우제비츠의 전쟁관을 도구론적 전쟁관

어베르크-로테의 해석을 그대로 받아들여 정부와 전쟁의 관계는 도구론적 전쟁관(현실 전쟁)으로, 국민과 전쟁의 관계는 존재론적 전쟁관(절대 전쟁)으로 이해하고 있다(김태현 2012). 김태현에게 군대와 전쟁의 관계를 가리키는 개념은 없다.

그런데 클라우제비츠의 삼중성 이론 어디에도 정부, 군대, 국민이 1/3의 비중을 갖는다는 말은 없다. 1/3은 클라우제비츠의 삼중성 이론을 오해한 '기계적인 형평성'이다. 1/3로 고정된 비중은 '카멜레온'이 아니고 카멜레온이 될 수 없고 전쟁의 카멜레온적인 성질을 설명할 수 없고,[31] 그래서 클라우제비츠의 삼중성 이론을 부정하는 것이다.

더 심각한 문제는 〈그림 13〉이 (〈그림 14〉에서 드러나듯이) 군대를 정부와 국민의 위에 두도록 하고, 그래서 정부에 대한 군대의 우위성을 함의하고, 군대가 두 종류의 전쟁(현실 전쟁과 절대 전쟁)을 모두 통제하고 지배하는 것으로 해석한다는 점이다. (그래서 군대와 전쟁의 관계를 일컫는 개념이 따로 있을 필요가 없었다.) 군대가 정부보다 중요한 역할을 맡게 되면 '1/3의 비중'이라는 논리는 설득력을 잃게 된다. 그리고 정부에 대한 군대의 우위성은 클라우제비츠의 전쟁 철학과 정면으로 배치된다. 클라우제비츠 전쟁 철학의 핵심은 전쟁이 정치의 수단이고, 군사 당국이 아니라 정치 당국이 전쟁의 골격을 결정한다는 것이다(클라우제비츠, 999~1002쪽).

〈그림 13〉은 클라우제비츠가 말한 전쟁과 정치의 관계를 전복한다는 점에서 매우 그로테스크할 뿐만 아니라 매우 위험한 해석이다. 이 전복이 푸코와 같은 철학적인 전복이[32] 아니라 클라우제비츠의 전쟁 이론에 대한

과 존재론적 전쟁관(Instrumentelle und existentielle Auffassung des Krieges bei Carl von Clausewitz)으로 구분하여 자세히 논의하고 있다.

31. 전쟁의 카멜레온적 성질을 시각적인 모형으로 보여 주는 배스포드(Bassford)의 Figure 2 참조.

32. 푸코, 34~38쪽 참조.

'쿠데타적인 전복'이기 때문이다.

6. '삼위일체'에서 삼중성으로

전쟁의 삼중성과 관련해서 우리 나라의『전쟁론』관련 연구가 거의 전부 갖고 있는 문제점과 오류는 그 연구들이 전쟁의 세 가지 성질(폭력성, 개연성, 정치성)과 세 개의 활동 영역(격정, 용기, 지성)과 세 개의 주체(인민, 군대, 정부)를 명확히 (구분해서) 이해하지 못했다는 것이다. 그리고 전쟁이 정치의 수단이라는 점을 분명하게 이해하지 못했다는 (또는 이해하지 않으려고 했다는) 것이다. 그 결과로 그 연구들은 전쟁의 정의, 본질, 삼중성, 두 종류의 전쟁을 삼각형 그림에 (제대로) 표현할 수 없었다. 〈그림 1〉이 중요한 이유이다.

또한 우리 나라에서 '삼위일체' 개념이 압도적으로 많이 쓰이고 있는 점도 지적할 수 있다. 삼위일체의 개념, 즉 삼위가 일체를 이룬다는 개념은 삼위가 일체를 이루지 않고 수행되는 현실 전쟁을 클라우제비츠의 이론에서 배제하는 결과를 낳는다(김만수, 30쪽과 425쪽 참조). 삼위일체 개념은 절대 전쟁만 받아들이는 논리이다. 클라우제비츠는『전쟁론』에서 삼위일체(Dreieinigkeit)가 아니라 명확히 삼중성(Dreifaltigkeit)라고 썼다. 현재 한국 군사학계에 삼위일체 개념에 약간의 균열 조짐이 보이고 있다. 2010년 이후로 '삼개체'나 '삼성체'의 개념이 등장하고 있는 것이다. 앞으로 좀 더 정확한 삼중성의 개념이 정착할 것이라고 생각한다.

올바른 개념을 쓰면 클라우제비츠의 이론을 올바르게 이해하는데 도움이 될 것이다. 클라우제비츠가 4세대 전쟁 이론가라는 해석은 올바른 개념을 바탕으로『전쟁론』전체를 유기적이고 통합적으로 해석하여 얻은 결과이기 때문이다.

참고 문헌

클라우제비츠, 카알 폰(김만수), 1832~1834,『전쟁론』, 갈무리 2016
김만수, 2016,『전쟁론 강의』, 갈무리

그레이, 콜린 S.(기세찬, 이정하), 1999,『현대 전략』, 국방대 국가안전보장문
　　제연구소 2015
뮌클러, 헤어프리트(공진성), 2002,『새로운 전쟁 ─ 군사적 폭력의 탈국가
　　화』, 책세상 2012
_____(장춘익, 탁선미), 2015,『파편화된 전쟁』, 곰출판 2017
스미스, 루퍼트(황보영조), 2005,『전쟁의 패러다임 ─ 무력의 유용성에 대
　　하여』, 까치 2008
캘도어, 메리(유강은), 1999,『새로운 전쟁과 낡은 전쟁 ─ 세계화 시대의 조
　　직화된 폭력』, 그린비 2010
키건, 존(유병진), 1993,『세계전쟁사』, 까치 1996
푸코, 미셸(김상운), 1997,『사회를 보호해야 한다 ─ 콜레주드프랑스 강의
　　1975~1976년』, 난장 2015
한델, 마이클(박창희), 1992,『클라우제비츠, 손자 & 조미니』, 평단문화사
　　2000
Hammes, Thomas X.(하광희, 배달형, 김성걸), 2004,『21세기 전쟁 ─ 비대
　　칭의 4세대 전쟁』, 한국국방연구원 2010

강진석, 2013,『클라우제비츠와 한반도, 평화와 전쟁』, 동인

구용회, 2014, 「클라우제비츠 삼성체론의 한계와 대안적 이해」, 『군사연구』 138집, 321~344

김경영, 1997, 「클라우제비츠 삼위일체론의 현대 전략적 의미」, 『해양전략』 97호, 228~278

김규빈, 2006, 『비스마르크의 독일통일정책 분석 – 클라우제비츠 "전쟁론의 삼위일체"를 중심으로』, 한남대 석사논문

_____, 2017, 『혁명 전쟁의 관점에서 조망해 본 새로운 전쟁 연구』, 대전대 박사논문

김덕기, 2002, 「클라우제비츠의 삼위일체론에서 본 연평 해전의 전략·전술적 교훈」, 『해양연구논총』 28집, 15~55

김태현, 2012, 「클라우제비츠 '전쟁론'에 대한 재인식 – 전쟁의 존재론적 해석과 '국민'의 역할을 중심으로」, 『군사』 82호, 75~107

_____, 2015, 「『전쟁론』 1편 1장에 대한 이해와 재해석 – 전쟁의 무제한성과 제한성을 중심으로」, 『군사』 95호, 185~230

남경중, 2009, 『전략적 수준에서의 효과중심작전(EBO) 개념 적용에 관한 연구 – 클라우제비츠의 전쟁 이론을 중심으로』, 국방대 석사논문

류재갑, 강진석, 1989, 『전쟁과 정치 – 전략의 철학』, 한원

문성준, 2011, 『클라우제비츠의 3위1체론에 입각한 4세대전쟁의 이론과 실제 분석』, 국민대 석사논문

석승규, 2012, 『삼위일체론으로 본 제4세대 전쟁에 관한 연구』, 충남대 박사논문

성윤환, 2016, 「전쟁 패러다임 변화와 한반도 전쟁에서의 함의 : 클라우제비츠의 삼위일체론을 중심으로」, 『한국군사학논총』 5집 2권, 93~127

손직현, 2016, 『임진왜란과 병자호란에 대비한 조선정부의 대응책 비교 분석 – 클라우제비츠 삼위일체론을 중심으로』, 건양대 석사논문

신종필, 2011,『제4세대 전쟁의 특징과 클라우제비츠 삼위일체론 비교 분석』, 충남대 석사논문

양승모, 2012,『이순신 장군의 리더십 분석 — 클라우제비츠의 군사적 천재 개념을 중심으로』, 충남대 석사논문

이수훈, 2012,『미국의 '테러와의 전쟁'으로 본 21세기 전쟁 양상 연구 — 클라우제비츠의 삼위일체론을 중심으로』, 고려대 박사논문

이정웅, 2008,『삼위일체와 마찰 구조의 전쟁 분석 이론 연구』, 경기대 석사논문

이종학, 2002,「클라우제비츠『전쟁론』의 연구(1) — 전쟁의 삼위일체에 대하여」,『군사논단』33호, 156~166

이해수, 2014,『북한의 4세대 전쟁 수행 개념에 관한 연구』, 한남대 석사논문

임익순, 2016,「클라우제비츠의『전쟁론』에서 '군사적 천재'의 의미」,『군사』99호, 323~370

장승훈, 2015,『목표 지향적 임파워링 리더십이 부하의 적응 성과에 미치는 영향』, 국방대 박사논문

정관영, 2006,「해전을 통해 바라본 일본제국의 흥망 — 클라우제비츠의 삼위일체론을 중심으로」,『해양전략』130호, 95~124

정재학, 2008,「클라우제비츠「전쟁론」의 전쟁의 3가지 경향과 삼위일체에 대한 이해 — 제1장 "전쟁이란 무엇인가?"의 논리적 연계성 파악을 중심으로」,『군사평론』396호, 43~58

조상제, 2004,「클라우제비츠의 전쟁론 사상과 논리 — 전쟁의 이중성과 삼위일체 중심으로」,『군사평론』367호, 73~137

_____, 2005,「클라우제비츠의 전쟁론 사상과 논리(II) — 군사적 천재 중심으로」,『군사평론』373호, 171~213

조한승, 2010,「전쟁의 삼위일체에 대한 4세대 전쟁 주창자들의 비판 고찰」,
『대한정치학회보』 17집 3호, 145~168

하헌식, 2015,『북한의 대남 전략전술 연구 ― 제4세대 전쟁론을 중심으로』,
한국외국어대 석사논문

허남성, 2005,「클라우제비츠「전쟁론」의 '3위1체론' 소고」,『군사』 57호,
305~339

황성칠, 2008,『북한군의 한국전쟁 수행 전략에 관한 연구 ― 클라우제비츠
의 마찰 이론을 중심으로』, 고려대 박사논문

Aron, Raymond, 1976, *Clausewitz, den Krieg denken(Penser la guerre,
Clausewitz)*, übersetzt von Irmela Arnsperger, Frankfurt : Pro-
pyläen 1980

Bassford, Christopfer, 2005, Tiptoe through the Trinity, (http://www.
clausewitz.com/mobile/trinity8.htm), 2017

Edmonds, David K., 1998, In Search of High Ground : The airpower
trinity and the decisive potential of airpower, *Airpower Journal*,
Spring, 4~21 (http://www.dtic.mil/dtic/tr/fulltext/u2/a529564.pdf)

Handel, Michael I., 1986, Clausewitz in the Age of Technology, M. I.
Handel (ed.), *Clausewitz and modern Strategy*, Frank Cass, 51~92

Herberg-Rothe, Andreas, 2001, *Das Rätsel Clausewitz : Politische Theo-
rie des Kriegs im Widerstreit*, München : Fink

_____, 2006, Clausewitz und Napoleon ― Jena, Moskau, Waterloo,
Clausewitz-Information, 1/2006 (http://www.fueakbw.de/images/
downloads/Clausewitz-Information_1_2006__Clausewitz_und_
Napoleon_Jena__Moskau__Waterloo.pdf)

Lind, William S.; K. Nightengale; F. Schmitt; J. W. Sutton; G. I. Wilson, 1989, *The Changing Face of War : Into the Fourth Generation*, Marine Corps Gazette (October)

Münkler, Herfried, 1992, *Gewalt und Ordnung. Das Bild des Krieges im politischen Denken*, Frankfurt : Fischer

Smith, Hugh, 2005, *On Clausewitz : A Study of Military Political Ideas*, New York : Palgrave Macmillan

The U. S. Department of Defense, 2007, *Irregular Warfare Joint Operating Concept*, The U. S. Department of Defense (http://www.dtic.mil/doctrine/concepts/joint_concepts/joc_iw_v1.pdf)

van Creveld, Martin, 1991, *The Transformation of War*, New York : The Free Press

출처 : 『원광군사논단』, 2016년, 11호, 1~16

제2장

마르크스주의와 전쟁

에티엔 발리바르

번역 : 임필수 | 노동자운동연구소 부소장

― 역자 해설 ―

[앞부분 생략]

「마르크스주의와 전쟁」은 2010년에 쓰인 것으로, [중략] 이번 글은 세 가지 질문을 제기한다. 첫째, 계급 투쟁을 '내전'(civil war) 또는 '사회적 전쟁'(social war)으로 개념화하는 것이 적절한가? 마르크스는 『공산주의자 선언』에 나타난 '계급 투쟁 = 내전'이라는 등식을 유지할 수 있었나? 러시아 혁명 이후 프롤레타리아 독재 모델을 '지속되는 내전'으로 보는 관점은 마르크스주의에 어떤 효과를 발휘했나?

둘째, 자본주의 내부에서 전쟁의 특유성은 무엇인가? 마르크스와 엥겔스의 분석은 여전히 유효한가? 여기에서 무기 경쟁이 자본 축적 과정만큼이나 무제한적이라는 문제가 출현하며, 나아가 식민지 분할 또는 포스트

–식민지 분할이란 조건에서 세계적인 수준에서 대중의 분할이라는 문제에 직면한다. 따라서 "국제주의의 '현실 검증'은 정확히 전쟁 중에 이루어졌다."는 진단은 의미심장하다.

셋째, '혁명 전쟁'이라는 개념은 여전히 유효한가? 앞서 언급한 것처럼 모택동은 역사적으로 가장 클라우제비츠적으로 그의 공리를 재해석하고 실천했으나 고유한 난점에 봉착했다. 따라서 '새로운 전쟁' 또는 '세계적 폭력 시대'라는 조건에서 사회 변혁적 전망은 극단적 폭력의 영구적 구조를 다뤄야만 한다. 전쟁은 항상 이미 정치의 정상적 수단이었지만, 이제 우리는 정치를 만드는 '다른 수단'을 탐색해야 한다는 영구적 과제를 안고 있다.

* * *

1. 내전으로서 계급 투쟁 : 정치적인 것의 새로운 개념
2. 전쟁과 자본주의
3. 전쟁과 혁명
4. 윤리, 정치, 인간학

마르크스주의에서 전쟁은 정확히 말해 하나의 개념이 아니고 확실히 하나의 문제이다. 마르크스주의는 전쟁에 관한 어떤 개념을 발명할 수 없었지만, 말하자면 그 개념을 재창조할 수 있었다. 즉 마르크스주의는 전쟁이라는 질문을 자신의 문제 틀에 도입하고 완전히 독창적인 내용으로 전쟁에 대한 마르크스주의적 비판 또는 전쟁 행위, 전쟁의 상황과 과정에 대한 비판 이론을 생산했다. 어떤 의미에서 보면 이는 마르크스주의가 진정으로 독립적인 담론으로서 자신을 확립할 수 있는 능력에 관한 일종의 시험으로 인식될 수 있었다. 전쟁 일반과 특정 유형의 전쟁을 다루는 마르크스주

의 사상사 속에는 계시적인 분석이 풍부하다. 그러나 무엇인가 곤란한 것이 발생했다. 전쟁이란 문제는 마르크스주의의 시야를 확장하고 그 응집성을 공고히 하도록 촉진하기보다는 마르크스주의에 심오한 파괴 효과를 생산하며 역사 유물론을 그 한계들로 끌어당기고 역사 유물론이 그 한계들을 진정으로 설명하지 못한다는 것을 보여 준다.

그러나 그 이상의 것이 있다. 전쟁을 둘러싼 토론에 대한 마르크스주의의 개입, 따라서 평화와 정치를 둘러싼 토론에 대한 마르크스주의의 개입은 혁명을 추가 항으로 고려하도록 강제함으로써 (그리고 혁명이라는 관념의 유일한 배경인 '계급 투쟁'의 형태를 고려하도록 강력히 강제함으로써) 이처럼 전통적인 대칭적 양식[전쟁과 평화]을 심오하게 교란했다. 그것이 정치적인 것(the political)이라는 개념에 끼친 교란 효과는 마르크스주의 내부뿐만 아니라 이른바 '부르주아' 이론 내부에서도 볼 수 있다. 하지만 『철학의 빈곤』, 『공산주의자 선언』에서 마르크스가 초기에 표현했던 것처럼 마르크스주의 관점에서 보았을 때 계급 투쟁과 혁명이라는 개념은 정치적이지 않다. 그 개념들은 '정치 국가의 종말'을 예상하거나 정치 영역의 자율성을 억제했다. 역으로 계급 투쟁의 실현이자 계급 투쟁의 장애물로서 '전쟁'과 '혁명'의 조합은 결국 심오하게 비정치적으로 보인다. 달리 말하면, 전쟁을 이해하고 전쟁을 다루는 것은 마르크스주의자들에게 하나의 문제로서 남아 있을 뿐더러 역사 유물론이 지닌 한계의 특징을 이룬다. 그뿐만 아니라 전쟁의 비정치적 성격이 마르크스주의와 대면하면서 출현한다. 이는[전쟁이 비정치적 성격을 지닌다고 보는 것은] 현대에 정치와 정치적인 것을 이론화하려는 가장 심원한 시도의 하나로서 마르크스주의의 적절성을 시험할 뿐만 아니라 전쟁의 정치라는 모든 수수께끼에 대한 마르크스주의적 해결책 또는 종결점은 여전히 접근할 수 없는 것으로 남아 있다고 가리키는 것처럼 보인다.

내가 연속적으로 세 안내선을 따라감으로써 마르크스주의와 전쟁의 연계성을 검토하고자 하는 것은 이러한 문제들에 관한 것이며 그 문제들의 함의를 조사하기 위한 것이다. 그 세 안내선 각각은 특정 저자와 텍스트에 특권을 부여한다. 물론 그 안내선은 진정으로 독립적이지 않고 지속적으로 중복되지만 분리해서 검토될 만하다. 그것들은 우선 계급 투쟁을 '내전'(civil war) 또는 '사회적 전쟁'(social war)으로 개념화하는 문제이다. 두 번째는 마르크스주의의 관점에서 볼 때 자본주의와 전쟁의 관계, 그리고 '자본주의적 전쟁' 또는 자본주의 내부에서 벌어지는 전쟁의 특유한 형태, 목적, 정치적 결과라는 문제이다. 세 번째로는 혁명과 전쟁의 역사적 관계라는 문제에 집중할 것이다. 따라서 그것은 '혁명 전쟁'이라는 결정적인 쟁점, 혁명 과정 또는 혁명 상황에서 군사적 요소와 정치적 요소 사이의 변증법적 긴장이라는 문제이다. 이는 혁명의 군사화를 통한 혁명적 정치의 반혁명적 정치로의 반전과 관련된 혼란스러운 문제로 나아간다.

1. 내전으로서 계급 투쟁:정치적인 것의 새로운 개념

계급 투쟁(Klassenkampf)과 '내전'(Bügerkrieg)의 등식은 『공산주의자 선언』에서 제안되었으며, 마르크스주의 내부와 그 주변에 지속적인 영향력을 행사했다. 우리는 그 등식이 어디에서 왔는지, 그것이 정확히 무엇을 의미하는지, 그것에 어떤 난점이 수반되는지, 그것이 마르크스주의 담론에 어떤 자취를 남겨서 프롤레타리아 독재에 대한 레닌주의적 이해 속에서 그것이 강력히 부활하게 되었는지 이해할 필요가 있다. 그에 따라 우리가 현재의 정치적 담론, 특히 내가 정치적인 것에 대한 '슈미트적' 개념과 '그람시적' 개념 사이의 대안이라고 묘사하고자 하는 형태를 취하는 정치적 담론을 구조화하는 어떤 딜레마들을 해석하기를 원한다면 이러한 레닌주의적 부활은 결정적이다.

이 문제는 미셸 푸코의 도발적 개입으로 인해 최근 더 두드러졌다. 1976년 콜라주 드 프랑스에서 행한 강의에서 그는 비판적이고 역사적인 관점에서 볼 때 클라우제비츠의 『전쟁론』의 유명한 표어를 전도해야 한다고 제안했다. 그는 '다른 수단으로 하는 정치의 계속(Fortsetzung)'으로 간주해야 할 것은 전쟁이 아니고, 오히려 정치 그 자체가 전쟁의 다른 형태라고 썼다.[1] 사실 푸코는 클라우제비츠에 대해 거의 언급하지 않지만 그는 '계급 투쟁'이라는 표현의 계보학을 제안한다. 그 계보학은 봉건 사회의 계급 제도와 정복으로 인해 발생하는 '인종 전쟁'에 따른 귀족과 부르주아의 대립을 해석하는 17세기와 19세기 사이의 역사가들로 거슬러 올라간다. 그는 '계급 투쟁'이라는 관념을 '인종 전쟁'의 변형에 따른 최근의 부산물로 간주한다. (잘 알려진 것처럼 마르크스는 그 자신이 '계급 투쟁'이라는 관념을 발명했다고 주장한 적이 전혀 없었다.) 푸코는 19세기 반혁명 측의 경쟁자였던 '인종 투쟁'(der Rassenkampf)이라는 관념도 그러한 부산물로 간주한다. 이런 해석은 『공산주의자 선언』에서 계급 투쟁에 기반을 둔 세계역사 이론을 '발명'한 배경 중 일부를 지적하며, 이런 의미에서 그것은 유용하다. 그러나 그런 해석은 그 맥락에서 의미하는 바를 얼마간 왜곡하며, 놀랍게도 마르크스가 정확히 그의 이론의 중심에 두었던 것, 즉 화해 불가능한 적대라는 관념을 마르크스에 반하여 사용하는 것처럼 보인다. (화해 불가능한 적대라는 관념의 최상의 이름은 일반화된 의미에서 정확히도 '전쟁'이다.)

우리는 실제 정식화로 되돌아가야 한다. 계급 투쟁과 사회적 전쟁 또

---

1. Michel Foucault, Society Must Be Defended: Lectures at the Collège de France, 1975~ 1976, trans. David Macey, Penguin, London, 2004.

는 내전의 등식은[2] 두 개의 문구에서 유래하며, 이는 『공산주의자 선언』 1장의 처음과 끝에서 발견된다.

> 지금까지의 모든 사회의 역사는 계급 투쟁의 역사이다.
>
> 자유민과 노예, 귀족과 평민, 영주와 농노, 동업 조합의 장인과 직인, 요컨대 서로 영원한 적대 관계에 있는 억압자와 피억압자가 때로는 은밀하게, 때로는 공공연하게 끊임없는 투쟁을 벌여 왔다. 그리고 이 투쟁은 항상 사회 전체가 혁명적으로 개조되거나 그렇지 않으면 투쟁하는 계급들이 공멸하는 것으로 끝났다. (…)
>
> 우리는 프롤레타리아의 발전의 가장 일반적인 단계들을 서술함으로써, 다소간 가려져 있는 기존 사회 내부의 내전이 공공연한 혁명으로 바뀌고, 프롤레타리아가 부르주아를 폭력으로 타도하여 자신의 지배권을 확립하게 되는 데까지 고찰했다.[3]

이러한 동일화는 여러 흥미진진한 문제들을 제기한다. 첫째는 그것의 직접적인 원천과 관련되는데, 그 원천도 그 의미의 일부분을 결정한다. 우리는 『공산주의자 선언』의 텍스트가 팔림프세스트[흔적 위에 덧쓰기]라는 것을 안다. 거의 모든 구절은 고대 또는 현대의 앞선 저자들로부터 빌려온 것이지만, 그러한 조합의 결과는 정말로 새롭고 독창적이다. 여기에는 두 개의 맥락이 특히 연관성을 맺고 있다. 헤겔적이라기보다는 오히려 칸트적 기원을 지닌 적대라는 바로 그 관념은 『생시몽주의의 교리에 대한 폭로』에

---

2. 그러한 등식은 아주 적은 곳에 있으며(특히 1851년에 발표된 소책자 『프랑스에서의 계급 투쟁』), 마르크스는 '계급 전쟁'이라는 표현도 사용했다.
3. Karl Marx and Frederick Engels, The Communist Manifesto, in : Collected Works, Volume 6, Lawrence & Wishart, 1976, pp. 477~512.

서 유래한다. 바로 이 결정적인 텍스트는 '착취' 계급과 '피착취' 계급이라는 이원적 양식을 제공하며, 노예 소유자와 노예로 시작하여 자본가와 임금 노동자로 끝을 맺는다.[4] 그러나 생시몽주의자들은 '사회학적 전통'의 한 기둥이 될 관념을 스스로 채택하고 또는 체계화하는데, 그 관념은 산업화가 역사 속에서 군사적 지배 형태의 극복을 수반한다는 것으로서 이는 전쟁을 상업과 생산으로 대체하는 경향이다. 이런 의미에서 마르크스는 이러한 결론을 역전하려고 했는데, 그는 산업 혁명과 프롤레타리아화 과정이 단지 전쟁의 다른 형태를 개시할 뿐이라고 설명하고자 했다. 이렇게 함으로써 그는 어떤 용어법과 은유적 담론에 의존하는데, 그러한 용어법과 담론은 좁은 배경을 지닌 것도 있고 넓은 배경을 지닌 것도 있다. 좁은 배경을 지닌 것에 대해 말하자면, 그것은 '계급들 간에 죽음에 이르는 전쟁'(guerre à mort entre les classes)이라는 블랑키주의적 담론에서 직접 끌어온 것이다. 이는 신자코뱅적 담론이며 그로부터 몇 년 후에 '프롤레타리아 독재'도 파생된다.[5] 더 광범위한 배경을 지닌 것도 동일하게 중요한데, 그것은 벤자민 디즈렐리의 소설에 나오는 서로 싸우는 '두 개의 국민들'이나[6] 오노레 드 발자크의 '사회적 전쟁'(guerre sociale)에서[7] 볼 수 있듯이 1840년대 새로운 산업 사회와 부르주아 사회에 대한 비판적 담론 전체와 관련된다. 이러

---

4. A. Bazard et O. Rodrigues, Exposition de la Doctrine Saint-Simonienne, Première année(1829), ed. Maurice Halbwachs, Marcel Rivière, Paris, 1924.

5. 이는 에두아르트 베른슈타인이 마르크스주의의 합리적 측면과 예언적 측면 사이의 경계선을 긋기 위해 19세기 말에 간절히 비판하고자 했던 계보이다(Die Voraussetzungen des Sozialismus, 1889). 게다가 계급 투쟁을 이해하기 위한 내전이라는 유비를 거부하는 것은 마르크스의 사회주의 중 이른바 '수정주의' 진영의 기초가 될 것이다.

6. Benjamin Disraeli, Sybil or Two Nations(1845) : "두 개의 국민들, 그들 사이에는 교류도 없고 동정심도 없다. 그들은 상대방의 습관, 생각, 감정에 대해 무지하여 마치 그들은 다른 구역의 거주자들 또는 다른 행성의 주민들 같다."

7. Honoré de Balzac, Les paysans, Scènes de la vie de compagne. (1844년에 쓰여 1855년에 출판됨.)

한 담론이 마르크스와 엥겔스에게 엄청난 영향을 준 것을 우리는 알고 있다.

이러한 정식화의 의미에 관하여 나는 세 가지 점에 집중한다.

1. 마르크스가 계급 투쟁에 대한 전쟁 모형을 부르주아 혁명 이후 정당 정치로서 정의된 '정치' 또는 정치의 자율성이란 관념에 대한 근본적 비판으로 이해하고자 했더라도 그 모형은 의심할 바 없이 정치적인 것에 대한 새로운 개념을 수반한다. 이를 이해하기 위한 최상의 방법은 내전이 잠재적인 '국면들'과 내전이 공공연해지고 가시화되는 다른 '국면들' 사이의 진동에 관해 문헌이 지시하는 바를 발전시키는 것인 듯하다. 본질적인 의미에서 정치는 바로 하나의 국면에서 다른 국면으로의 이행, 즉 잠재적 투쟁의 가시화(따라서 역시 투쟁의 의식화, 조직화)에 관한 것이며, 아마도 그 역도 그렇다. 따라서 그것은 사회적 적대에서 하나의 결정, 즉 '승리' 또는 '패배'라고 불리는 것에 이른다. (또한 우리는 상쟁하는 계급들의 공멸이라는 세 번째의 교란 가능성을 잊어서는 안 된다. 이는 고대 문명의 쇠락에 대한 헤겔적 정식화를 상기시키는 '비극적' 사례이다.) 비록 그 당시에 마르크스와 엥겔스가 클라우제비츠를 읽지 않았더라도 정치에 대한 이런 개념과 클라우제비츠의 정식에 포함된 개념의 상관성에 대해 토론하는 것은 이미 매우 흥미로울 것이다. 그러나 클라우제비츠의 정식이 여기에서 얼마간 전도된다는 것은 실제로 진실이다.

2. 역사의 전체 시대와 궁극적으로 역사의 전체 과정에 걸친 내전으로 계급 투쟁을 표현하는 것은 계급들 그 자체가 '진영들' 또는 '군대들'로 묘사된다는 것을 함의한다. 흥미롭게도 이처럼 계급을 군대로 표현하는 것은 계급 정당 또는 (계급 정당에 종속되는) 계급 의식에 대한 마르크스의 어떤 사고보다도 앞선 것이다.

3. 마지막으로 그 관념은 계급의 **양극화**와 자본주의의 경제적 과정의 **파국**적 결과라는 표현과 직접적으로 연결된다. 여기에 수반되는 완벽한 목적론이 존재한다. 계급 투쟁의 역사 속에서 우리가 현대 자본주의로 진전할수록, 자본주의 그 자체 내부의 산업 혁명 속에서 우리가 진전할수록, 시민 사회는 더욱더 상대방에 대해 외부적인, 근본적으로 **외부적**인 적대적 집단으로 실제로 분할되며, 과거의 사회 질서가 완전히 해체되고 부르주아 자본가가 프롤레타리아를 아사라는 절망적인 상황 또는 반란에 처하게 할 때 최종적인 대결이 발생할 것이다. 그것이 바로 혁명이다.

이러한 모든 점은 마르크스주의 담론에 심오한 흔적을 남기게 되었고, 우리가 살펴볼 것처럼 그것[계급 투쟁과 내전의 등식]은 잠복 기간 후에 혁명과 파국이 다시금 밀접히 상관 관계를 맺는 새로운 상황에서 재가동될 것이다. 하지만 단기적으로 [마르크스는] 그것[등식화]을 곧바로 중단했고, 이를 중단함으로써 마르크스의 경제학 비판, 엥겔스의 '역사 유물론' 교리의 출현이 가능했다. 우리는 왜 그런지 이해해야 한다.[8] 나의 가설은 다음과 같다.

1. 계급 투쟁과 내전의 등식은 포기되어야만 했는데, 왜냐하면 1848년

---

8. 하지만 '계급 투쟁'과 '내전'을 동일화하는 정식을 포기하는 데는 하나의 예외가 있다. 『자본』 1권에는 노동일의 법적 제한을 위해 19세기 초반 영국에서 벌어진 투쟁을 '자본가 계급과 노동 계급 간에 얼마간 은폐된 길고 거친 내전'으로 묘사하는 문장이 있다. 마르크스에게 있는 '정치의 전쟁 모형'에 대한 완전한 토론을 위해서는 이것이 정말로 결정적이다. 컨퍼런스 『160 años del Manifiesto Comunista. Relecturas del pensamiento de Marx, Universidad Diego Portales y Universidad Arcis, Santiago de Chile, 26~28 November 2008』에 제출한 나의 기고문 「Fin de la politique ou politique sans fin? Marx et l'aporie de la "politique communiste"」을 보라. (http://stl.recherche.univ-lille3.fr/seminaires/philosophie/macherey/macherey20082009/Balibar_17122008.html)

부터 1851년까지 혁명과 반혁명은 실제 '내전' 양식을 보였고 그 속에서 프롤레타리아는 패배했을 뿐만 아니라 위기와 계급 정치의 관계를 그렇게[그러한 등식으로] 표현하는 것이 부적절하다는 것을 경험했다. 즉 공산주의 반대 방향으로 극성이 작동했다. 또한 그것은 국가 권력과 국가 장치를 그렇게 이해하는 것이 부적절함을 경험했다. 그 결과로서 '계급 군대'라는 관념과 '계급 전체의 정당'이라는 관념의 관계가 역전되는 경향이 나타났다.

2. 오늘에 이르기까지 마르크스주의의 역사에서 이러한 비극적 경험은 여러 번 반복되었다. 그러나 또한 내전의 각각 새로운 유형은 내전의 계급 구조에 관한 새로운 문제들, 또는 내전이 계급 구조를 분열시키고 왜곡시키는 방식에 관한 새로운 문제들을 야기하기도 했다.[9]

3. 이러한 경향에 관한 가장 거대한 예외는 프롤레타리아 독재에 관한 1918~1921년 레닌의 이론과 실천이다. 이러한 [프롤레타리아 독재 개념의] 부활은 헤아릴 수 없는 영향을 끼쳤다. 나아가 여기에는 수많은 예비적 검토가 필요할 것이다. 그러한 예비적 검토 대상은 마르크스주의자들 가운데 '독재'라는 통념을 두고 후속하여 이루어진 토론부터 레닌과 볼셰비키가 '제국주의 전쟁을 혁명적 내전으로 전화하자.'는 표어에 착수하도록 촉진했던 전쟁 정세에 대한 묘사에 이른다. 여기에서는 레닌이 프롤레타리아 독재를 낡은 사회와 새로운 사회 간 장기적인 '삶과 죽음이 걸린 투쟁'으로 이해했고, 그러한 투쟁은 군사적 수단과 행정적 수단, 폭력적 또는 '테러리즘적' 전술과 비폭력적 또는 대중 '교육학적' 전술을 결합했으며, 따라서 그것은 정치 지도부(또는 정당)가 영구적인 전략적 딜레마에 직면하게 했다는 점만 지적하겠다.[10] 따라서 여러 측면에서 이러한 계급 전쟁도 비(非)전쟁, 또는

---

9. 이는 Hans-Magnus Enzensberger, Aussichten auf den Bürgerkrieg, Suhrkamp, Frankfurt am Main, 1993에서 제안한 '분자 내전'(molecular civil war)이라는 최근 관념의 경우에도 진실이다.

반(反)전쟁인데, 이는 프롤레타리아 독재에서 국가가 '소멸' 과정의 비국가 또는 반국가로 묘사되는 것과 마찬가지이다.[11] 또한 수많은 변증법적 정식화는 실제로 해결할 수 없는 수수께끼를 다룬다. 예를 들어 군대로서 노동자 계급의 통일성을 단련하기 위해 필요한 프롤레타리아 이데올로기를 강화하는 것과 계급 없는 사회로 전진하면서 동맹 계급에 대한 프롤레타리아 헤게모니를 확보하는 것을 어떻게 결합할 것인가?[12]

4. 이러한 경험에 대한 반성으로부터 발생하는 새로운 딜레마에 대한 묘사로 여기의 첫 번째 검토를 이론적으로 마치고자 한다. 나는 그러한 딜레마를 상징적인 형태로 표현하고자 한다. **카알 슈미트 또는 안토니오 그람시, 무엇이 정치적인 것에 대한 '포스트-레닌주의적' 개념인가?** 우연치 않게도 이러한 대안은 특히 1980년대 이탈리아 마르크스주의 또는 포스트-마르크스주의 내부에서 탐구되었고, 그 결과 그 영향을 받은 다른 곳에서도 탐구되었다. 분명히도 슈미트는 마르크스주의자가 아니지만 마르크스주의의 특정 측면에 대한 심오한 이해를 지니고 있었고, 이는 결국 정치 이론으로서의 마르크스주의에 반작용했다. 이는 그가 '정치'적인 것의 개념을 **예방적 반혁명**으로 구축하기를 원했다는 사실로부터 유래한다.[13] 그 개념은 외부의 적(즉 민족의 적)이 내부의 적(국가의 계급의 적)에 대해 우위에 있는 형태를 지니지만, 실제로 그는 내부의 적에 대한 억압이 우선되어야 하며 지속적으로 반복되어야 한다는 점을 알고 있었다. 그람시에 대해 말하자면 정치적인

---

10. 다음을 보라. V. I. Lenin, Left-Wing Communism, and Infantile Disorder, 1920.

11. 물론 이는 스탈린이 창조한 프롤레타리아 독재의 **제도화된** 형태에서 완전히 지워진다.

12. 여기에서 우리는 독일 사회민주당 정부가 부여한 임무에 따라 파시스트 준군사집단의 손에 의해 살해되어 로자 룩셈부르크가 이러한 정책들에 대한 토론에 참여할 수 없었던 것을 애석하게 여겨야 한다. 그녀는 수정주의자들의 비판에 대항하여 러시아 혁명을 지지했지만, 프롤레타리아 독재 모델을 '지속되는 내전'으로 보는 것을 명백히 거부했다.

13. Carl Schmitt, Die geistesgeschichtliche Lage des heutigen Parlamentarismus, 1923; Der Begriff des Politischen, 1927/1932.

것에 대한 그의 개념은 적이라는 관념(심지어 계급의 적이라는 관념)의 우선성에 근거를 두고 있지 않지만, 그것은 분명한 방식으로 전쟁 모델과 관계를 맺고 있는 채로 남아 있다. 여기에서 프롤레타리아 독재는 '헤게모니'의 모색이 되며, 그 전략적 핵심은 서로 다른 수준의 '세력 관계'와 관련되고, 이 세력 관계는 '기동전'에 대한 '진지전'의 우월성에서 절정에 이른다.[14] 비록 이러한 우월성이 상황과 사회 구조 그 자체에 의존하더라도 그렇다. '진지전'을 가장 잘 설명할 수 있는 말은 '반혁명의 억압'이라기보다는 부르주아의 '수동 혁명'에 대한 대안이다.

2. 전쟁과 자본주의

나는 두 번째 쟁점에 대해서는 도식적인 방식을 넘어서고자 한다. 그 쟁점은 전쟁과 자본주의, 따라서 '역사 유물론'의 관점에서 본 전쟁의 역사성이다. 그 쟁점은 막대한 문헌에 걸쳐 있다. 역사 유물론은 엥겔스의 창조물이다. (이는 마르크스가 그것을 거부했다는 말이 아니다.) 이러한 일반 이론[역사 유물론]이 어디에 뿌리를 두는지를 이해하는 서로 다른 방식들이 있다. 그중 하나는 경제학 비판과 자본주의적 생산 양식에 대한 마르크스의 분석을 사회의 '발전 법칙'을 해석하고 사회 또는 사회 구성체(Gesell-schaftsformation)가 또 다른 사회 또는 사회 구성체로 변증법적으로 변형되는 것을 해석하는 완벽한 도식으로 확장하는 것과 관련된다. 그러나 다른 방식도 동일하게 결정적이다. 그것은 계급 투쟁을 복잡하게 하고, 또는 심지어 계급 투쟁의 전형적인 경향을 역전시키는 것처럼 보이는 사회적 과

---

14. Antonio Gramsci, 'Situazioni : Rapporti di forza', Quaderni del Carcere, vol 2, ed. Valentino Gerratana, Edizione critica dell'Istituto Gramsci, Turin, Einaudi, 1975, pp. 1578~1588.

정들에 대한 이해를 제공할 필요성과 관련되는데, 이는 그런 사회적 과정들을 '최종 심급에서' 동일한 진화 법칙으로 감축시킨다. 여기에서 종교 문제와 전쟁 문제는 두 개의 매우 결정적인 문제이다. 엥겔스는 두 개의 문제를, 특히 그 두 번째인 전쟁 문제를 매우 진지하게 다루었고, 전쟁 문제에 관하여 마르크스에게 틀림없이 영향을 끼쳤고 주도적인 역할을 했다. 이는 1848년 독일 혁명의 군사적 국면에서 조직가로서 엥겔스의 개인적 경험으로 설명할 수 있지만,[15] 구체적인 제도의 역사에 대한 그의 특별한 관심으로 설명할 수도 있다.

지금 논의해야 할 '전쟁'은 계급 전쟁도 아니고 폭력적 적대라는 '일반적' 또는 '일반화된' 관념도 아니다. 그것은 경험적인 전쟁, 특히 민족 전쟁이며, 또한 동시에 내전, 예를 들면 미국 남북 전쟁으로 그것은 마르크스의 관심을 대단히 끌었다. 1857년부터 1870년에 이르는 기간 동안 『마르크스-엥겔스 저작선』을 한번 훑어보면 여러 권이 완전히 또는 대부분 유럽 내외부의 외교와 전쟁에 관한 기사와 평론에 집중하고 있음을 알 수 있다.[16] 여기에서 엥겔스와 마르크스는 유럽의 민주주의자인 동시에 (특히 그들이 훗날에 적대 관계로 돌아선 영국과 러시아 동맹이 강요한 반혁명적 질서를 공격할 때 그러했다.) 자율적인 역사적 행위자로서 부상해야 할 국제 노동자 계급의 지도자를 지망하는 사람으로서 그 문제들을 다루었다. 여기에 엥겔스가 군사 범주들과 과거 전투 사례에 대해 『신 아메리카 백과사전』에 기고한 설명적이고 이론적인 모든 에세이도 추가해야 한다.[17] 이제 이처럼 막대

---

15. 이로 인해 그는 가족과 친구로부터 '장군'이라는 별명을 얻었다. 다음을 참조하라. Friedrich Engels, Revolution und Konterrevolution in Deutschland, 1851~1852, Marx-Engels Werke, Dietz Verlag, Berlin, 1988, Bd. 8, S. 5~108.

16. 크리미안 전쟁, 이탈리아와 오스트리아 전쟁, 오스트리아와 독일 전쟁, 독일과 프랑스 전쟁, 아프가니스탄과 중국 내의 식민 원정대 등등.

17. Friedrich Engels, articles from 1860 for the New American Encyclopedia(vol. 14 of Marx-Engels Werke, Dietz Verlag, Berlin, 1961을 보라).

한 문헌들의 집대성에 완전한 의미를 부여하고 그 문헌들이 역사적 유물론을 창조하는데 수행한 역할을 평가할 때이다. 그러나 그 문헌들이 구축하려 했던 이론의 본체를 어느 정도나 그 문헌들이 실제로 해체하는지에 대해서도 토론할 필요가 있다.

여기에서 나의 가설은 이렇다. 엥겔스에게서 클라우제비츠『전쟁론』(또한 1812년 프랑스-러시아 전쟁에 관한 클라우제비츠의 초기 저작)의 관념들과 문제들에 대한 최초의 비판적 영유가 발생했고, 그것은 이미 건설적 기능을 획득했다. 다른 것들이 뒤따르는데, 매번 강조점이 우리가 클라우제비츠의 전투의 '공리들'이라고 부를 수 있는 서로 다른 측면으로 이동하며, 종종 클라우제비츠의 해석을 역전시키는데, 특히 절대 전쟁과 제한 전쟁의 구별, 현대 전쟁에서 '도덕적' 요인의 우선성, 장기적인 관점에서 공세 전략에 대한 방어 전략의 우월성이라는 결정적 관념들과 관련된 해석을 역전시키며, 이는 전쟁이 다른 수단으로 하는 정치의 '계속'이라는 관념을 다른 방식으로 발전시키도록 한다. 헤어프리트 뮌클러는 엥겔스가 전 생애에 걸쳐 추구하고자 했던 '군사주의의 변증법'(Dialektik des Militarismus)에 대해 언급한다. 하지만 또한 그는 우리를 제국주의의 초기 국면으로[18] 이끄는 당대의 경험들이 끼친 영향 하에서 전쟁 행위에 대한 '역사 유물론적' 개념화가 전쟁 행위가 계급 투쟁과 맺는 관계에 대한 보편적 평가에 이르지 못했고, 더군다나 자본주의에서 무계급 사회로 이행하는 것에서 전쟁 행위의 역할에 관한 어떤 확실성에는 더욱더 이르지 못했다는 것을 엥겔스가 인정해야만 했다는 사실에 우리가 주목하게 한다.

전쟁과 군사주의의 변증법에 대한 엥겔스의 설명 방식에는 두 개의 다

---

18. 또한 1차 세계 전쟁의 방향으로 가는 초기 단계들. 엥겔스는 이를 적절하게 예상했다. 다음을 보라. Herfried Münkler, Über den Krieg. Stationen der Kriegsgeschichte im Spiegel ihrer theoretischen Reflexion, Velbrück Wissenschaft, Weilerswist, 2002.

른 '모순'이 상호 작용한다. 하나는 군사 기술이 군대의 조직과 전략적 모델의 변화에 끼치는 영향과 관련되며(이는 생산력의 발전과 유비된다), 그리고 인민 또는 대중을 징병제 군대에 편입하는 것이 끼치는 효과와 관련된다(이는 사회적 생산 관계와 유비된다). 다른 모순은 민족-국가의 역할과 민족들 간 경쟁의 증대, 그리고 그것이 경제의 국제화와 노동자 계급들 사이의 국제주의의 발전과 맺는 적대적 관계와 관련된다. 엥겔스는 '기술적 개량과 새로운 무기류를 향한 경쟁이 절대적 한계에 봉착할 것이다. 왜냐하면 그것은 국가에 과도한 재정적 부담을 안길 것이기 때문이다.'라는 생각으로부터 무기 경쟁이 자본주의 축적 그 자체의 과정만큼이나 무제한적이라는 생각으로 점진적으로 변화했다. 그리고 엥겔스는 징병제 군대가 계급 투쟁을 국가 장치 그 자체의 핵심으로 이전할 것이라는 확신으로부터 상쟁하는 자본주의 국가 간의 일반적 전쟁을 봉쇄할 수 있는 능력은 노동자 계급이 스스로 민족주의를 국제주의로 전환할 수 있느냐에 달려 있다는 망설이는 예측으로 변화한다. 이를 숙고할 때 이는 역사 유물론에 강력한 불확실성의 요소를 초래하며, 우리는 이미 1914년 로자 룩셈부르크의 딜레마, '사회주의냐 야만이냐!'를 예상할 수 있다.[19] 자국 정부에 대항하여 각국 노동자 계급을 동원하고자 노력했던 평화주의자와 사회주의자의 노력에도 불구하고 바로 그때 20세기의 대 유럽 내전이 발발했다.

나는 이에 따라 자연히 수반되는 문제로서 역사 유물론을 구성하는 전쟁 이론의 이러한 일반적 문제들과 연결되어야 하는 다른 세 가지 문제를 지적하고자 한다.

1. 엥겔스 이후 군사주의의 변증법은 제국주의 이론으로 변형되었고,

---

19. Rosa Luxemburg, Die Krise der Sozialdemokratie(1914), Gesammelte Werke, Dietz Verlag, Berlin, 1975('Junius-Brochüre').

그것은 지배적 민족들이 세계의 식민지 독점을 위해 경쟁하는 '국면'에 자본주의가 도달할 때 군사주의는 더 이상 역사 발전의 단순한 결과가 아니고 또한 그 동력이 된다는 관념의 형태를 취했다. (역설적이게도 당대에 널리 공유된 이러한(군사주의가 자본주의의 동력이라는) 사회주의적 관념은 그 후에 파시스트 국가들뿐만 아니라 '케인스주의' 자유주의에서도 자본가 그 자신을 위한 긍정적인 가정과 계획이 되었다.) 이는 정치적인 것과 군사적인 것 간 상호 작용이라는 문제를 다시 개방했고, '최종 심급에서의 결정'이 무엇이냐는 정의에 대해 질문을 제기했다. '사회주의 국가들'이 전쟁 그 자체의 결과로서 출현하고 세계적 규모에서 군사화된 국가권력 간 대결에서 주요한 '전략적 행위자'가 된 후 그 문제는 훨씬 더 복잡해졌다.

2. 이는 두 번째 결정적인 문제로 나아간다. 그것은 우리가 아는 것처럼 결코 진정으로 해결되지 않았다. 그 문제는 국제주의의 실제 뿌리와 실질적 성격이다. 국제주의는 그 하에서 피착취 계급이 세계 정치에 특정한 방침을 강제할 수 있는 형태로 나타났다. 또는 그렇지 않기도 했다. 국제주의의 '현실 검증'은 정확히 전쟁 중에 이루어졌다. 『공산주의자 선언』에서 기정 사실로 묘사했던 것, 즉 프롤레타리아 내부에서 애국주의 또는 민족주의의 소멸은 이제 그 정반대 방향으로의 진화를 향해 열린 위험천만한 과정으로 보였다. 한편으로 국제주의는 평화주의와(마르크스주의적 용어로 평화주의를 설명한 최근 가장 뛰어난 사례는 아마도 반핵 사회 운동을 위한 프로그램을 개념화한 E. P. 톰슨의 '절멸주의' 이론일 것이다.[20]), 특히 트로츠키 전통이 옹호했던 이른바 혁명적 패배주의[21] 사이에서 동요했다. 다른 한편, 고려 대상인 대중들이 동일한 선진 자본주의 국가들의 유사한 노동자 계급

---

20. 다음을 보라. E. P. Thompson, Exterminism and Cold War, Routledge, London, 1982.
21. Rudolf Klement, 'Les tâches du prolétariat pendant la guerre'(1937), (www.pouvoir-ouvrier.org/archives/klement.html)

이 아니라 오히려 서로 다른 주민들이라는 사실, 즉 거대한 식민지 분할과 포스트-식민지 분할의 양측에 있는 국가들과 지역들에 속하며, 서로 다른 이데올로기와 또한 아마도 상당할 정도로 서로 양립할 수 없는 이해 관계를 지닌 주민들이라는 사실로 인해 국제주의는 심대하게 교란되었다.[22]

3. 마지막으로 우리는 전쟁 행위의 '유물론적' 이론이라는 관념과 그 관념의 역사적 기능이 소련의 군사 교리에 야기한 결과에 대한 토론을 피할 수 없다. 소련의 군사 제도는 내전의 결과로서 나타났고, 그 당시에 트로츠키와 다른 이들은 적군을 창설하고 그 전략을 고안했다. 정치-군사-산업 복합체가 소련 국가의 핵심부에서 획득한 중요성을 고려할 때 (2차 세계 대전 전에 이미 그러한 중요성을 획득했지만, 무엇보다도 나치 독일과 벌인 '대 조국 수호 전쟁'에서 거둔 값비싼 승리 이후 그 중요성은 더욱 커졌다.) 정치-군사-산업 복합체의 구성은 냉전 동안에 소련과 그 위성국을 실제로 지배했다. 따라서 『대 소비에트 백과사전』의 연속적 판본이 완벽하게 전쟁 문제를 다루며, 그곳에서 클라우제비츠의 정식이 성전(聖典)화된다는 것은 전혀 놀랍지 않다.[23]

따라서 전쟁 행위가 마르크스주의 이론에 끼친 영향에 대한 역사적-비판적 검토는 우리를 국제주의라는 쟁점으로 이끈다. 『공산주의자 선언』에서 국제주의는 고전적인 세계시민주의(cosmopolitanism)로부터 일부 영감을 끌어왔지만, 그것이 유토피아와 맺는 강한 관계를 끊기 위해 분투하면서 역사의 실제 경향으로 제시되었다. '군사주의'와 '민족주의'는 사실상

---

22. Frantz Fanon, les damnés de la terre, Paris, Maspero 1961. Ernesto 'Che' Guevara, La guerra de guerrilla, Imprenta Nacional, Havana 1960.

23. '마르크스-레닌주의 전쟁 이론은 모든 전쟁의 성격이 그 정치적 내용에 의존한다고 간주한다.' 여기에서 '정치적'이라 함은 계급과 국가의 이익과 관련된다. Great Soviet Encyclopaedia, 3rd edition, Moscow, 1970~1978.

이미 '과거'의 것이 되었고(이는 분명히 생시몽주의자들의 영향을 받은 관념이다), 혁명적 계급 투쟁의 내부에 영향을 줄 수 없을 것이다. 이 문제는 사실 추측의 문제가 아니라 **정치적인** 문제이고 지극히 해결하기 어렵지만, 점점 더 계급 투쟁 그 자체의 관점에서 볼 때 중심적인 문제가 되었다는 것이 판명되었다. 이는 민족 기능의 변화, 민족의 역사적 역할에 대한 인식의 변화와 분리될 수 없다. 실제로 한 세기 내내 지속된 탈식민화 과정에서 사회 운동과 민족 해방 운동의 조합은 역사에서 계급 요인과 민족 요인의 연계에 대한 완전히 새로운 인식을 이끌었고, 또한 **코민테른** 시대로부터 3대륙[아시아, 아프리카, 라틴 아메리카]의 시대와 그 이후 시대까지 이론과 조직 양 측면에서 부활한 국제주의에 관한 완전히 새로운 인식을 이끌었다. 이러한 국제주의에 관한 새로운 인식도 이제는 과거에 속하며, 해방된 식민지 또는 반(半)식민지가 그 후 민족주의적이거나 군사주의적인 권력이 되었으므로 비판적 평가를 요청한다. 그러나 이는 마르크스주의에서 '전쟁과 정치'라는 문제의 세 번째 핵심적 측면을 토론하는 것의 중요성을 보여 준다. 그 세 번째 문제는 '혁명 전쟁'의 형태와 효과와 관련된다.

3. 전쟁과 혁명

어떤 의미에서 우리는 이제야 비로소 문제의 '심장부'를 구성하는 것에 도달했다. 우리가 분리해서 고찰했던 두 개의 안내선, 즉 (일반화된) 내전으로서 계급 투쟁과 자본주의의 표현으로서 군사주의는 하나의 단일한 실제적 문제로 합병된다. 곧 어떻게 혁명을 '만들' 것인가? 더 구체적으로 말하자면, 마르크스주의자들은 자신이 개입한 혁명을 어떻게 만들고 어떻게 생각하였는가, 무엇이 그들의 핵심적 목표였는가? 이념적으로 말하자면, 여기에서 우리는 역사적 변형의 하나의 거대한 '순환'으로서 '현대성' 전체를 고려해야 한다. 마르크스주의는 그 순환 속에 자신을 '혁명 내부의 혁명'으로서 끼워 넣고자 노력했다. 마르크스주의는 우리가 '포스트-현대성'의 순간에 도달할 때까지 그렇게 노력했다. 여기에서 '포스트-현대성'이란 부분적으로 또는 완전히 포스트-민족적인 '새로운 전쟁'의 출현이다. 새로운 전쟁이 여전히 고전적인 마르크스주의 관점에서 다뤄질 수 있는지 여부는 가장 흥미로운 문제인데, 왜냐하면 여러 측면에서 볼 때 새로운 전쟁이라는 개념은 특정 혁명 이론들을 그 이론들의 원래 의도에 반하여 **전도함으로써** 역사적으로 정교화되었기 때문이다.

'혁명 전쟁'이란 문제는 최소한 프랑스 혁명과 그것이 유럽 정치 질서에 끼친 영향으로 그 기원을 추적할 수 있다. 그것은 그 후 벌어진 토론의 모든 요소에 원형을 창출했다. 즉 공세적인 반혁명에 대항하는 '방어적 전쟁', 규율과 사기가 지휘관만이 아니라 이데올로기에 기반을 둔 '대중' 군대라는 새로운 유형의 창출(따라서 '정치 위원'의 출현 또는 슈미트적 용어법에 따르면 '독재'라는 고대 관념의 부활), 사회적이고 이데올로기적 동기를 조합하는 혁명 세력과 반혁명 세력의 대결(예를 들어 공포 정치와 방데 반란의 사례처럼 양측에서 '봉기'의 순간을 지니는 대결), '파르티잔 전쟁'과 '게릴라 전투'라는 관념의 탄생(그것의 혁명적 성격은 즉각 쟁점이 되는데, 왜냐하면 러시아, 스페인, 독일에서 그것이 제국주의 등등으로 전환된 '혁명적 민족'[프랑스]에 대항하여 수행되기 때문이다). 어떤 의미에서 마르크스주의는 이처럼 전형적인 '현대적' 패러다임의 한계를 넘어선 적이 없지만 그 패러다임을 변형하거나 재접합하고자 했다. 전쟁의 혁명적 활용과 맺는 관계는 '혁명' 그 자체의 개념이 하나의 의미만을 지녔는지 여부를 질문하게 하는 기준이 되었다. 프랑스 (부르주아) 혁명에서 전쟁은 단지 하나의 사건처럼 보였지만, 이러한 사건은 그 결과를 변화시켰다. 무엇보다도 [전쟁이라는] 그 사건을 영토적 정복 체계로 변형했을 뿐만 아니라 마르크스의 『브뤼메

르의 18일』에서 '국가 기계'(State Machine)라고 부른 것을 재창조하고 더욱 확장함으로써 [혁명의 결과를 변화시켰다]. 어떤 마르크스주의자들에게 전쟁은 계급 없는 사회로 가는 특권적인 혁명적 길이 되었다. 그러나 어떤 전쟁인가? 또는 어떤 수단을 사용하는 전쟁인가? 두 가지 경향이 출현한다. 그것은 역사적으로 항상 분리되지는 않더라도 개념적으로 대립된다. 두 경향은 (농촌과 도시에서 벌어지는 '게릴라' 전쟁을 포함하는) 혁명적인 대중의 전쟁, 그리고 전쟁에 대한 대중의 저항, 즉 내부로부터 수행되는 '전쟁에 대항하는 혁명적인 전쟁'이다.

우리는 1914~1917년 동안 레닌의 활동과 일본의 점령에 대항하여 중국 공산당이 이끈 '인민 전쟁' 동안 모택동의 활동에서 이러한 지향들을 발견한다. 두 사례에서 그것은 클라우제비츠적 공리 일부로의 놀라운 귀환과 관련되며, 그 공리들은 이제 완전히 다른 틀로 이동된다. 이러한 틀은 엥겔스가 준비한 것으로, 그와 동시에 엥겔스는 클라우제비츠가 도덕적 요인을 이른바 '관념론적'으로 강조한 것을 비판하며 그에 대응하는 유물론적 등가물을 찾으려 했다. 이러한 등가물은 전쟁의 기술적, 경제적, 사회적 요인을 강조하는 것과 양립할 수 있다는 것이 판명되어야 했다. 이러한 등가물은 인민의 군대 또는 대중 징병제가 계급 투쟁을 군대 그 자체의 내부에 잠재적으로 도입한다는 관념에서 발견되었고, 따라서 군사 문제에 대중의 관여에 대한 클라우제비츠의 전형적인 공포를 국가와 그 군사 기구에 대항하여 대중이 새로운 전략적 행위자로 등장한다는 예언으로 역전시켰다. 그러나 오직 레닌과 모택동을 통해서만 클라우제비츠적 조합이 국가-군대-인민의 통일체로부터 계급, 인민, 혁명 정당이라는 새로운 역사적 통일체로 대체됨으로써 그러한 변증법적 원칙이 전쟁과 정치의 새로운 접합에 도달할 수 있었다.

우리가 아는 것처럼 레닌은 2차 인터내셔널과 그것의 평화주의적 의제가 붕괴된 후 클라우제비츠를 집중적으로 독해했고, 『전쟁론』에 주석을 달고 그 여백에 논평을 썼다. 그는 '제국주의 전쟁의 혁명적 내전으로의 전환'이라는 구호를 입안했고, (최소한 자신의 나라에서) 성공적으로 시도했다. 그 구호는 '도덕적 요인'(국제주의적 계급 의식)이 '인민의' 전쟁(즉 대중으로 구성된 민족 군대가 수행하는 전쟁)이 동반하는 공포가 시간이 지남이 따라 [귀결되는] 정치적 결과라고 묘사했다. 그 구호는 '절대적' 전쟁 행위가 시간이 지남에 따라 지탱될 수 없게 된다는 필연성에서 비롯되는 '방어' 내부에서 준비되는 '공세'라는 관념에 완벽히 독창적인 해석을 부여한다. 따라서 그 구호는 국가를 희생하여 계급 정치의 조건을 재창조해야 하며, 어떤 의미에서 그것은 오직 인민을 무장시킬 수 있는 능력과 인민이 받아들인 무장력을 인민이 사용하는 것을 통제할 수 능력을 보유하는 한에서만 정치를 실현할 수 있다. 그러나 그 구호는 이러한 능력을 박탈당하자마자 정치적 환상이 될 것이다. 또는 역사가 적법한 폭력의 국가 독점으로부터 역사적으로 결정적인 폭력의 계급 독점으로 이동하자마자 그 구호가 정치적 환상이 될 것이라고 말할 수도 있다. 나는 이러한 클라우제비츠적 조합의 대체가 '정치적인' 것에 대한 슈미트의 비정치적 개념의 출발점을 형성한다고 제안한다. 슈미트의 개념에서 주권 개념은 국가의 핵심부에 '예외 상태'를 설치할 수 있는 능력과 동일시되는데, 이는 계급 투쟁을 선제적 방식으로 억압하기 위한 것이며, 따라서 '내부의 적', 즉 '계급적 내전'의 적에 대한 정의가 국가의 독점과 대외 전쟁을 수행할 수 있는 능력을 위해 활용된다.

그러나 우리는 오직 모택동의 '유격대의 지구전' 이론에서만 '다른 수단으로 하는 정치의 계속'이라는 클라우제비츠의 개념을 구출하면서 동시에 정치적인 것에 대한 클라우제비츠의 관념에 대안을 제시한다고 간주할 수 있는 것을 발견할 수 있다. 사실 나는 모택동이 마르크스주의 전통에서 아마 가장 일관성 있게 클라우제비츠적이었을 뿐만 아니라[24] 클라우제비츠

이후 절대적으로 아마 가장 클라우제비츠적이라고 믿는다. 왜냐하면 모택동은 클라우제비츠의 공리 중 한 개나 두 개가 아니라 모든 공리를 재해석했기 때문이다. '대장정'을 마친 후 1938년 옌안(延安)에서 모택동은 클라우제비츠의 저작에 관한 특별 세미나를 조직했고, 그는 심지어 그 세미나를 위해 『전쟁론』의 일부를 중국어로 번역했다.[25] 모택동의 핵심 사상은 다음과 같다. 초기에 제국주의 적과 지배 부르주아는 무장을 한 반면 프롤레타리아와 소농은 무장을 하지 못했다는 사실이 강제하는 방어 전략은 궁극적으로 그 반대로 역전되며, '가장 강한 것'이 '가장 약한 것'에 의해 실제 전멸에 이르게 된다. (모택동의 전략 사상이 전통적인 중국 철학과 역사 기록에도 뿌리를 둔 것이 아닌지 조사하는 것도 여기에서 중요할 것이다.) 따라서 클라우제비츠적 '마찰'의 변증법적 등가물은 이제 '지구전'으로 불리며, 전쟁의 지속 시간은 혁명적 노동자와 지식인들의 소 세포핵이 삼중의 결과를 동시에 달성하기 위해 소농 대중 내부에서 피난처를 찾는데 필요한 시간이 된다. 삼중의 목표란 다음과 같다. (1) 침략군의 고립된 분견대에 대항해 지역적인 게릴라 공격을 수행함으로써 적군을 희생시켜 자신을 무장한다. (2) 전투 지역을 전국적 수준으로 확대함으로써 전략술을 '학습한다'. (3) 마지막으로, 민족의 모든 피지배 계급의 공통된 이해를 표현하여 외부 권력으로부터 내재적 권력으로 헤게모니를 이전시킴으로써 '인민 내부의 모순을 해결하고' 인민을 적으로부터 분리시킨다. 공산당은 바로 그 내재적 권력이 되어야 한다(그리고 장기간 내재적 권력으로 남아 있어야 한다).

---

24. 여러 논평자도 이를 인정한다. 다음 저작도 그에 포함된다. Raymond Aron, Penser la guerre, Clausewitz, Gallimard, Paris, 1976.

25. 나는 이 사실을 지적해 준 크리스토프 오흠(Christopf Ohm)에 빚을 지고 있다. 그는 HKWM[Historisch-kritisches Wörterbuch des Marxismus]을 위해 나의 논문을 수정해 주었다. 그는 다음 철학 박사 논문을 언급했다. Z. Yuan-lin, Mao Zedong und Carl von Clausewitz. Theorien des Krieges. Beziehung, Darstellung und Vergleich, Dissertation, Universität Mannheim, 1995.

이러한 분석의 맹점은 현재 오히려 분명해 보인다. 즉 2차 세계 대전이라는 국제적 맥락이 실질적으로 무시된다는 사실, 마치 민족적 세력들만이 반제국주의 투쟁에서 전략적 계산에 포함되는 것처럼 보인다는 사실이다. 모택동의 위대한 구호인 '자력 갱생'은 잠재적으로 민족주의적 차원을 지니고, 그것은 그 후 중국 혁명의 전개 과정에 영향을 끼쳤다. 그러나 전쟁과 그 정치적 주체의 정치적 합리성에 대한 새로운 역사적 해석이라는 관점에서 본다면 그 결과는 여전히 인상적이다. 따라서 어떤 의미에서 우리는 완전한 순환에 도착했고, 이러한 순환의 종결점이 국가가 수행하는 제도적 전쟁 행위와 대중의 게릴라 전쟁 간 위계적 관계의 역전에 있다는 것은 아마도 우연이 아닐 것이다.

이러한 역전이 재래식 전쟁에서 '극단으로의 상승'이라는 클라우제비츠의 모델에 영향을 주는 아포리아를 얼마나 '해결'하는가? 오히려 그러한 역전은 아포리아를 대체한다. 즉 클라우제비츠의 난점은 전쟁이 '절대 전쟁'(즉 무장한 인민이 수행하는 전쟁)으로 변형되는 과정에서 국가가 자신이 구축하고 활용해야 하는 '도구'의 절대적 주인이 된다고 선험적으로 말할 수 없다는 사실에 기인한다. 모택동의 난점은 인민을 군대, 즉 혁명 정당으로 변형하는 조직의 내재적 권력이 오직 국가 그 자체가 될 때만이 전략적 역전을 완전히 수행하고 정치적 기관으로 남아 있을 수 있다는 사실에 기인한다. ('문화 혁명' 동안에 모택동주의적 비전이 가르쳐 주었던 것처럼, 심지어 국가가 혁명적 사건들에 의해 주기적으로 파괴되고 재건되더라도 그러했다.) 생각할 수 있는 유일한 대안은 (민족 해방 전쟁이라는 상황에서 그 가망성이 매우 낮지만) 그것이 '권력을 획득하는 것'을 억제하거나 혁명 전쟁을 '최종' 목적(Zweck)까지, 즉 적의 완전한 파괴에 이르기까지 수행하는 것을 억제하는 것(즉 '절대 전쟁'을 '제한 전쟁'으로 축소하는 것)이었다. 그러나 전략적 과정의 주체는 모든 상황에서 분열된 주체 또는 주권과

봉기 사이에서 진동하는 주체로 남아 있다. '분자 전쟁'(엔첸스베르거) 또는 '제국 전쟁'(하트와 네그리)에 대한 일부 현대 이론가와 논평자는 주체 범주를 단순히 제거하거나 그것을 부정적이거나 불완전한 모습(예를 들어 '대중'(multitude))으로 감축함으로써 아포리아를 해결한다. 그러나 이런 경우에는 은유를 제외한다면 어떻게 '전쟁'의 범주 그 자체가 유지될 수 있는지를 설명해야 하는 문제가 남는다.

이러한 질문이 '게릴라 전쟁'을 둘러싼 토론에서 중심이 되었다는 것도 주목할 수 있다. 게릴라 전쟁은 1960년대와 1970년대, 특히 쿠바 혁명의 승리와 그 모델을 지방의 파르티잔 거점(focos)을 연결하는 대륙적 (또는 심지어 다대륙적) 반제국주의 네트워크를 창출하는 프로젝트로 확장하려는 시도 후에 전면에 부상했다.[26] 이러한 최근 역사의 많은 사건들은 여전히 잘 알려져 있지 않은 채 남아 있다. 왜냐하면 결국 군사 독재와 미국의 개입, 내부의 분열과 정치적 모험주의에 의해 분쇄된 혁명의 한 시대가 남긴 결과와 유산에 대한 동시대의 평가에 개인적 논란과 배신이라는 문제가 여전히 늘 동반될 뿐만 아니라, 군사화된 계급 투쟁의 각 사건이 사실상 지역과 민족의 역사가 다른 이름으로 계속된 것이라는 사실이 지니는 중요도를 그 많은 논쟁이 무시하면서 그 논쟁이 여전히 추상적인 채로 남아 있기 때문이다. 다른 기원을 지니는 운동과 이데올로기의 개입을 이해하는 것이 핵심적이다. 그러한 운동과 이데올로기는 내부로부터 마르크스주의적 담론을 사실상 상당히 대체하거나 그것에 영향을 끼쳤다. 라틴 아메리카 경

---

26. 그와 관련된 전략적 논쟁은 반제국주의 봉기의 '계급적 기초'라는 쟁점과 분리할 수 없었다. 반제국주의 봉기를 대중 반란과 불법 행동이라는 아주 오래된 전통, 그리고 순수한 '정치 지도부'(혁명의 무장 분견대를 예하에 둔다) 또는 '군사-정치 지도부'(정치 지도부는 일시적으로 군사 지도부의 형태를 취하며, 따라서 혁명 전쟁이란 개념에서 '모택동주의'는 '카스트로주의'(실제로는 오히려 게바라주의)와 대립된다)라는 대안과 연결시키는 일종의 계보학이 그 논쟁의 쟁점이 되었다. Régis Debray, Révolution dans la révolution, Maspero, Paris, 1967; La critique des armes I et II, Editions du Seuil, Paris, 1974.

우에 넓은 의미의 '정치 신학', 예를 들자면 특히 '해방 신학'의 형태를 취하는 '정치 신학'은 그 분명한 사례이다. 그러한 개입이 없다면 최근의 멕시코 사파티스타와 같은 '포스트-군사적' 게릴라 운동의 출현을 이해할 수 없을 것이다. 사파티스타는 '방어 전략'이라는 클라우제비츠적 관념을 극단으로 밀고 나아갔고, 대중적 저항을 국가 권력 장악과 자발적으로 분리함으로써 지배적 사회 질서의 점증하는 군사화와 사회 운동에 테러 행위를 수행하는 예방적 반혁명 기법에 대응했다. 따라서 사파티스타는 정치적 '자기 억제'라는 점에서 '진지전'이라는 그람시적 관념에 새롭고 예상할 수 없었던 내용을 부여했다.

4. 윤리, 정치, 인간학

위에서 환기시킨 문제들 중 많은 것들은 이제 21세기 초반에는 비가역적인 과거 시대에 속하는 것으로 보이며, 그 문제들이 논의된 변증법적 용어들도 그러한 것처럼 보인다. '새로운 전쟁'은 정교한 기술과 '고대적' 야만을 결합시키며 외부적 개입을 '시민들의' 적대 또는 내생적 적대와 연결시킨다. 새로운 전쟁은 우리를 둘러싼 세계의 모든 곳에서 벌어진다. 새로운 전쟁은 마르크스가 우선시한 계급 결정론보다는 '만인에 대한 만인의 전쟁'이라는 '홉스적' 모형의 부활로 보인다. 일반화된 적대라는 새로운 전쟁의 모형이 '적법한 폭력을 독점'하는 현대 국가 제도 이전에 출현한 것이 아니라 오히려 그 이후에 출현했다는 점을 제외한다면 그렇다. 그 모형은 '포스트-제도적'이다.[27] 하지만 그 전쟁이 제국주의의 정복 또는 지배에 대한 저항이라는 중요한 요인을 동반하더라도 그것은 특유한 '혁명적' 내용이나 전망

---

27. 다음과 비교하라. Giacomo Marramao, Dopo II Leviatano. Individuo e comunità, Bollati-Boringhieri, Turin, 2000.

이 없으며 오히려 민족주의적, 종교적, 또는 문화적 내용이나 전망을 지니고 있다.

이는 정치, 전쟁, 혁명이라는 범주를 지속적으로 긴밀히 엮었던 마르크스주의의 고심과 노력의 거대한 순환이 모든 관심을 잃었다는 것을 말하지 않는다. 첫째, 그것은 정치적 교훈을 깨닫게 한다. 『공산주의자 선언』이후 150년 이상으로 '평화적 전략'(더욱 근본적으로 말하자면, 평화주의적이고 반군사주의적인 혁명 전략)과 '무장 혁명' 전략(즉 비판의 무기와 무기의 비판[28]) 양자는 자본주의를 탈안정화시키는데 실패했다. 자본주의를 탈안정화하는 것은 오직 자본주의일 뿐이며, 자본주의는 거대한 영역의 사회적인 무정부 상태 또는 아노미 상태를 발전시킨다. 이는 혁명적 변혁이라는 문제가 잘못 정식화되었다는 것을 의미할 것이다. 더욱 정확하게 말하자면, 그것은 혁명에서 전쟁이 전략 또는 전략적 도구가 아니라 오히려 조건, 요소이며 근본적인 사회적 변혁이라는 의미에서 어떤 '혁명적' 전망도 착취의 영구적 구조를 다뤄야 하는 것과 마찬가지로 극단적 폭력의 영구적 구조를 다뤄야 한다는 것을 의미한다. 만약 '전쟁'이 역사 유물론의 경계 또는 한계(Grenze)라면(종교도 마찬가지인데, 부분적으로는 동일한 이유 때문이다), 전쟁은 역사 유물론의 갱생(또는 아마도 초월)을 위한 가능성의 조건도 될 것이다. 계급 투쟁과 착취 과정이 (다른 요인들도 기여하는) 폭력의 일반 경제[일반 질서]에 기여한다는 관점에서 계급 투쟁과 내전의 최초 등식이 대체되거나 다시 개념화될 수 있다면 그렇다. 그 결과로 상이한 형태의 '전쟁'은 항상 이미 정치의 '정상적' 수단이지만, 정치를 만드는 '다른 수단'에 대한

---

28. [역주] "비판의 무기는 무기의 비판을 대신할 수 없다. 물질적 힘은 물질적 힘에 의해 전복되어야 한다. 그러나 이론 또한 대중을 사로잡자마자 물질적 힘으로 된다. (…) 철학이 프롤레타리아 속에서 그 물질적 무기를 발견하듯이, 프롤레타리아는 철학 속에서 자신의 정신적 무기를 발견한다." 『헤겔 법철학의 비판을 위하여, 서설』(1844).

탐색은 영구적이며 잠재적으로 전복적이다.

출처 : 월간 『사회 운동』, 2013년, 여름호, 119~145

찾아보기

일러두기

　이 찾아보기는 원칙적으로『전쟁론』번역의 전면 개정판 및『전쟁론 강의』와 같은 방식으로 만든다. 부록의 번역에 대해서는 인명, 지명, 용어, 전쟁, 연도의 찾아보기를 만든다. 부록의 번역에 있는 역자의 각주는 찾아보기에 싣지 않는다. (부록 전체에서 저자의 각주는 단 1개이다.) 부록의 해설에 대해서는 용어만 찾아보기를 만든다. 논문 부분의 제1장에 대해서는 용어만, 제2장에 대해서는 인명과 용어만 찾아보기를 만든다.

　인명에서 카알 폰 클라우제비츠는 찾아보기에 싣지 않는다. 역자의 머리말, 차례, 일러두기, 그림, 참고 문헌, 후기도 찾아보기에 넣지 않는다. 찾아보기 항목의 배열 순서는『전쟁론』번역의 전면 개정판 및『전쟁론 강의』와 같다.

1. 인명

2. 지명

3. 용어

4. 전쟁

1. 일반적으로 언급된 전쟁

2. 개별적으로 언급된 전쟁, 원정, 전투

5. 연도

후기

1. 황태자와 왕세자에 대해

황태자는 제국, 황제, 황자, 황태자, 황태자비의 개념에 상응하고, 왕세자는 왕국, 왕, 왕자, 왕세자, 왕세자빈의 개념에 상응한다. 『전쟁론』과 '부록의 주요 시대 배경이 되는 18세기와 19세기 초에 프로이센은 왕국이었기 때문에 Kronprinz(crown prince)는 황태자가 아니라 왕세자로 번역해야 정확할 것이다. 이 부록에서는 그 점을 고려하여 Kronprinz를 왕세자로 옮긴다.

그런데 2016년에 출간된 『전쟁론』 번역 전면 개정판과 『전쟁론 강의』에서는 왕세자가 아니라 황태자로 옮겼다. 『전쟁론』의 이전 우리말 번역이 대부분 일본어 중역이었고, 『전쟁론』의 일본어 중역자들이 이 부분을 황태자로 옮겼고, 내가 일본어 중역을 참고하면서 무의식적으로 이 용어를 따랐기 때문이라고 생각한다.

이 부록과 달리 2016년에 출간된 『전쟁론』 번역 전면 개정판과 『전쟁론 강의』에서는 '황태자'를 그대로 두었다. 그 이유는 그 개념이 동서양에 따라 다르고 시대에 따라 다르고 민족적, 정치적, 문화적, 문명사적으로도 다르기 때문이다. 둘째로 우리가 쓰는 황태자와 왕세자의 명칭 구분이 중국에서 온 것으로 (서양에서는 잘 쓰이지 않고) 주로 동양에서 쓰인 것이기 때문이다. 셋째로 『전쟁론』과 『전쟁론 강의』에서 이 부분을 수정하면 찾아보기를 다시 만드는 것이 곤란해지기 때문이다. 『전쟁론』과 『전쟁론 강의』의 독자들의 이해를 바란다.

2. 화력전과 백병전, 총격전과 육박전에 대해

이 부록에서는 화력전과 백병전의 개념을 쓰기로 한다.

Feuergefecht는 총격전으로 번역할 수도 있고 화력전으로 번역할 수도 있다. 단어의 의미로 보면 소총이나 대포 따위의 화약을 쓰는 병기로 벌이는 전투를 말한다. 부대가 이동하기보다는 주로 총격이나 포격 등을 주고받으면서 우세한 화력으로 적을 굴복시키는 전투를 말한다. 이것을 총격전으로 옮기면 Feuergefecht를 총만 쓰는 것으로 이해할 수 있기 때문에 화력전으로 옮긴다. 화력전의 개념은 총격전과 포격전을 포괄하고, 그래서 Feuergefecht의 개념에 더 적합하다고 생각한다.

백병전(Handgefecht)은 칼, 창, 총검 따위와 같은 무기를 가지고 적과 직접 몸으로 맞붙어서 수행하는 전투를 말한다. 육박전이라는 단어는 총검을 쓰는 것보다 몸과 몸이 부딪치는 측면이 강조되고 있는 느낌을 주기 때문에 이 부록에서는 백병전의 개념을 쓰도록 한다.

3. 정면과 배후, '정면과 후방'에 대해

앞면과 뒷면, 전면과 후면, 정면과 배후, 전방과 후방 등이 짝을 이루는 말이다. '정면과 후방'은 짝을 이룰 수 없는 어색한 말이다. 또한 후방은 전선에서 비교적 뒤에 떨어져 있는 지역으로서 전방 부대에 대한 물자나 병력 따위의 보급이나 보충을 담당하는 지역을 말한다. 후방은 전투가 일어나지 않는 민간인 지역인데, 『전쟁론』과 '부록'에서는 그런 지역이 아니라 전투가 직접 일어나고 있는 전쟁터의 정면 뒤에 있는 쪽(배후)을 의미한다. 그래서 '전방과 후방' 또는 '정면과 후방'으로 옮긴 송항섭과 정토웅의 번역은 오역이다. 지금 전투가 일어나고 있는 전쟁터의 정면, 전쟁터에서 지금 전투가 일어나지 않는 배후로 (배후에 있는 병력이 전투의 상황에 따라 정면으로 이동하여 전투를 계속하게 되는데) 번역하는 것이 정확하고 적절하다.

4. 길이와 너비, 종심과 횡심에 대해

이 부록에서 길이는 세로나 종대를, 너비는 가로나 횡대를 나타내는 것으로 통일하여 쓴다. 길이와 너비는 이전에 일본어 중역의 (악)영향으로 종심(縱深)과 횡심(橫深)이라고 번역되었던 용어이다. 이런 일본식 용어는 아직도 매우 많이 남아 있다. 앞으로 좀 더 쉬운 용어로 바꾸어야 할 것이다. 이런 어려운 한자어에 비해 독일어는 '깊은'과 '넓은'으로 매우 쉬운 용어를 쓴다. 여기에서 '넓다'는 것은 면적이 아니라 너비(가로)가 크다는 의미이다. 이런 점에서 이 부록에서는 '길이'와 '너비'(때로 넓이)로 옮긴다.

5. 부분과 전체, 무리와 집단에 대해

클라우제비츠는 부록에서 일정한 크기의 부대를 지칭하는 단어로 위의 용어들을 자유롭고 유연하게 쓰고 있다. 여기에서 사단이 전체이면 연대나 대대가 부분(일부)이 될 것이고, 군대가 전체이면 군단이나 사단이 부분이 될 것이다. 무리(Haufe)는 주로 집단(Masse)보다 작은 규모의 부대를 나타낼 때 쓴다. 이 용어들이 일정하게 고정된 크기의 부대를 나타내는 것이 아니라는 점을 밝힌다.

갈무리 신간

정치에서 비결정된 것
안으로의 도약을 통해
경험은 실험으로,
위험 감수와 내기로,
자기 자신, 타인들,
세계를 시험에 들게
하고자 하는 의지로
변형된다.

정치 실험
마우리치오 랏자라또 지음
주형일 옮김
2018년 4월 28일 출간

노예선
마커스 레디커 지음
박지순 옮김
2018년 3월 30일 출간